21 世纪全国本科院校土木建筑类创新型应用人才培养规划教材

交通工程基础

主编 王 富

内 容 简 介

本书是根据土木工程、道路桥梁与渡河工程的专业性质和教学要求编写的针对上述两个专业学生的普通高等学校教材。全书共 11 章，主要内容包括绪论、交通基本要素特性分析、交通流理论、交通流调查与分析、道路通行能力、交通规划、道路交通管理、城市交通系统、道路公用设施、道路交通安全和智能交通系统。

本书可作为土木工程、道路桥梁与渡河工程专业的本、专科教材，也可作为土木工程、道路与铁道工程、交通运输规划与管理、交通信息与控制等专业的研究生参考教材，同时可供从事交通规划、交通管理、公路和城市道路设计、交通经济分析等的技术人员和决策者使用。

图书在版编目(CIP)数据

交通工程基础/王富主编. —北京：北京大学出版社，2013.5
(21 世纪全国本科院校土木建筑类创新型应用人才培养规划教材)
ISBN 978-7-301-22449-6

Ⅰ. 交… Ⅱ. 王… Ⅲ. ①交通工程学—高等学校—教材 Ⅳ. ①U491

中国版本图书馆 CIP 数据核字(2013)第 084203 号

书　　　名：	**交通工程基础**
著作责任者：	王　富　主编
策划编辑：	卢　东　吴　迪
责任编辑：	伍大维
标准书号：	ISBN 978-7-301-22449-6/U·0093
出版发行：	北京大学出版社
地　　　址：	北京市海淀区成府路 205 号　100871
网　　　址：	http://www.pup.cn　新浪官方微博：@北京大学出版社
电子信箱：	pup_6@163.com
电　　　话：	邮购部 62752015　发行部 62750672　编辑部 62750667　出版部 62754962
印　刷　者：	北京鑫海金澳胶印有限公司
经　销　者：	新华书店
	787 毫米×1092 毫米　16 开本　13 印张　300 千字
	2013 年 5 月第 1 版　2013 年 5 月第 1 次印刷
定　　　价：	24.00 元

未经许可，不得以任何方式复制或抄袭本书之部分或全部内容。
版权所有，侵权必究
举报电话：010-62752024　电子信箱：fd@pup.pku.edu.cn

前　言

随着我国城市经济的快速发展和城市规模的不断扩大,交通拥堵、交通秩序混乱、交通事故频发、交通污染严重等城市交通问题日益严重。人们经过研究和实践发现,通过新建和拓宽道路等增加道路供给的措施并不能从根本上解决城市交通问题,只有通过挖掘现有道路设施潜力、提高交通系统效率等交通规划管理手段才能解决城市交通问题。

交通工程学科就是为适应目前对交通规划与管理人才的迫切需要而设立的,它是一门新兴的应用性交叉学科,集基础理论和应用技术、自然科学与社会科学于一身,研究内容涉及工程、管理、法规、教育、环境、能源等多个领域,随着科技的发展,电子、通信、控制等理论也不断渗透到交通工程学科中。

交通工程课程不仅是交通工程和交通运输专业的主干课程,同时也是土木工程等专业的限选课,即土木工程、道路桥梁与渡河工程专业的学生也必须学习该课程。目前,国内几乎所有的工科院校都开设土木工程专业,可想而知,该课程的普及性之广。编者多年从事土木工程和交通工程专业的交通工程课程教学,深知目前国内的交通工程教材都是针对交通工程专业编写的,内容较多、理论较深,而对于土木工程、道路桥梁与渡河工程专业的学生来说,只需要掌握交通工程的基本原理和方法就足够了,现有的交通工程教材只需要学习其中较少一部分内容,从而造成资源浪费并加重了学生的经济负担。基于此,我们编写了这本适合土木工程、道路桥梁与渡河工程专业的交通工程教材,以增加其针对性,减少学生负担。

由于编者水平所限,疏漏和不足之处在所难免,敬请广大读者指正。

编　者
2013 年 1 月

目 录

第1章 绪论 ······ 1
1.1 交通工程学的定义 ······ 2
1.2 交通工程学的基础内容 ······ 2
1.3 交通工程学的产生与发展 ······ 4
1.3.1 交通工程学的产生 ······ 4
1.3.2 交通工程学的发展概况 ······ 4
1.4 我国交通工程学的发展 ······ 5
本章小结 ······ 7
思考题 ······ 7

第2章 交通基本要素特性分析 ······ 8
2.1 人的交通特性 ······ 9
2.2 车的交通特性 ······ 12
2.3 道路基本特性 ······ 13
本章小结 ······ 16
思考题 ······ 16

第3章 交通流理论 ······ 17
3.1 交通流三参数 ······ 18
3.1.1 交通量 ······ 18
3.1.2 行车速度 ······ 23
3.1.3 交通流密度 ······ 26
3.1.4 交通流量、速度和密度之间的关系 ······ 26
3.2 交通流的概率统计分布 ······ 28
3.2.1 离散型分布 ······ 28
3.2.2 连续型分布 ······ 31
3.3 排队论 ······ 33
3.3.1 基本概念 ······ 33
3.3.2 M/M/1 系统 ······ 35
3.3.3 M/M/N 系统 ······ 36
本章小结 ······ 37
思考题 ······ 38
习题 ······ 38

第4章 交通流调查与分析 ······ 39
4.1 概述 ······ 40
4.1.1 交通调查的定义和对象 ······ 40
4.1.2 交通调查的类别 ······ 40
4.2 交通量调查 ······ 42
4.2.1 交通量调查的目的和意义 ······ 42
4.2.2 交通量调查的种类 ······ 43
4.2.3 交通量调查的方法 ······ 44
4.2.4 调查资料整理与分析 ······ 44
4.3 行车速度与密度调查 ······ 47
4.3.1 车速调查的目的和意义 ······ 47
4.3.2 地点车速调查 ······ 48
4.3.3 区间车速调查分析 ······ 50
4.3.4 密度调查 ······ 53
本章小结 ······ 54
思考题 ······ 54

第5章 道路通行能力 ······ 55
5.1 概述 ······ 56
5.1.1 通行能力 ······ 56
5.1.2 服务水平 ······ 57
5.2 公路通行能力 ······ 59
5.2.1 双车道公路路段通行能力 ······ 59
5.2.2 多车道公路路段通行能力分析 ······ 62
5.2.3 高速公路通行能力 ······ 64
5.3 平面交叉口通行能力 ······ 70
5.3.1 平面交叉口通行能力的概念 ······ 70
5.3.2 无信号主路优先交叉口通行能力 ······ 70
5.3.3 环形交叉口通行能力 ······ 71

5.3.4 信号交叉口通行能力分析 …… 73
5.4 城市干道通行能力 …… 74
　5.4.1 基本通行能力的确定 …… 74
　5.4.2 可能通行能力的确定 …… 75
本章小结 …… 78
思考题 …… 78
习题 …… 78

第6章 交通规划 …… 79

6.1 概述 …… 80
　6.1.1 交通规划的定义 …… 80
　6.1.2 交通规划的分类 …… 80
　6.1.3 交通规划的研究内容 …… 80
　6.1.4 交通规划的总体设计 …… 81
6.2 交通规划调查 …… 83
　6.2.1 交通区划分 …… 83
　6.2.2 交通规划基础资料调查分析 …… 84
　6.2.3 起讫点调查 …… 85
6.3 交通需求预测 …… 90
　6.3.1 交通生成预测 …… 90
　6.3.2 交通分布预测 …… 91
　6.3.3 交通方式划分 …… 97
　6.3.4 交通分配 …… 98
6.4 城市道路网布局规划 …… 100
　6.4.1 城市道路网布局影响因素 …… 100
　6.4.2 城市道路网布局规划方法 …… 100
本章小结 …… 102
思考题 …… 102
习题 …… 103

第7章 道路交通管理 …… 104

7.1 概述 …… 105
　7.1.1 交通管理的概念 …… 105
　7.1.2 交通管理的内容 …… 105
7.2 道路交通法规 …… 106
　7.2.1 道路交通法规的内涵 …… 106
　7.2.2 交通法规的内容 …… 106
　7.2.3 交通法规的执行 …… 107
7.3 道路交通标志和标线 …… 107
　7.3.1 道路交通标志 …… 107
　7.3.2 道路交通标线 …… 110
7.4 平面交叉口交通管理 …… 113
　7.4.1 交叉口交通管理的原则 …… 113
　7.4.2 无控制交叉口 …… 114
　7.4.3 主路优先控制交叉口 …… 115
　7.4.4 现代环形交叉口 …… 115
7.5 道路交通信号控制 …… 116
　7.5.1 交通信号控制基本概念 …… 116
　7.5.2 单个交叉口交通信号控制 …… 118
7.6 道路交通组织管理 …… 121
　7.6.1 车道管理 …… 121
　7.6.2 禁行交通管理 …… 124
本章小结 …… 124
思考题 …… 124
习题 …… 125

第8章 城市交通系统 …… 126

8.1 概述 …… 127
　8.1.1 城市客运交通 …… 127
　8.1.2 城市客运交通结构类型 …… 128
　8.1.3 不同类型城市交通方式优先发展次序 …… 130
　8.1.4 客运交通结构的影响因素 …… 131
　8.1.5 我国城市交通结构发展方向 …… 132
8.2 行人交通 …… 133
　8.2.1 概述 …… 133
　8.2.2 行人设施 …… 133
8.3 自行车交通 …… 134

8.3.1　概述 ……………………… 134
　　　8.3.2　自行车交通发展策略 …… 136
　8.4　小汽车交通 ……………………… 136
　　　8.4.1　概述 ……………………… 136
　　　8.4.2　小汽车发展的利与弊 …… 136
　　　8.4.3　小汽车发展策略 ………… 137
　8.5　城市公共交通 …………………… 139
　　　8.5.1　概述 ……………………… 139
　　　8.5.2　常规公交 ………………… 142
　　　8.5.3　轨道交通 ………………… 145
　　　8.5.4　快速公交 ………………… 149
　本章小结 ……………………………… 153
　思考题 ………………………………… 153

第9章　道路公用设施 ……………… 154
　9.1　公共交通站点的布置 …………… 155
　9.2　停车场设计 ……………………… 157
　　　9.2.1　汽车停车场的设计 ……… 157
　　　9.2.2　自行车停车场设计 ……… 160
　9.3　道路照明设计 …………………… 160
　　　9.3.1　照明标准 ………………… 160
　　　9.3.2　照明系统的布置 ………… 161
　9.4　道路绿化 ………………………… 162
　　　9.4.1　道路绿化的作用 ………… 162
　　　9.4.2　道路绿化的布置 ………… 163
　9.5　人行天桥和人行地道 …………… 164
　　　9.5.1　人行天桥和人行地道的
　　　　　　设置地点 …………………… 164
　　　9.5.2　人行天桥和人行地道的
　　　　　　设计 ………………………… 164
　本章小结 ……………………………… 165
　思考题 ………………………………… 165

第10章　道路交通安全 ……………… 166
　10.1　概述 …………………………… 167
　　　10.1.1　交通事故的定义 ……… 167
　　　10.1.2　交通事故的分类 ……… 168
　　　10.1.3　交通事故的特点 ……… 169
　10.2　交通事故的调查与处理 ……… 170

　　　10.2.1　交通事故调查的内容和
　　　　　　　方法 ……………………… 170
　　　10.2.2　事故的处理 …………… 171
　10.3　交通事故分析 ………………… 173
　　　10.3.1　交通事故统计分析 …… 173
　　　10.3.2　交通事故成因分析 …… 175
　10.4　交通安全评价 ………………… 177
　10.5　交通事故的预防 ……………… 183
　　　10.5.1　健全交通法制 ………… 183
　　　10.5.2　加强交通安全教育 …… 183
　　　10.5.3　提高车辆安全性能，
　　　　　　　保持良好车况 ………… 183
　　　10.5.4　加强道路及其交通安全
　　　　　　　设施建设 ………………… 184
　本章小结 ……………………………… 185
　思考题 ………………………………… 185

第11章　智能交通系统 ……………… 186
　11.1　智能交通系统简介 …………… 187
　　　11.1.1　智能交通系统的
　　　　　　　含义 ……………………… 187
　　　11.1.2　智能交通系统的
　　　　　　　发展 ……………………… 187
　11.2　智能交通系统体系结构 ……… 188
　　　11.2.1　服务领域 ……………… 189
　　　11.2.2　逻辑框架 ……………… 190
　　　11.2.3　物理框架 ……………… 192
　　　11.2.4　ITS标准 ……………… 192
　　　11.2.5　ITS评价 ……………… 192
　11.3　智能交通系统中应用的关键
　　　　技术 ………………………… 192
　11.4　ITS实用系统 ………………… 194
　　　11.4.1　交通信息系统 ………… 194
　　　11.4.2　交通管理系统 ………… 195
　　　11.4.3　其他系统 ……………… 197
　本章小结 ……………………………… 198
　思考题 ………………………………… 198

参考文献 ……………………………… 199

第 1 章 绪 论

教学要点

知识要点	掌握程度	相关知识
基本概念	掌握交通工程学定义	交通工程学定义多样性
交通工程基本内容	了解交通工程学的基本内容	交通特性、交通流理论、交通调查、道路通行能力、交通规划、交通管理与控制

基本概念

交通工程学。

引例

交通工程学是伴随着汽车工业和公路运输的发展而建立的。1885 年，德国人卡尔·本茨第一次制造了用内燃机作为动力的汽车，但是由于技术的问题，本茨的汽车总是抛锚，被别人冷嘲热讽为"散发着臭气的怪物"，怕出洋相的本茨甚至不敢在公共场合驾驶它。1888 年 8 月，从始至终一直在本茨身后默默支持他的夫人——贝尔塔做出了一个勇敢的决定。她带上孩子驾着本茨的汽车，一路颠簸到了 100 多公里外的普福尔茨海姆探望孩子的祖母。随后，贝尔塔马上给本茨电报"汽车经受住了考验，请速申请慕尼黑博览会"。同年 9 月，本茨的发明在慕尼黑博览会上取得非

Carl Benz

常大的轰动,从此汽车很快成为主要的运输工具。汽车运输的发展除了繁荣经济、方便生活外,同时也带来了交通事故、交通拥挤、车速降低、停车困难和环境污染等交通问题。为解决这些问题,人们开始重视对交通工程方面的研究工作,从而推进了交通工程学的产生和发展。

1.1 交通工程学的定义

交通工程学是交通工程学科研究与发展的基本理论,是从道路工程学科中派生出来的一门新兴学科,要对其进行确切的界定是非常困难的。由于世界各国学者认识问题的角度、观点和研究方法不同,对交通工程学的定义也有多种提法,目前尚无世界公认的统一定义。

20世纪40年代,美国交通工程师协会指出:交通工程学(也称道路交通工程)是道路工程的一个分支,它涉及道路的规划、几何设计、交通管理和道路网、终点站、毗邻地带及道路交通与其他运输方式的关系,以便使交通运输安全、有效、方便。

澳大利亚著名交通工程学家 W. R. Blunden 对交通工程学的定义如下:交通工程学是关于交通和旅行的计测科学,是研究交通流和交通发生的基本规律的科学。他认为为了使人和物安全有效地移动,将此学科的知识用于交通系统的规划、设计和运营中。

1983年,世界交通工程师协会《会员指南》指出:交通工程学是运输工程学的一个分支,涉及规划、几何设计、交通管理和道路网、终点站、毗连用地和各种交通运输方式的关系。

前苏联学者对交通工程学定义如下:交通工程学是研究交通运行的规律和对交通、道路结构、人工构造物影响的科学。

英国学者认为交通工程学是道路工程中研究交通用途与控制、交通规划、线形设计的那一部分内容。

我国交通工程学者将以上定义进行了总结:交通工程学是研究交通发生、发展、分布、运行与停驻规律,探讨交通调查、规划、设计、监控、营运、管理、安全的理论和方法及有关设施、装备、法律和法规,协调道路交通中人、车、路与环境之间的相互关系,使道路交通更加安全、高效、快捷、舒适、方便、经济的一门工程技术科学。

尽管各国学者对交通工程学的理解和认识不完全一致,但是他们对问题的界定有三个共同点,即交通工程学是从道路工程学分化出来的;它的主要研究对象是道路交通;它主要解决的问题是道路交通系统规划与管理中的问题。

交通工程学是一门综合性很强的学科,只有将工程(Engineering)、教育(Education)、法规(Enforcement)、环境(Environment)和能源(Energy)5个方面综合起来考虑,才能保证人、车、路之间合理的时间和空间关系。由于工程、教育、法规、环境和能源这5个英文字头都是字母E,所以,人们常称交通工程学为"5E"学科。

1.2 交通工程学的基础内容

随着科学技术的进步和人们对交通需求的增加,交通工程学作为运输学科的一个重要分支得到了迅速的发展,学科领域不断扩大,学科内容也日趋丰富,如图 1.1 所示,其主要包括以下几个方面。

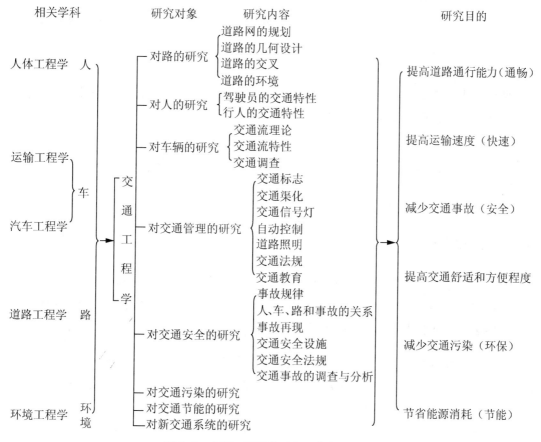

图 1.1 交通工程研究对象、内容和目的

1. 交通特性分析

交通特性分析主要包括交通参与者特性、交通工具特性、道路特性三个方面。

2. 交通调查

交通调查的目的是通过调查掌握交通流的基本特征,包括交通参数调查(流量、速度、密度)、出行信息调查(居民出行、车辆出行)、交通事件调查(交通事故)、交通环境调查(交通大气污染、噪声污染等)。

3. 交通流理论

交通流理论包括交通流三参数的相互关系、统计学理论、排队论等。

4. 道路的通行能力与服务水平分析

道路的通行能力与服务水平分析主要是分析道路通行能力的大小、服务水平的划分与确定等问题。

5. 交通规划

交通规划主要是道路交通系统的规划,包括交通需求的预测、交通流分配、路网规划

方法和技术等。

6. 交通管理与控制

交通管理与控制包括交通法规的制定，交通管理、交通控制、交通管制的仿真与评价。

7. 城市交通系统

城市交通系统包括小汽车交通、公共交通、行人交通、自行车交通及各种交通方式之间的换乘系统等综合交通系统的研究。

1.3 交通工程学的产生与发展

1.3.1 交通工程学的产生

汽车的出现，使道路交通产生了第二次飞跃，即由人力和兽力的低速交通时代进入了汽车的高速交通时代。从 1885 年德国人卡尔·本茨制造了第一辆三轮汽车，到 1892 年奥托发明了四冲程内燃汽油汽车，便完成了汽车由实验型向实用型的转变，形成了现代汽车的雏形。1908 年美国人亨利·福特采用标准化、专业化的生产方式，大大降低了汽车生产的成本，使汽车成为大众普及型的交通工具。

汽车运输以其机动灵活、速度高、投资少、适应性强、可达性好等优点，得到了迅速的发展。美国是汽车运输发展最快的国家。1920 年美国有 300 多万辆汽车，300 万千米道路，而到 1930 年美国的汽车拥有量达 3000 多万辆，道路 400 多万千米，平均每 1000 个居民拥有 180 辆汽车。汽车已成为美国人生活中不可缺少的交通工具，大城市汽车交通已相当繁忙。汽车运输的发展除了繁荣经济、方便生活外，同时也带来了交通事故、交通拥挤、车速降低、停车困难和环境污染等交通问题。为解决这些问题，人们开始重视对交通工程方面的研究。

1921 年美国任命了第一个交通工程师；1926 年在哈佛大学创立了交通工程专修科。这一时期交通工程主要研究交通法规的制定、交通管理、设置交通信号灯，以及交通标志、标线等方面的问题。随着交通的需要和研究的发展，1930 年美国成立了世界上第一个交通工程师协会，并正式提出了交通工程学的名称，这标志着交通工程学作为一门独立的工程技术科学的诞生。

1.3.2 交通工程学的发展概况

交通工程学自 20 世纪 30 年代诞生起，经过 70 年的不断研究、应用和发展，日益得到了充实、发展和完善。其主要发展阶段如下：

（1）20 世纪 30 年代，主要工作是如何通过交通管理，如设置交通标志、安装手动信号机、路面画线等措施，来减少交通堵塞和交通事故。

(2) 20 世纪 40 年代，交通工程师们开始意识到，只靠简单的交通管理，无法根治交通问题，如果不按交通量大小为依据修建道路，则会带有很大的盲目性。于是交通工程学增加了交通调查、交通规划，并根据交通调查及远景交通量的预测进行合理的交通设计，研究提高路面质量与交叉口通行能力计算。

(3) 20 世纪 50 年代，随着各工业发达国家的发展及高速公路的兴起，促使汽车拥有量迅速增加，形成了"汽车化"的局面。因此又开始研究高速道路线形设计、通行能力计算、立体交叉设计、停车存放问题。

(4) 20 世纪 60 年代，由于"汽车化"的结果，促使汽车数量激增。为了疏导交通，提高行车速度，于是开始研究车流特性、城市综合调查与交通渠化、交通规划及使用计算机控制交通等问题。

(5) 20 世纪 70 年代，由于汽车交通的发展，人们的日常活动范围扩大，造成交通拥挤严重。大量汽车尾气、噪声、振动危及人们的健康，再加上能源危机，迫使人们不得不对交通进行综合治理。这样，就开始重点研究并拟定合理的交通规划，减少不必要的客流，缩短行程，倡导步行，恢复并优先发展公共交通，给汽车选择最佳运行路线，从根本上改变交通组成，从而减少交通拥挤程度和交通事故，同时加强防治交通对环境的污染。

(6) 20 世纪 80~90 年代初，交通工程学又有了较大的发展。其表现如下：在人的交通特性方面，开展了对驾驶员和行人的心理、生理特性及生物节律的研究；道路通行能力的研究；汽车行驶性能（制动、转弯、撞击）及汽车碰撞时如何保证乘车人及驾驶员安全的研究；人-机系统的研究和应用范围进一步扩大。在公路几何设计方面，过去主要是以汽车运动力学平衡原则为线形设计基础，现在发展到要考虑驾驶员的驾驶生理和心理要求，线形组合要考虑对驾驶员的视觉诱导等方面的研究。在交通规划方面，研究经济发展对交通的定量需求和交通对经济发展的影响，并体现在交通规划和道路网设计上，从宏观上研究了路网密度的理论和计算公式。在交通控制方面，进行了在主要干线和主要街道上设置自动控制系统的研究及反光标志、标线、可变标志的研究。在交通管理方面，按照交通工程学原理制定交通法规的研究；对车辆实行强制保险的研究。在设备与手段方面，交通控制与车辆检测、测试、调变分析方面的自动化程度大大提高。在公害防治和环境保护方面，进行了汽车交通噪声控制和限制废气排放标准、采取措施等工作。

目前世界各工业发达国家均集中大量人力、物力、财力，采用各种高新技术，研究智能运输系统（ITS），或称"智能车路系统"（IVHS）。目前世界各发达国家已形成北美（美国、加拿大）、欧洲（有 10 多个国家）和日本三大研究集团，开发项目很多，概括起来有以下几个方面：先进的汽车控制系统（AVCS）又称智能汽车控制系统；先进的交通管理系统（ATMS）又称自动高速公路系统；先进的驾驶员信息系统（ADIS）。

1.4 我国交通工程学的发展

我国交通工程学的研究始于 20 世纪 70 年代初。1973 年，交通部公路科学研究所设置了交通工程研究室。70 年代末，交通、城建和公安交通管理部门开展了交通工程学的理论学习和交通调查工作。1978 年以来，以美籍华人交通工程专家张秋先生为代表的美、日、英、加等国家的交通工程专家，先后在上海、北京、西安、南京、哈尔滨等城市讲学，系统介绍西方发达国家交通规划、交通管理、交通控制及交通安全方面的建设与管理经验。国内也派出多位代表出国参加由英、美、日、澳、德等国举办的国际交通工程学术会议，这些活动推动了国内交通学科的产生。1980年，上海率先在国内成立交通工程学会。1981年，中国交通工程学会宣告成立，标志着我国的交通工程学已进入正规、全面、系统的科学研究阶段。到目前为止，虽然只有30多年的时间，但是我国交通工程学从无到有，已经在交通规划、交通设计、交通管理、交通监控、交通安全等领域取得了较大的发展，形成了一个独立的科学体系。

交通工程在我国目前的发展状况，主要表现在以下几个主要方面。

1. 建立学术研究机构培养专业人才

自中国交通工程学会成立以来，全国已有20多个省、自治区、直辖市成立了交通工程学会。交通、公安及城建部门成立了交通工程研究所、室，现在已有了一支相当规模的专门从事交通工程研究和设计的专业队伍，独自完成了高速公路安全、监控、通信、收费系统的设计。

现在全国有几十所高校设立了交通工程专业或开设了交通工程学课程，培养了数以百计的交通工程方向的硕士生、博士生；不断开展学术研究和学术交流，出版了交通工程方面的期刊、专著和译文；举办了多层次的培训班和专题讲座。通过这些研究活动，培养了一大批掌握交通工程系统理论的专业人才。

2. 开展了基础数据的调查

自1979年开始，按交通部的统一部署，各地公路部门在所有国道和主要省道上设置了交通调查站，构成了全国公路交通调查网，对分车型的交通量、车速、运量、起讫点等动态数据进行长期观测调查，取得了大量的统计资料，基本上掌握了国家干线路网的交通负荷与运行状况。

3. 城市交通规划与公路网规划

天津、上海、广州、北京、南京等城市均先后开展了城市交通规划、公交线网、站点与调度优化的研究。1981年在全国公路交通普查的基础上，规划了国家干线公路网，共70条10多万千米。"七五"期间，又规划了由12条国道、2.5万千米高速公路和汽车专用公路组成的快速、安全、高效的全国主骨架公路网。"十五"期间，公路建设以"五纵七横"国道主干线和西部地区公路建设为重点，进一步完善省际高等级公路网，强化路网建设与改造，提高技术水平，充分发挥公路运输的基础性和主通道作用。

4. 制定交通法规

运用交通工程学与法学原理，制定了一些交通法规，如2011年5月1日起实施的《中华人民共和国道路交通法》。

5. 交通管理与交通控制

在城市道路和干线公路实施路面划线或隔离措施，使车辆各行其道；实施人行横道线，设置行人交通信号灯，并在大城市行人集中的地方修建人行过街天桥或地道。

6. 交通安全设施与交通检测仪器的研制

研制了多种汽车、自行车流量自动检测记录装置,以及雷达测速仪、酒精检测仪、驾驶员职业适应性检测装置等,还试制了反光标志、标线、隔离、防眩、防撞、诱导等交通安全设施。这些仪器和设施对于提高交通管理水平和通行能力,保障交通安全,提供交通信息和构建舒适美观的交通环境等均有着重要的作用。

7. 交通工程学基本原理在道路交通实践中的应用

(1) 交通流特性常作为道路交通管理控制的具体措施和警力配置的主要依据。
(2) 大城市中心区交通系统管理技术的应用。
(3) 城市道路平面交叉口的系统分析与综合治理。
(4) 公路增设汽车专用车道或慢车道、硬化路肩,实行分道行驶的依据。
(5) 实施公路标准化、规范化和环境美化的 GBM 工程。

8. 计算机技术在交通工程中的应用

目前我国自行开发的交通工程计算机应用软件技术有交通模拟软件、交通调查数据处理分析系统、交通图形信息处理软件、交通工程辅助设计软件、交通信号配时优化软件、交通事故分析软件、车辆及驾驶员档案管理系统、道路情况数据库及交通信息管理系统等。

9. 新理论、新技术的研究

在进行交通工程基础理论研究的同时,我国已开始将现代新理论、新技术与交通工程理论相结合,与我国交通实际相结合,以发展和完善交通工程学。例如,交通的熵特性研究,系统工程方法运用于交通运输,交通冲突技术运用于交叉口安全评价及事故分析,交通量及交通事故的灰色预测,交通工程的系统模糊分析和决策等。另外,已经着手开发以专家知识为基础的智能系统、知识工程、人机工程领域的新技术和新方法。

本 章 小 结

本章首先介绍了各国学者对交通工程学定义的认识,交通工程学的主要研究对象是道路交通,主要解决道路交通系统规划与管理中的科学问题。接着介绍了交通工程学基本内容;阐述了交通工程学的产生与发展历程,以及我国交通工程学的发展状况。

思 考 题

1. 交通工程学的研究对象和主要解决的问题是什么?
2. 交通工程学定义的多样性与功能作用如何?你是怎样认识的?
3. 交通工程的研究内容有哪些?与道路工程有哪些区别?

第 2 章 交通基本要素特性分析

教学要点

知识要点	掌握程度	相关知识
基本概念	（1）准确理解驾驶员的特性 （2）掌握驾驶员的反应特性 （3）掌握道路基本特性	（1）视力、视野 （2）制动距离 （3）路网密度，路网布局
驾驶员的反应过程	掌握驾驶员反应时间图	知觉-反应时间，制动时间

技能要点

技能要点	掌握程度	应用方向
路网布局形式	掌握路网布局形式及其优缺点	路网布局形式的选用

基本概念

视力、视野、路网密度、路网布局。

引例

驾驶员是道路交通系统中"会思考"的部分，在运输过程中责任重大，驾驶中起关键作用的是驾驶员的生理、心理素质和反应特性。饮酒对人的生理和心理都会产生一定的影响，严重的会引发重大交通事故。

2009年6月30日晚8时许，南京市江宁区岔路口地区发生惨烈车祸。家住南京市东山街道金盛路的张某事前与他人在金盛路一家饭店吃饭，喝下七八两白酒后驾车回家，在1400米的路段上撞倒9名路人，并撞坏路边停放的6辆轿车，造成5人死亡、4人受伤的特大交通事故。后经对肇事司机张某进行血液检验，检出其血液中乙醇浓度为381.5mg/100mL，超过醉酒标准的近5倍，属严重醉酒驾驶。

道路交通系统的基本要素包括人、车和路三方面。

2.1 人的交通特性

道路交通中的人包括驾驶员、乘客和行人，他们都是道路的使用者。其中机动车驾驶员的交通特性是研究的主要对象。道路交通系统中的各种要素都是围绕着这个"特殊的"要素进行设计和运作的。例如，车辆的设计和制造要符合人体工程学，车辆驾驶离不开驾驶员，交通标志的设置要符合驾驶员的视觉机能，道路线形要符合驾驶员的交通与心理特征。

1. 驾驶员的交通特性

驾驶员是道路交通系统中"会思考"的部分，其主要责任是保证将旅客和货物安全、准时、完好和舒适地送到目的地。因此，需要驾驶员具有高度的社会责任感，良好的职业道德，健康的身体和心理素质，以及熟练的驾驶技术。

1) 驾驶员视觉特性

在行车过程中，驾驶员需要及时感知各种交通信息，根据统计分析，各种感觉器官给驾驶员提供交通信息的比例如下：视觉80%，听觉10%，触觉2%，味觉2%，嗅觉2%。可见，视觉是驾驶员信息输入最重要的感觉器官。因此，对视觉机能的考核和研究是驾驶员特性研究的重要内容。

所谓视觉，就是外界光线经过刺激视觉器官在大脑中所引起的生理反应。视觉在辨别外界物体的明暗、颜色、形状等物理特性，以及区分物体的大小、远近等空间属性上都起着重要的作用。

(1) 视力。视力就是眼睛分辨两物点之间最小距离的能力。根据眼睛所处的状态和时间不同有静视力、动视力之分。

① 静视力是站在视力表前5m处，依次辨认视标测定的视力，视力共分12级，我国驾驶员的体检视力标准为两眼的视力各应在0.7以上，或裸眼视力0.4以上、矫正视力达到0.7以上，无红绿色盲。

② 动视力是处在运动中观察物体的视力。受到车辆运动速度和自身年龄的影响，速度增加或年龄增大，动视力都会下降。

(2) 视野。两眼注视某一目标时，注视点两侧可以看到的范围称为视野。视野受到视力、速度、颜色、体质等多种因素影响。静止时驾驶员视野最大。车辆速度越快，视野就越窄。表2-1显示了视野与行车速度的对应关系。人眼的视野可用视野计进行测定,如果驾驶员的双眼视野过小,则不利于行车安全。

表2-1 视野与行车速度的对应关系

行驶车速/(km/h)	注视点(前方)/m	视野/(°)
40	183	90~100
72	366	60~80
105	610	40

(3)色视觉。色视觉是指在可见光波长范围内,不同波长的光给人的感觉不同。

不同的颜色对驾驶员产生不同的生理、心理作用,如红色显近,青色显远;明亮度高的物体视之似大,显轻;明亮度低者,视之似小,显重等。

我国交通标志使用6种颜色:红、黄、蓝、绿、黑、白。红色波长最长,传播最远,使人产生"火"和"血"的联想,对人的视觉和心理有一种危险感和强烈刺激,多用于禁令标志。黄色具有明亮和使人产生警戒的感觉,用于注意危险的警告类标志。蓝色和绿色使人产生宁静平和与舒适的感觉,多用于指示、指路标志。夜间人眼的识别能力降低,白色最好,黑色最差。

2)驾驶员反应特性

驾驶员的反应是由外界因素刺激而导致的知觉行为过程。它包括驾驶员从视觉产生认识到中枢判断决策直至动作的整个过程。知觉反应时间是驾驶员最重要的因素,如图2.1所示。

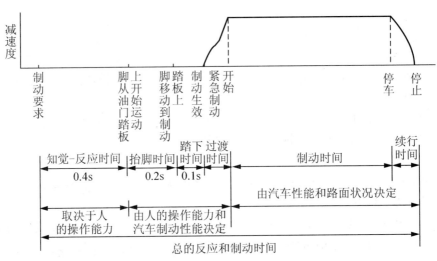

图2.1 总的反应和制动时间

从图2.1可以看出,驾驶员开始制动前至少需要0.4s的知觉-反应时间,产生制动效果需要0.3s的时间,共计0.7s。事实上,不同驾驶员因为个体特征差异(如个性、年龄、性别、情绪、环境、疲劳程度、注意力等)会表现出不同的反应时间。根据美国各州公路工作者协会规定，判断时间为 1.5s，作用时间为 1s，故从感知、判断、开始制动，到制动发生效力全部时间通常按 2.5～3.0s 计算。道路设计中以此作为制动距离的基本参数。

3) 驾驶员心理特点和个性特点

身心健康是驾驶员安全行驶的必要条件，思想集中、精神状态良好、心境平和、安定审慎的性格也是必备条件。研究表明，情绪不稳定、容易冲动、缺乏协调性、行为冒失往往容易造成交通事故。

4) 驾驶员疲劳驾驶

驾驶员的疲劳是驾驶员特性中与安全驾驶密切关联的重要因素，它是指由于驾驶作业引起身体上的变化、心理上的疲劳及客观测定驾驶机能低落的总称。统计表明，有 1%～2% 的交通事故是由于驾驶员疲劳直接导致的。目前，对疲劳的检查方法一般有生化测定、生理机能测定、神经机能测定、自觉症状申述等。从心理学角度来看，常被采用的方法有触两点辨别检查、颜色名称测验、反应时间检查、心理反应测定、驾驶员动作分析等。

2. 乘客的交通特性

乘客是交通系统中人的重要组成部分，也是车辆服务的对象，是交通系统的服务核心之一。不同的乘客有不同的心理反应、乘车反应，并因交通而产生社会影响。

1) 乘客的交通需求心理

人们总是抱着某种目的（如上班、购物、娱乐等）去乘车，乘车过程本身就意味着时间、体力、金钱的消耗。因此，他们总是希望花最少的钱、用最短的时间、以最舒适的方式安全地完成自己的交通路线。因此，道路设计、车辆制造、汽车驾驶、交通管理及交通设施的布设等都应考虑乘客的这些交通心理要求。

2) 乘客的乘车反应

人们乘车，总会有不同的反应，因为道路等级、路面质量、道路线形、车辆舒适性、车内气氛、车外景观不同等因素，导致人们产生不同的乘车反应，比较常见的不良反应便是晕车。

研究表明，汽车在弯道上行驶，乘客有不稳定和倾倒之感。因此，道路线形设计中有水平曲线最小半径和缓和曲线长度的规定。此外，道路路面开裂、不平整会引起车辆振动强烈，可能导致乘客感觉不适，甚至产生恶心、呕吐等不良反应。

乘客的另一种反应来自心理，如在山区道路行驶，由于看不到坡脚，易产生恐惧心理。如果在这种路段的路肩上设置防护栏，则可以消除乘客的不安全心理。另外，乘车时间过长，容易产生烦躁情绪，所以在路线的布设上应充分考虑美学要求，应尽量利用名胜古迹、自然景物组成优美的道路交通环境，使乘客在旅途中能观赏风光，感到心旷神怡。同时沿线布设一些休息场地，使需要停驻的车辆稍停片刻，以便乘客下车活动、伸展肌肉、减轻疲劳。

每个乘客都有一定的心理空间要求，当实际享受的空间小于能忍受的空间范围时，会产生压抑、厌烦的情绪。当乘车拥挤时，甚至感到乘车具有很大的压力，成为一种负担。由于体力、心理、生活等方面的原因，城市居民对日常出行时间的容忍性有一定的限度，见表 2-2。

表 2-2　不同出行目的出行容忍时间　　　　　　　　单位：min

出行目的	理想出行时间	不计较出行时间	能忍受出行时间
就业	10	25	45
购物	10	30	35
游憩	10	30	85

3）社会影响

乘车的安全行、舒适性、满意性不仅对乘客个人的心理、生理有影响，同时也会对社会产生预想不到的影响。上下班等车及路途时间过长、多次换乘、过分拥挤等将会使乘客产生旅途疲劳、心理压力、烦躁情绪，难免会出现影响社会的情况。例如，由于乘车问题引起乘客纠纷，导致过激行为；由于乘车导致心情不悦、健康受损、劳动效率降低；由于乘车意外回家过晚导致家庭不和；由于乘车不满导致居民对公共服务事业的不满等。

3. 行人的交通特性

步行交通是与人类生活密不可分的一项活动，其功能是达到生活、交往和娱乐等目的。为满足人们步行的生理、心理和社会需要，并同时保证不过多地消耗体能，不干扰其他交通，不发生交通事故，就有必要提供相应的规划设计，建设良好的基础设施。因此，必须对行人的交通特性进行很好的认识和理解。

行人的交通特性表现在速度、空间和注意力等方面。这些与行人年龄、性别、出行目的、心境等因素有关，也与行人生活的区域、周围的环境、交通状况等有关，可总结如下。

(1) 成年人步行速度比老年人和儿童快，通常为 1.0~1.3m/s，成年人空间要求比儿童大、比老年人小，儿童喜欢任意穿梭，注意力不集中。

(2) 男性步行速度比女性快，男性空间要求比女性大。

(3) 一般而言，工作或事物性出行较生活性出行速度快，注意力也更加集中。

(4) 文化素质高的人对空间的要求大，更加注意文明走路和交通安全。

(5) 心境紧张和烦躁时速度与闲暇时不同，空间要求也存在差异，注意力也有所变化。

(6) 路侧景致幽雅时步行速度慢，空间要求小，注意力更加分散。

(7) 交通拥挤时速度放慢，空间变小，注意力集中。

2.2　车的交通特性

车辆是道路交通的基本要素之一。各种车辆中，汽车是交通工程研究的主要对象。

汽车的基本特性包括汽车的几何外形、设计参数、动力性、制动性、操纵稳定性、舒适性、通过性等。这里简要介绍一下汽车的几何尺寸、动力性和制动性。

1. 车辆的几何尺寸

我国《公路工程技术标准》（JTG B01—2003）和《城市道路工程设计规范》（CJJ 37—2012）中规定了作为道路设计依据的机动车外廓尺寸界限，见表 2-3 和表 2-4。

表 2-3 《公路工程技术标准》(JTG B01—2003)　　　　单位：m

项目 车辆类型	总长	总宽	总高	前悬	轴距	后悬
小客车	6	1.8	2	0.8	3.8	1.4
载货汽车	12	2.5	4	1.5	6.5	4
半挂车	16	2.5	4	1.2	4+8.8	2

表 2-4 《城市道路工程设计规范》(CJJ 37—2012)　　　　单位：m

项目 车辆类型	总长	总宽	总高	前悬	轴距	后悬
小客车	6	1.8	2.0	0.8	3.8	1.4
大型车	12	2.5	4.0	1.5	6.5	4.0
铰接车	18	2.5	4.0	1.7	5.8+6.7	3.8

2. 汽车动力性能

汽车动力性能主要体现在汽车的最高行驶速度、加速能力和爬坡能力三个方面。

汽车的最高行驶速度：指在良好的水平路段上，汽车所能达到的最高行驶车速。

加速能力：通常用原地起步的加速时间与超车的加速时间来体现。原地加速时间是指汽车由第Ⅰ挡起步，以最大的加速度逐步换至高挡后达到某一预定的距离或车速所需要的时间。超车加速时间大多用高挡或次高挡由 30km/h 或 40km/h，全力加速至某一高速度所需的时间来表示。

爬坡能力：用汽车满载时Ⅰ挡在良好的路面上的最大爬坡度 i_{max}(%) 表示。

3. 汽车制动性能

汽车的制动性能直接关系行车安全，车辆良好的制动性能是交通安全的重要保障。汽车制动性能主要体现在制动减速度上，表现为制动距离。因此，可用制动距离来衡量汽车的制动性能。制动距离的粗略计算公式为：

$$L = \frac{v_0^2}{254(\varphi \pm i)} \tag{2.1}$$

式中：v_0——汽车制动开始时的速度，km/h；

i——道路纵坡，上坡为正、下坡为负，%；

φ——附着系数，与路面种类、路面表面状况、轮胎花纹和气压、车速等因素有关。

2.3 道路基本特性

道路是交通系统的基础支撑，道路要有一定的数量，能够达到合适的密度以满足人们的出行需求；道路拥有质量特性，需要为人们出行提供更好的道路与交通环境条件；道路有一定的形状指标，需要提供符合车辆与乘客（驾驶员）交通特性的曲线；道路具有布局特征，要符合城市与经济发展的需求。

1. 路网密度

路网密度是一个区域的道路总长度与区域总面积之比。一般而言，路网密度越大，路网容量、服务能力越大。但路网的密度也不是越大越好，其大小应与一定的经济发展水平相当，与所在区域内的交通需求相适应，应使道路建设的经济性和服务水平及道路系统的社会效益、经济效益、环境效益得到兼顾和平衡，既要适当超前，也要节约投资。在我国的《城市道路交通规划设计规范》中，给出了不同规模城市的路网密度等规划指标，可供实际应用时参考。

2. 道路结构

道路结构是指路基、路面、桥梁和涵洞、边沟、挡墙、盲沟等。这些结构的设计标准和使用在其他相关课程中介绍，不再赘述。

3. 道路线形

道路线形是指一条道路在平、纵、横三维空间中的集合形状，传统上分为平面线形、纵断面线形、横断面线形。线形设计的要求是通畅、安全、美观。随着交通需求的增大和公路等级的提高，人们对道路线形的协调性、平顺性的要求越来越高，更加强调平、纵、横线形一体化。

4. 路网布局

道路的规划、设计不能仅仅局限于一个点、一条线，而应从整个路网系统着眼。路网布局的好坏对整个运输系统的效率有很大影响，良好的路网布局可以大大提高运输系统的效率，增加路网的可达性，节约投资，节省运输时间和运输费用，从而取得良好的经济效益、社会效益与环境效益。

对于不同的区域、不同的城市，不存在统一的路网布局模式。路网布局必须根据所在区域的自然、社会、经济情况等来选取。

1) 公路网

典型的公路网布局有放射形、三角形、并列形、树杈形等，特点描述如下。

（1）放射形路网适用于中心城市对周边城镇、郊区的交通辐射，可促进中心城市对周边地区的影响，但周边城镇之间及郊区之间的运输不方便，如图2.2所示。

（2）三角形路网适用于规模相当的重要城镇之间的直接联系，通达性好、运输效率高，但建设量大，如图2.3所示。

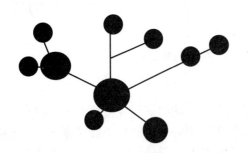

图2.2　放射形路网

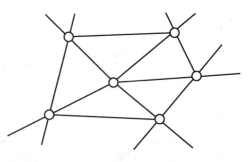

图2.3　三角形路网

（3）并列形路网中平行的几条干线分别联系一些城镇，而处于两条线上的城镇之间缺少便捷的连接道路，是一种不完善的道路布局，如图2.4所示。

（4）树杈形路网是公路路网的最后一级，是从干线上分支出去的支线公路，将基层的乡、村、镇连接起来，如图2.5所示。

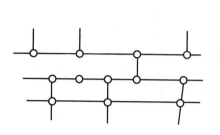 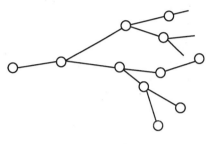

图2.4　并列形路网　　　　　　　　图2.5　树杈形路网

2）城市路网典型的城市路网布局通常有棋盘形、带形、放射形、放射环形，它们的特点描述如下。

（1）棋盘形路网布局严整、简洁，交通方向性强，路网分布较为均匀，交叉口交通组织容易，但路网的通达性差，过境交通不易分流，不容易形成城市中心，如图2.6所示。

（2）带形路网布局中，建筑沿交通轴线两侧铺开，公共交通布置在主要交通干道范围内，横向靠步行或非机动车，利于公共交通的布线和组织，但容易造成纵向主干道交通压力过大，不容易形成城市中心，如图2.7所示。

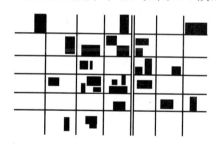 

图2.6　棋盘形路网　　　　　　　　图2.7　带形路网

（3）放射形路网从城市中心向周围辐射，城市沿对外交通干线周边发展，从放射方向看，保持了带形路网布局的优点，同时缩短了到城市中心地带的距离；但是，这种布局城市中心交通压力大，过境交通不容易分流，如图2.8所示。

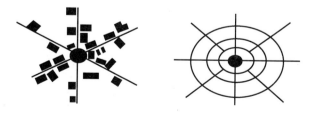

图2.8　放射（环）形路网

（4）放射环形路网具备了带形、放射形路网的优点，虽然在放射方向增加了轻微的非直线系数，但却增加了过境分流的优点。为了克服放射形路网的缺点，通常避免将过多的放射路线引入城市中心，如图2.8所示。

本 章 小 结

本章主要介绍了交通系统三要素人（驾驶员、行人、乘客）、车（机动车、自行车）、路（城市道路、公路）的特性及其相互关系。重点阐述了驾驶员特性和道路网特性。

思 考 题

1. 绘图说明驾驶员的反应特性。
2. 道路网布局形式有哪些？分别有什么优缺点？

第 3 章 交通流理论

教学要点

知识要点	掌握程度	相关知识
基本概念	(1) 掌握交通流三参数定义及特性 (2) 掌握排队系统基本概念	(1) 交通量、车速和密度 (2) 排队系统
交通流三参数关系	交通流量、速度和密度三者关系	
概率统计理论	(1) 准确理解交通流统计模型 (2) 掌握模型的适用条件	(1) 离散分布、连续分布 (2) 泊松分布、负指数分布
排队论理论	准确理解排队论模型	M/M/1、M/M/N 系统

技能要点

技能要点	掌握程度	应用方向
交通流三参数模型	(1) 掌握三参数函数关系及关系图 (2) 掌握关系图的交通状况分析	分析交通流状况
概率统计模型	掌握概率统计模型的计算方法	分析交通流的统计分析规律
排队论模型	掌握排队论模型的计算方法	M/M/1,M/M/N 系统参数计算

基本概念

交通量、车速、密度、泊松分布、二项分布、负二项分布、负指数分布、移位负指数分布、输入过程、排队规则、服务窗、M/M/1和M/M/N系统。

引例

20世纪30年代至第二次世界大战结束，由于发达国家汽车工业和道路建设的发展，使其需要摸索道路交通的基本规律，以便对其进行科学管理，道路交通产生了对交通流理论的初步需求，需要有人对其进行研究。此阶段的代表人物为格林希尔治（Greenshields），其代表性成果是用概率论和数理统计的方法建立数学模型，用以描述交通流量和速度的关系，并对交叉口交通状态进行调查。正是由于其奠基性的工作，人们常常称格林希尔治为交通流理论的鼻祖。

交通流理论是研究交通流随时间和空间变化规律的模型和方法体系。多年来，交通流理论被广泛地应用于交通运输工程的许多研究领域，如交通规划、交通控制、道路与交通工程设施设计等，应该说交通流理论是这些研究领域的基础理论。近年来，尤其是随着智能运输系统的蓬勃发展，交通流理论所涉及的范围和内容在不断地发展和变化。例如，控制理论、人工智能等新兴科学的思想、方法和理论已经用于解决交通运输研究中遇到的复杂问题。又如，随着计算机技术的发展，模拟技术和方法越来越多地被用来描述和分析交通运输工程的某些过程或现象。

3.1 交通流三参数

交通流量、速度、密度三参数是描述交通流基本特征的主要参数，这三个参数之间相互联系，相互制约。

3.1.1 交通量

交通量是指在单位时间内，通过道路某一地点、某一断面或某一车道的交通实体数。

交通量时刻在变化，在表达方式上通常取某一时间段内的平均值作为该时间段的代表交通量。平均交通量表达式为

$$Q = \frac{1}{n}\sum_{i=1}^{n}Q_i \tag{3.1}$$

式中：n——单位时间段的数量；

Q_i——单位时间段的交通量。

常用的平均交通量如下。

(1) 年平均日交通量（AADT），是指在一年中，在指定地点观测的交通量总和除以一年的总天数，所得的平均值称为年平均日交通量。

$$\text{AADT} = \frac{1}{365 \text{or} 366} \sum_{i=1}^{365 \text{or} 366} Q_i \tag{3.2}$$

式中：Q_i——观测期内第 i 天通过指定地点的交通量，辆/d。

（2）月平均日交通量（MADT）为

$$\text{MADT} = \frac{1}{k} \sum_{i=1}^{k} Q_i \tag{3.3}$$

式中：k——一个月的天数；

其他符号意义同式（3.2）。

（3）周平均日交通量（WADT）为

$$\text{WADT} = \frac{1}{7} \sum_{i=1}^{7} Q_i \tag{3.4}$$

式中：符号同式（3.3）。

1. 交通量的时间分布特性

1）交通量的月变化

一年内各月交通量的变化称为月变化。年平均日交通量与月平均日交通量的比值称为月变系数（或月不均衡系数、月换算系数），用 $K_月$ 表示，则

$$K_月 = \frac{\text{AADT}}{\text{WADT}} = \frac{\frac{1}{365 \text{or} 366} \sum_{i=1}^{365 \text{or} 366} Q_i}{\frac{1}{k} \sum_{i=1}^{k} Q_i} \tag{3.5}$$

式中：符号意义同式（3.3）。

2）交通量的周变化

交通量的周变化是指一周内各天的交通量变化，也称日变化。对于某一固定考察的城市道路或其中的某一路段，交通量的日变化存在一定规律，一般来说，大型节假日交通量减小，工作日交通量稍高于周六、周日。

年平均日交通量（AADT）与某周日（星期 i）的平均交通量（ADT）的比值称为日变系数。若缺乏全年的交通量观测数据，则可用单一周的观测数据确定日变系数。

$$K_日 = \frac{\text{AADT}}{\text{ADT}} = \frac{周平均日交通量}{观测日交通量} = \frac{\frac{1}{7} \sum_{i=1}^{7} Q_i}{Q_i} \tag{3.6}$$

3）交通量的时变化

交通量的小时变化是指一天 24h 内，交通量的变化情况。表示小时交通量变化的曲线称为交通量的时变图，也可以采用直方图表示这种变化。

图 3.1 和图 3.2 分别用曲线和直方图的形式显示了某路段的小时交通量变化，从图中可以看出，交通量在上午 9:00 和下午 6:00 出现了两个高峰。它们与全日交通量的比值反映了该小时平均交通量在全日交通的组成情况。

在交通量小时变化中，有几个关键的参数需要引入，以更加科学地描述交通量的变化

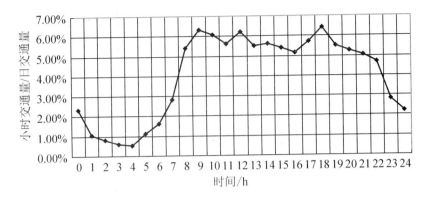

图 3.1　交通量小时变化曲线示意图

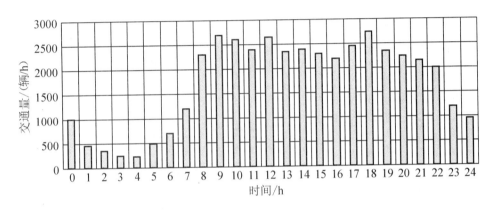

图 3.2　交通量小时变化直方图

情况。一是高峰小时交通量，二是高峰小时系数。

(1) 高峰小时交通量。一天 24h 中，交通量时变图中曲线呈现高的那个小时称为高峰小时，高峰小时内的交通量称为高峰小时交通量（Peak-Hour Traffic，PHT）。

高峰小时交通量占全日交通量之比称为高峰小时流量比（以％表示），它反映高峰小时交通量的集中程度，并可供高峰小时交通量与日交通量之间做相互换算之用。由于不同路段上行驶车辆的目的不同、区域功能差异等因素，导致高峰小时出现的时段不同，高峰小时出现时的流量比也有变化。

(2) 高峰小时系数。高峰小时交通量与高峰小时内高峰时段的扩大小时交通量的比值称为高峰小时系数（Peak-Hour Factor，PHF）。一般将高峰小时划分为 5min、6min、10min、15min 的连续时段内的统计交通量，此连续 5min、6min、10min、15min 所计交通量中最大的那个时段，就是高峰小时内的高峰时段。高峰小时系数的一般表达式为

$$\text{PHF}_t = \frac{\text{高峰小时交通量}}{t\text{高峰时段的扩大小时交通量}} = \frac{\text{高峰小时交通量}}{t\text{高峰时段的交通量} \times \frac{60}{t}} \tag{3.7}$$

【例 3.1】 某检测站得到各连续 5min 时段的交通量统计数见表 3-1，高峰小时交通量为 1414 辆/h，计算 5min、10min 及 15min 的高峰小时系数。

表 3-1 连续 5min 时段的交通量　　　　　　　　　单位：辆/h

时间	8:00~8:05	8:05~8:10	8:10~8:15	8:15~8:20	8:20~8:25	8:25~8:30	8:30~8:35	8:35~8:40	8:40~8:45	8:45~8:50	8:50~8:55	8:55~9:00
交通量	121	118	121	119	109	115	113	116	120	123	117	122

解：由表 3-1 可知 8:45～8:50 是最高 5min，故

$$\text{PHF}_5 = \frac{1414}{123 \times 12} = 0.96$$

最高 10min 流量为 8:40～8:50，故

$$\text{PHF}_{10} = \frac{1414}{(123+120) \times 6} = 0.97$$

最高 15min 流量为 8:45～9:00，故

$$\text{PHF}_{15} = \frac{1414}{(123+117+122) \times 4} = 0.98$$

2. 交通量的空间分布特性

不同地区社会经济发展速度、人们文化生活水平、人口分布、气候环境、产物资源有所不同，因此对交通的需求也不同，因此导致了交通量的不同分布。此外由于城乡差别、出行目的、出行时间等不同也可以导致交通量的不同分布，从而表现出了交通量的空间分布特性。

1）城乡分布

由于经济发展、生产与文化活动对交通的需求不同，人口密集程度和出行需求不一样，导致了城乡交通量的显著差别，如图 3.3 所示。一般而言，城市道路上的交通量要高于郊区道路，近郊大于远郊，乡村道路上交通量最小。在我国，乡村公路的交通量地区差异较大，在东部沿海道路交通条件好、交通量较大，在西部经济条件较差的乡村，交通条件落后、交通量甚小。

城市交通

乡村交通

图 3.3 交通量的城乡分布对比图

2）路段分布

由于路网上各路段的等级、功能、所处的地理位置不同，在同一时间内，路网的不同路段交通量存在差异。这种差异可以通过数值来表示，也可形象地用线条的粗细来表示，

从而形成路网交通量分布图（图 3.4）。

3) 交通量的方向分布

一条道路往返两个方向的交通量在一段时间内可能是平衡的，但是在某些时段可能会有较大的不同，如图 3.5 所示。

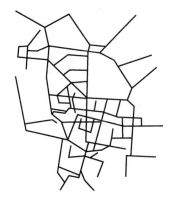
图 3.4　路网交通量分布图

图 3.5　交通量方向不均衡示意图

为了表示这种方向不平衡性，常采用方向分布系数 K_D 来表示：

$$K_D = \frac{主要行车方向交通量}{双向交通量} \times 100\% \tag{3.8}$$

通过式（3.8）可以看出，K_D 一定是大于 50% 的值，根据国外的数据，上下班路线的 $K_D=70\%$，主要干道 $K_D=70\%$，市中心干道 $K_D=50\%$。

4) 交通量在车道上的分布

在多车道道路上，因非机动车数量及车辆横向出入口数量的不同，各车道上交通量的分布也是不等的。在交通量不大的情况下，一般靠近右侧车道的交通量比较大，随着交通量的增大，靠近中心线的车道交通量比例也增大。

3. 设计小时交通量及其应用

交通量具有随时间变化和出现高峰小时的特点，在进行道路设施规划设计时，必须考虑这个特点。工程上为了保证道路在规划期内满足绝大多数小时车流能顺利通过，不造成严重阻塞，同时避免建成后车流量很低，投资效益不高，规定要选择适当的交通量作为设计小时交通量。美国的研究认为，一年 8760h 中，从大到小排列的小时交通量中的第 30 位交通量（30HV）作为设计小时交通量是最合适的。为探讨不同道路的共同特征，特令：

$$K = \frac{30\text{HV}}{\text{AADT}}$$

研究表明，K 值较为稳定。国外不同地区、不同道路级别的 K 值为 12%～18%。我国 20 世纪 80 年代开始进行大量观测统计，干线公路的观测值 K 为 11%～15%，平均为 13.3%。设计小时交通量与年平均日交通量的比值称为设计小时交通量系数，图 3.6 是我国部分地区设计小时交通量系数。

如果已经具备了预测交通量、设计通行能力和设计小时交通量，则可简单地计算道路车道数量和路幅宽度。

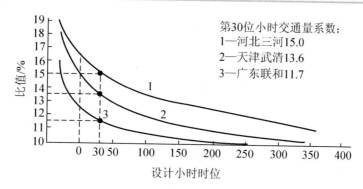

图 3.6 部分地区设计小时交通量系数示意图

$$\text{DHV} = \frac{\text{AADT} \times K}{100} \quad (3.9)$$

$$n = \frac{\text{DHV}}{C_1} \quad (3.10)$$

$$W = W_1 \times n \quad (3.11)$$

式中：DHV——设计小时交通量，辆/h；
K——设计小时交通量系数，%；
n——车道数；
C_1——单车道的设计通行能力，辆/h；
AADT——规划年度的年平均日交通量，辆/h；
W——路幅宽度，m；
W_1——一条车道宽度，m。

若考虑方向分布系数，则单向设计小时交通量为

$$\text{DDHV} = \text{AADT} \times \frac{K}{100} \times \frac{K_D}{100} \quad (3.12)$$

式中：DDHV——单向设计小时交通量，辆/h；
K_D——方向分布系数，%。

$$n = \frac{\text{DDHV}}{C_1} \times 2 = \frac{\text{AADT}}{C_1} \times \frac{K}{100} \times \frac{K_D}{100} \times 2 \quad (3.13)$$

3.1.2 行车速度

行车速度既是道路规划设计中的一项重要控制指标，又是车辆运营效力的一项主要评价指标，对于运输经济、安全、迅捷、舒适具有重要意义。了解和掌握各道路上的行车速度及其变化规律是正确进行道路网规划、设计、运营、管理的基础。

1. 行车速度的种类

1）地点车速

地点车速是指车辆通过某一地点的瞬时速度，因此观测时 s 取值尽可能短，通常以 20~25m 为宜，用做道路设计、交通管制和规划资料。

2）行驶车速

行驶车速用车辆行驶通过某路段（不包括停车时间）所需要的时间除该路段的长度来

表示，用于评价路段线形顺适性和通行能力分析。

3）行程车速

行程车速又称区间车速，是车辆行驶路程与通过该路程的总时间（包括停车时间）的比值。它是一项综合指标，用于评价道路通畅程度、估计行车延误。提高道路运输效率归根结底要提高行程车速。

4）设计车速

设计车速是指在道路交通与气候条件良好的情况下，仅受道路物理条件限制时所能保持的最大安全速度，是用于道路线形几何设计的标准。

2. 行车速度的统计特性

行车速度与交通量一样，也是一个随机变量。研究表明，在乡村公路和高速公路路段上，运行车速一般呈正态分布，在城市道路或高速公路入口或者出口匝道，车速一般比较集中，故呈偏态分布（皮尔逊Ⅲ型分布）。

对行车速度进行统计分析，一般要借助车速分布直方图和车速频率、累计频率分布曲线，如图3.7所示。

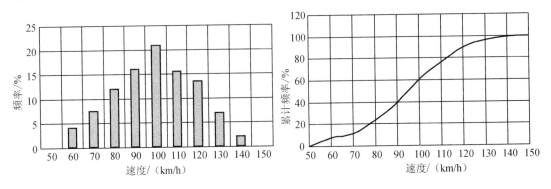

图 3.7 某路段速度分布的统计特性

一般来说，表征车速统计分布特性的特征车速通常用以下几种。

1）中位速度

中位速度也称50%位车速或中指车速，是指该路段上在该速度以下行驶的车辆数与该速度以上行驶的车辆数相等。在正态分布情况下，50%位速度等于平均速度，但一般情况下，两者不等。

2）85%位车速

85%位车速是指在该路段上行驶的所有车辆中，有85%的车辆行驶速度在此速度以下，只有15%的车辆行驶速度高于此车速，交通管理部门通常以此作为最高限制速度的依据。

3）15%位车速

与85%车速相对应，15%位车速是指该路段上行驶的车辆中，仅有15%的车辆行驶速度低于该速度，通常用于作为最低限制车速的依据。

85%位车速与15%位车速的差反映了该路段上的车速波动幅度，同时，车速分布的标准偏差 S 与85%位车速和15%位车速之间存在如下近似关系：

$$S=\frac{v_{85\%}-v_{15\%}}{2.07} \tag{3.14}$$

3. 时间平均车速与区间平均车速

1) 时间平均车速

时间平均速度是指在单位时间内，通过道路某断面的各车辆的地点车速的算术平均值，即

$$\bar{v}_t = \frac{1}{n}\sum_{i=1}^{n} v_i \tag{3.15}$$

式中：$\bar{v}_t$——时间平均速度，km/h；

v_i——第 i 辆车的地点车速，km/h；

n——单位时间内观测到的车辆总数，辆。

2) 区间平均车速

区间平均车速又称空间平均车速，它是指在某一瞬间，行驶于道路某一特定长度内的全部车辆速度分布的平均值，即为某路段的长度与通过该路段的所有车辆的平均行程时间之比。在数学上，其数值为所有车辆行程车速的调和平均值，即

$$\bar{v}_s = \frac{1}{\frac{1}{n}\sum_{i=1}^{n}\frac{1}{v_i}} = \frac{s}{\frac{1}{n}\sum_{i=1}^{n} t_i} \tag{3.16}$$

式中：$\bar{v}_s$——区间平均速度，km/h；

s——路段长度，km；

t_i——第 i 辆车行驶距离 s 所用的时间，h；

v_i——第 i 辆车行驶速度，km/h；

n——特定长度路段内观测到的车辆总数，辆。

3) 两者的关系

按照推导，时间平均速度和区间平均速度之间有如下关系：

$$\bar{v}_s = \bar{v}_t - \frac{\sigma_t^2}{\bar{v}_t} \text{ 或 } \bar{v}_t = \bar{v}_s + \frac{\sigma_s^2}{\bar{v}_s}$$

式中：σ_t——时间平均车速观测值的均方差；

σ_s——区间平均车速观测值的均方差。

显然，当等速行驶时，$\sigma_s=0$，则 $\bar{v}_s = \bar{v}_t$。

【例 3.2】 有 6 辆汽车，分别以 25km/h、43km/h、67km/h、55km/h、41km/h、63km/h 的速度通过路程长度为 8km 的路段。试求时间平均车速与区间平均车速，并比较两者的差异。

解：计算时间平均车速为

$$\bar{v}_t = \frac{1}{n}\sum_{i=1}^{n} v_i = \frac{1}{6}\times(25+43+67+55+41+63) \text{ km/h} = 49\text{km/h}$$

计算区间平均车速为

$$\bar{v}_s = \frac{1}{\frac{1}{n}\sum_{i=1}^{n}\frac{1}{v_i}} = \frac{1}{\frac{1}{6}\times\left(\frac{1}{25}+\frac{1}{43}+\frac{1}{67}+\frac{1}{55}+\frac{1}{41}+\frac{1}{63}\right)} \text{ km/h} = 43.92\text{km/h}$$

3.1.3 交通流密度

1. 交通密度

交通密度是指一条车道上车辆的密集程度，即在某一瞬间单位长度一条车道上的车辆数，又称车流密度，常以 K 表示，其单位为辆/km（如为多车道，则应除以车道数换算成单车道的车辆数然后再计算），则有

$$K=\frac{N}{L} \tag{3.17}$$

式中：K——车流密度，辆/km；
  N——单车道计算路段内的车辆数，辆；
  L——计算路段长度，km。

交通密度还可以表示为

$$K=\frac{Q}{\overline{v}_s} \tag{3.18}$$

式中：Q——单车道交通量，辆/h；
  $\overline{v}_s$——区间平均车速，km/h。

2. 车头间距与车头时距

（1）车头间距是指一条车道上前后两辆车之间的距离，用车辆上具有代表性的点来测量，如前保险杠或前轮。路段中所有车头间距的平均值称为平均车头间距。车头间距反映了车辆在单一车道上的密集程度，根据定义，车头间距和密度之间的关系为

$$h_s=\frac{1000}{K} \tag{3.19}$$

式中：h_s——平均车头间距，m/辆。

（2）用时间来表示车头之间的距离称为车头时距或时间车头间隔，是前后两辆车通过车道上某一点的时间差。根据定义有

$$h_s=\frac{v}{3.6}h_t \tag{3.20}$$

式中：h_t——平均车头时距，s/辆。

车头时距和交通量的关系为

$$h_t=\frac{3600}{Q} \tag{3.21}$$

3.1.4 交通流量、速度和密度之间的关系

1. 三参数之间的关系

流量、速度和密度之间的关系为

$$Q=KV \tag{3.22}$$

式中：Q——交通流量，辆/h；
  V——区间速度，km/h；

K——交通密度，辆/km。

2. 速度-密度的关系

在实践中，可以看到这样一种现象：当道路上的车辆增多、车流密度增大时，驾驶员被迫降低车速。当车流密度由大变小时，车速又会增加。这就说明速度和密度之间有一定的关系。

1933年格林希尔治在对大量观测数据进行分析之后，提出了速度-密度的单段式直线性关系模型：

$$V = a + bK \quad (3.23)$$

式中：a、b——常数。

当 $K=0$ 时，V 值可达到理论最高速度，即畅行速度 V_f，代入式（3.23）得

$$a = V_f$$

当交通密度达到最大阻塞密度值 K_j，车速 $V=0$，代入式（3.23）得

$$b = \frac{V_f}{K_j}$$

将 a、b 代入式（3.23）得

$$V = V_f \left(1 - \frac{K}{K_j}\right) \quad (3.24)$$

3. 交通流量-密度的关系

根据式（3.24）和基本公式（3.22）可以得到

$$Q = KV_f \left(1 - \frac{K}{K_j}\right) \quad (3.25)$$

由式（3.25）可知，交通流量与密度的关系是二次函数关系，如图3.8所示。

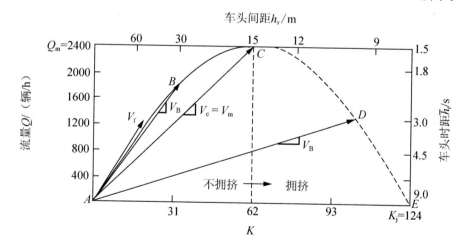

图3.8 交通流量-密度曲线图

按图3.8所示的基本关系可得到下列一些主要特征。

当车流密度值为零时，流量为零，密度增大，流量增加，密度到最佳密度 K_m 时，流量取最大值 Q_m。密度再增大，到阻塞密度 K_j 时，流量为零。因为车流密度为零时，表明

无车辆行驶，流量为零。而车流密度达到最大的阻塞密度时，车辆暂时停驶，短时间内流量为零，因此曲线经过坐标原点 A、C 和 E 点。

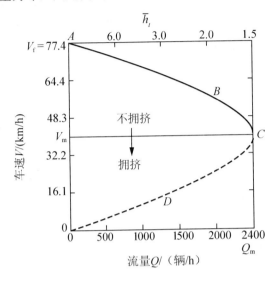

图 3.9 流量-速度曲线图

4．交通流量-速度的关系

将交通密度表示式代入式（3.22）得到

$$Q=K_j\left(V-\frac{V^2}{V_f}\right) \quad (3.26)$$

交通流量与速度为二次函数关系，如图 3.9 所示。

从图 3.9 曲线可知，速度-流量曲线具有如下特征。

（1）当交通密度与交通流量均为较小值时，车速可达最大值，即畅行速度 V_f，如图 3.9 中 A 点处。

（2）当交通密度增大，交通流量也随之增大时，车速逐渐减小，直至达到最佳速度 V_m，这时交通量最大，为 C 点。因此，V_m 至 C 线与曲线上半部分所包括的区域为非拥挤区。

（3）当车流密度继续增大，交通流量反而减小，车速也减小，直至达到最大密度 K_j 时形成阻塞，这时车流停驶，车流量与速度均为零。因此，流量-速度曲线通过坐标原点。同时，V_m 至 C 线下与虚曲线下所包括的区域为拥挤区。

3.2 交通流的概率统计分布

如前所述，概率统计方法是最早应用于交通流理论的数学方法，它为解决交通中具有随机性现象的问题提供了有效手段。例如，在信号配时设计中，用离散分布描述车辆到达的分布，可预测一个周期内到达的车辆数；在可接受间隙理论中，用连续分布描述车头时距分布，可估计支路的通行能力。本节讨论了交通中常用的几种离散型分布和连续型分布。

3.2.1 离散型分布

离散型分布常用于描述一定的时间间隔内事件的发生数。例如，某交叉口引道入口一个周期内到达的车辆数、某路段一年内发生的交通事故数等。交通工程中常用的离散型分布主要有三种：泊松分布、二项分布和负二项分布。

1．泊松分布

泊松分布的分布函数可用下式表示：

$$P(x) = \frac{(\lambda T)^x e^{-\lambda T}}{x!} \quad (x=0,1,2,\cdots) \tag{3.27}$$

式中：$P(x)$——在计数时间 T 内，事件 X 发生 x 次的概率；

λ——单位时间内平均发生的事件次数；

T——计数时间，如一个信号周期；

e——自然对数的底数，取值为 2.718280。

若记 $m=\lambda T$，则 m 为时间 T 内平均发生的事件次数，式（3.27）可写为

$$P(x) = \frac{(m)^x e^{-m}}{x!} \quad (x=0,1,2,\cdots) \tag{3.28}$$

由概率论的知识可知，泊松分布的均值 $E(X)$ 和方差 $Var(X)$ 是相等的，并且样本均值 $\overline{m}$ 和样本方差 S^2 分别为其无偏估计。因此，当 $\frac{S^2}{m}$ 显著地不等于 1 时，则意味着泊松分布拟合不合适，在实际应用中，常用此作为能否应用泊松分布拟合观测数据分布的初始判据。

下面给出在实际计算中，常用的递推公式：

$$P(0) = e^{-m} \tag{3.29}$$

$$P(x+1) = \frac{m}{x+1} P(x) \tag{3.30}$$

在交通工程中，泊松分布最早用于描述一定时间内到达车辆数的分布规律。当交通量不大且没有交通信号干扰时，基本上可用泊松分布拟合观测数据；当交通拥挤时，车辆之间的干扰较大，则应考虑用其他分布。

【例 3.3】 某交叉口信号周期长为 90s，某相位的有效绿灯时间为 45s，在有效绿灯时间内排队车辆以 1200 辆/h 的流量通过交叉口。假设信号交叉口上游车辆到达率为 400 辆/h，服从泊松分布。求：

(1) 一个周期内到达车辆不超过 10 辆的概率；

(2) 到达车辆不致两次排队的周期最大百分率。

解： (1) 由于车辆到达率为 400 辆/h，所以一个周期内平均到达车辆数：

$$m = \frac{400}{3600} \times 90 \text{ 辆} = 10 \text{ 辆}$$

所以，一个周期内到达车辆数不超过 10 辆的概率为

$$P(X \leqslant 10) = \sum_{x=0}^{10} (10)^x \frac{e^{-10}}{x!} = 0.5830$$

(2) 由于到达车辆只能在有效绿灯时间内离开，所以一个周期能离开最大车辆数为 $1200/3600 \times 45$ 辆 $= 15$ 辆。如果某周期内到达车辆数 X 大于 15 辆，则最后到达的 $(X-15)$ 辆车就不能在本周期内通过，而要在下个周期通过，以致二次排队。所以，不发生二次排队的概率为

$$P(X \leqslant 15) = \sum_{x=0}^{15} (10)^x \frac{e^{-10}}{x!} = 0.9513$$

由本例可见，当车辆按均匀到达时，则不会出现车辆二次排队的现象，而实际上车辆到达是随机的，导致部分绿灯时间不能完全充分利用，部分周期有可能出现车辆二次排队现象。

2. 二项分布

交通工程中描述计数事件发生次数的另一个常用分布是二项分布。分布函数为

$$P(x) = C_n^x p^x (1-p)^{n-x} \quad (x=0,1,2,\cdots) \quad (3.31)$$

$$C_n^x = \frac{n!}{x!(n-x)!}$$

式中：p、n——二项分布系数，$0 < p < 1$，n 为正整数。

由概率论的知识可知，当事件 X 服从二项分布时，其均值和方差分别为

$$E(X) = np$$
$$Var(X) = np(1-p) \quad (3.32)$$

由此可得参数 p、n 的一组估计：

$$\hat{p} = (\overline{m} - S^2)/\overline{m}$$
$$\hat{n} = \overline{m}/\hat{p} = \overline{m}^2/(\overline{m} - S^2) \quad (\text{取整数}) \quad (3.33)$$

式中：$\overline{m}$、S^2——样本均值和样本方差。

由式（3.32）可得

$$\frac{Var(X)}{E(X)} = \frac{np(1-p)}{np} = (1-p) < 1 \quad (3.34)$$

如果用 X 表示给定的时间内到达的车辆数，则到达车辆数小于 x 的概率。

$$P(X < x) = \sum_{i=0}^{x-1} C_n^i p^i (1-p)^{n-i} \quad (3.35)$$

同样，可计算到达车辆数大于 x 的概率：

$$P(X > x) = 1 - \sum_{i=0}^{x} C_n^i p^i (1-p)^{n-i} \quad (3.36)$$

实际计算时，可用下面的递推公式：

$$P(0) = (1-p)^n \quad (3.37)$$

$$P(x+1) = \frac{n-x}{x+1} \cdot \frac{p}{1-p} \cdot P(x) \quad (3.38)$$

对于拥挤的交通流，车辆自由行驶机会减少，可考虑采用二项分布描述车辆的到达分布。由于样本均值 $\overline{m}$、方差 S^2 分别为总体分布均值和方差的无偏估计，因此，可计算 $\frac{s^2}{m}$ 值，初步判定能否应用二项分布：当观测数据服从二项分布时，应有 $\frac{s^2}{m} < 1$。

3. 负二项分布

负二项分布函数为

$$p(x) = C_{x+k-1}^{k-1} p^k (1-p)^x \quad (x=0,1,2,\cdots) \quad (3.39)$$

式中：p、k——负二项分布参数，$0 < p < 1$，k 为正整数。

可求得均值 $E(X)$ 和方差 $Var(X)$ 分别为

$$E(X) = \frac{k(1-p)}{p} \quad (3.40)$$

$$Var(X) = \frac{k(1-p)}{p^2} \tag{3.41}$$

参数 p、k 的一组估计：

$$\hat{p} = \overline{m}/S^2$$
$$\hat{k} = \overline{m}^2/(S^2 - \overline{m}) \text{（取整）} \tag{3.42}$$

式中：$\overline{m}$、s^2——样本均值和样本方差。

同样，如果用 X 表示给定的时间内到达的车辆数，可计算到达车辆数小于 x 的概率：

$$P(X < x) = \sum_{i=0}^{x-1} C_{i+k-1}^{k-1} p^k (1-p)^i \tag{3.43}$$

同理，可计算到达车辆数大于 x 的概率：

$$P(X > x) = 1 - \sum_{i=0}^{x} C_{i+k-1}^{k-1} p^k (1-p)^i \tag{3.44}$$

下面给出负二项分布计算递推公式：

$$P(0) = p^k \tag{3.45}$$

$$P(x) = \frac{x+k-1}{x}(1-p)P(x-1) \tag{3.46}$$

研究表明，当观测到达车辆数据方差很大时，特别是当计数过程包括高峰期和非高峰期时，交通量变化较大，用负二项分布描述车辆的到达是个很好的选择。当计数间隔较小时，也会出现大流量时段与小流量时段，也可用负二项分布拟合观测数据。

3.2.2 连续型分布

交通工程中，另一个用于描述车辆到达随机特性的度量就是车头时距的分布。常用的分布有负指数分布、移位的负指数分布。

1. 负指数分布

用 H 表示车头时距，则 H 为随机变量。当 H 的分布密度为

$$f(t) = \lambda e^{-\lambda t} \tag{3.47}$$

则车头时距服从负指数分布。其分布为

$$F(t) = 1 - e^{-\lambda t} \tag{3.48}$$

其意义是车头时距 H 小于 t 的概率，概率曲线如图 3.10 所示。而在实际中，工程人员往往关心的是车头时距大于等于 t 的概率，相应的概率曲线如图 3.11 所示，概率函数为

$$P(H \geq t) = e^{-\lambda t} \tag{3.49}$$

由式（3.47）可求得

$$\lambda = \frac{1}{E(H)} \tag{3.50}$$

即参数 λ 为平均车头时距的倒数。因此，如果用 Q 表示小时交通量，则 $\lambda = \frac{Q}{3600}$（辆/s）。记 $T = 3600/Q = \frac{1}{\lambda}$，式（3.49）又可写为

$$P(H \geqslant t) = e^{-t/T} \tag{3.51}$$

负指数分布广泛地被应用于描述车头时距分布。但其往往适用于车流密度不大，车辆到达随机性较强的情况。

有趣的是，当车辆到达服从泊松分布时，车头时距则服从负指数分布；反之结论也成立。

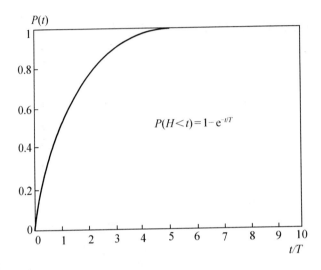

图 3.10 车头时距 $H<t$ 的概率曲线（$T=1$）

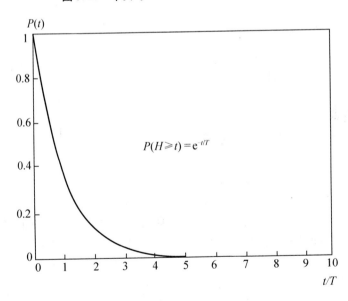

图 3.11 车头时距 $H \geqslant t$ 的概率曲线（$T=1$）

2. 移位的负指数分布

负指数分布拟合单车道交通流车头时距分布时，理论上会得到车头时距在 0～1.0s 的概率较大，这与实际情况不符。为了克服负指数分布描述车头时距分布的这种局限性，引入了移位的负指数分布，即假设最小车头时距不应小于一个给定的值 τ。移位的负指数分

布函数为

$$F(t)=1-e^{-\lambda(t-\tau)} \quad (t\geqslant\tau) \tag{3.52}$$

其概率密度函数为

$$f(t)=\lambda e^{-\lambda(t-\tau)} \quad (t\geqslant\tau) \tag{3.53}$$

并且,可求得车头时距均值 $E(H)$ 和方差 $Var(H)$ 分别为

$$E(H)=\frac{1}{\lambda}+\tau$$

$$Var(H)=\frac{1}{\lambda^2} \tag{3.54}$$

在式(3.54)中,用车头时距的样本均值和样本方差代替总体分布的均值和方差,求解方程便可得到参数 λ 和 τ 的估计值。另一个简便方法是,在式(3.54)中用车头时距的最小观测值估计参数 τ,用样本均值代替总体分布均值求解 λ。

3.3 排 队 论

排队论又称随机服务系统理论,是研究系统由于随机因素的干扰而出现排队(或堵塞)现象规律性的一门学科。排队论源于20世纪初的电话服务理论研究,第二次世界大战以后,排队论在很多领域内被采用。在交通工程中,排队论被广泛用于车辆延误、通行能力、信号灯配时,以及停车场、收费亭、加油站等交通设施的设计与管理等方面的研究中。

排队论内容丰富,应用很广,本节主要介绍排队论的基本方法及其在交通工程中的某些应用。虽然,排队论应用到交通工程中时,其中的术语也赋予了具体的含义,但这里仍然保留了排队论中的术语。

3.3.1 基本概念

1. 概述

在实际生活中,到处可以见到排队现象,如车辆排队通过交叉口,汽车到加油站加油,船舶停靠码头等。这些均可归结为顾客与服务窗之间的一种服务关系,可用框图表示这类排队过程,如图3.12所示。没有被服务而依次自成行列等候的顾客就构成了排队。而对整个系统而言,系统中的顾客既包括排队等候服务的顾客也包括正接受服务的顾客,如图3.13所示。

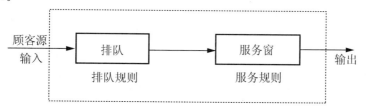

图 3.12 排队模型框图

图 3.13 收费站排队系统

2. 排队系统的特征和组成

一个排队系统一般有三个组成部分,即输入过程、排队规则和服务窗,关系图如图 3.14 所示。

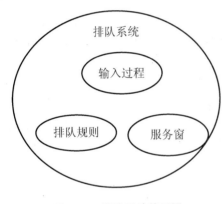

图 3.14 排队系统关系图

(1)输入过程:指各种类型的"顾客"(车辆或行人)按怎样的规律到来,主要有两种方式。

① 确定型输入——顾客有规则地等距到达。

② 泊松输入——顾客到来符合泊松分布。

(2)排队规则:指到来的顾客按怎样的次序接受服务,主要有三种方式。

① 损失制——顾客到达系统时,若所有服务窗均被占用,该顾客就随即离去。

② 等待制——顾客到达时,若发现所有服务窗都忙着,就排队等候服务。服务规则有先到先服务即按到达次序接受服务和优先服务〔如救火(护)车、警车等优先通过〕。

③ 混合制——是损失制和等待制混合组成的排队系统。如果顾客到达时,若队长小于 L,就加入排队队伍;若队长等于 L,顾客就离去。

日常中,我们经常遇到的是先到先服务的等待制系统。

(3)服务窗:指同一时刻有多少服务设施可接纳顾客,为每一顾客服务多少时间。系统可以没有服务窗,也可以有一个或多个服务窗。

一个服务窗可以为单个顾客服务或成批顾客服务。例如,公共汽车一次就装载大批乘客。

服务时间可分为以下几种。

① 确定型分布——每一顾客的服务时间都是相同的,为一个常数。

② 负指数分布——各个顾客的服务时间相互独立,具有相同的负指数分布。

引入以下记号:M 代表负指数分布或泊松输入,D 代表确定型输入或服务。于是泊松输入、负指数服务、N 个服务窗的排队系统可以写成 $M/M/N$;泊松输入、确定型服务、单个服务窗的服务系统可以写成 M/D/1。对于其他系统可以同样理解,如果不附加说明,则这种记号一般表示先到先服务的等待制系统。

3. 排队系统的运行指标

(1) 服务率:单位时间内被服务的顾客均值。
(2) 交通强度:单位时间内被服务的顾客数和请求服务顾客数之比。
(3) 系统排队长度:可分为系统内的顾客数和排队等待服务顾客数,常用于描述系统的状态。
(4) 等待时间:从顾客到达时起到开始接受服务时止这段时间,如车辆在交叉口入口引道上的排队时间。
(5) 忙期:服务台连续繁忙的时间长度。

3.3.2 M/M/1 系统

M/M/1 排队系统中,排队等待接受服务的通道只有一条,因此,又称"单通道服务"系统。

设顾客平均到达率为 λ,则两次到达之间的平均时间间隔为 $1/\lambda$。假设从单通道接受服务后出来的输出率(即系统的服务率)为 μ,则平均服务时间为 $1/\mu$。比率 $\rho=\lambda/\mu$ 称为交通强度或利用系数。如果 $\rho<1$,则每个状态都会按一定的概率反复出现。当 $\rho \geqslant 1$ 时,则排队长度会越来越长,系统状态是不稳定的。因此,只有 $\rho<1$,即 $\lambda<\mu$,系统才可以保持稳定,通道内的排队顾客才能够消散。

下面给出 M/M/1 系统常用的一些计算公式。

系统中没有顾客的概率为

$$P(0)=1-\rho \tag{3.55}$$

系统中有 n 个顾客的概率为

$$P(n)=\rho^n(1-\rho)=\rho^n P(0) \tag{3.56}$$

排队系统中顾客的平均数为

$$\bar{n}=\frac{\rho}{1-\rho} \tag{3.57}$$

排队系统中顾客数的方差为

$$\sigma=\frac{\rho}{(1-\rho)^2} \tag{3.58}$$

平均排队长度为

$$\bar{q}=\frac{\rho^2}{1-\rho}=\rho\bar{n} \tag{3.59}$$

平均非零排队长度为

$$\bar{E}=\frac{1}{1-\rho} \tag{3.60}$$

排队系统中的平均消耗时间为

$$d=\frac{1}{\mu-\lambda} \tag{3.61}$$

排队中的平均等待时间为

$$\bar{w}=\frac{\lambda}{\mu(\mu-\lambda)}=d-\frac{1}{\mu} \tag{3.62}$$

3.3.3 M/M/N 系统

M/M/N 排队系统有个特点是服务通道有 N 条,所以又称"多通道服务"系统。根据排队方式的不同,又可分为单路排队多通道服务和多路排队多通道服务两种。

单路排队多通道服务:等候服务的顾客排成一队等待数条通道服务的情况。排队中第一个顾客,可视哪个通道有空,就到哪里去接受服务,如图 3.15 所示。

多路排队多通道服务:每个通道的顾客各排一队,每个通道只为其相对应的一队顾客服务,排队顾客不能随意换队,如图 3.16 所示。这种情况相当于 N 个单通道服务系统。

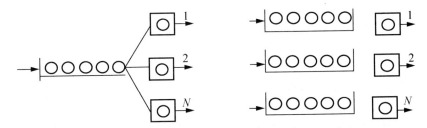

图 3.15 单路排队多通道服务　　图 3.16 多路排队多通道服务

对于单路排队多通道服务系统,系统保持稳定的条件是 $\rho/N<1$;而对于多路排队多通道服务系统则要求每个通道的交通强度小于 1。下面主要针对单路排队多通道服务系统存在的关系式展开讨论。

系统中没有顾客的概率为

$$P(0) = \frac{1}{\sum_{n=0}^{N-1} \frac{\rho^n}{n!} + \frac{\rho^N}{N!(1-\rho/N)}} \tag{3.63}$$

系统中有 n 个顾客的概率为

当 $n \leqslant N$ 时

$$P(n) = \frac{\rho^n P(0)}{n!} \tag{3.64}$$

当 $n > N$ 时

$$P(n) = \frac{\rho^n}{N! \, N^{n-N}} P(0) \tag{3.65}$$

排队系统中顾客的平均数为

$$\bar{n} = \rho + \frac{P(0) \rho^{N+1}}{N! \, N} \left[\frac{1}{\left(1-\frac{\rho}{N}\right)^2} \right] \tag{3.66}$$

平均排队长度为

$$\bar{q} = \frac{P(0) \rho^{N+1}}{N! \, N} \left[\frac{1}{\left(1-\frac{\rho}{N}\right)^2} \right] = \bar{n} - \rho \tag{3.67}$$

排队系统中的平均消耗时间为

$$d = \frac{\mu \left(\frac{\lambda}{\mu}\right)^N P(0)}{(N-1)! \, (N\mu - \lambda)^2} + \frac{1}{\mu} = \frac{\bar{n}}{\lambda} \tag{3.68}$$

排队中的平均等待时间为

$$\overline{w} = \frac{\mu \left(\frac{\lambda}{\mu}\right)^N P(0)}{(N-1)!\,(N\mu-\lambda)^2} = \frac{\overline{q}}{\lambda} \tag{3.69}$$

【例 3.4】 拟修建一个服务能力为 120 辆/h 的停车场，只有一个出入通道。据调查每小时有 72 辆车到达，假设车辆到达服从泊松分布，每辆车服务时间服从负指数分布，如果出入通道能容纳 5 辆车，问是否合适？

解：

这是个 $M/M/1$ 排队系统。由题意知：

$$\lambda = 72 \text{ 辆/h}$$
$$\mu = 120 \text{ 辆/h}$$
$$\rho = \frac{\lambda}{\mu} = \frac{72}{120} = 0.6 < 1$$

所以，系统为稳定的。并且由式（3.57）可求得系统中的平均车辆数为

$$\overline{n} = \frac{\rho}{1-\rho} = \frac{0.6}{1-0.6} \text{ 辆} = 1.5 \text{ 辆} < 5 \text{ 辆}$$

因此，系统中的平均车辆数小于通道容纳的能力，故合适。也可计算系统中车辆数超过 5 辆车的概率。由式（3.56）可得

$$P(0) = 1 - 0.6 = 0.4$$
$$P(1) = 0.6 \times (1-0.6) = 0.24$$
$$P(2) = 0.6^2 \times (1-0.6) = 0.14$$
$$P(3) = 0.6^3 \times (1-0.6) = 0.09$$
$$P(4) = 0.6^4 \times (1-0.6) = 0.05$$
$$P(5) = 0.6^5 \times (1-0.6) = 0.03$$

所以，系统中车辆数超过 5 辆车的概率为

$$P(n > 5) = 1 - \sum_{n=0}^{5} P(n) = 0.05$$

由计算结果可以看出，系统中车辆超过 5 辆车的可能性只有 5%，所以该通道的容量是合适的。

本 章 小 结

交通流三参数关系是交通流理论的基础，随后的各种交通流理论都是在此基础上建立的。本章主要介绍了交通流三参数的关系、概率统计模型、排队论理论，交通流理论是在对实际交通现象进行观察的基础上建立的，因此要注重理论的应用。同时，交通流理论还在不断发展中，很多新的理论正在不断涌现。

思 考 题

1. 绘图分析交通流量与密度、交通流量与速度之间的关系。
2. 泊松分布、二项分布、负二项分布的特点是什么？统计特征参数包括哪些？各种分布适用于描述什么样的交通流状况？
3. 负指数分布、移位负指数分布的区别与联系分别是什么？

习 题

1. 已知某公路断面流量 $q=720$ 辆/h，试问该断面 5s 内没有车辆通过的概率（假设车辆到达服从泊松分布）？
2. 有一个无信号交叉口，主要道路上的车流量为 800 辆/h，次要道路上车辆横穿主路车流所需要最小车间时距为 6s，假设主要道路上车头时距服从负指数分布，试求次要道路上车辆的平均等待时间。

第 4 章

交通流调查与分析

教学要点

知识要点	掌握程度	相关知识
基本概念	掌握交通调查的定义	
交通流调查方法及数据分析	（1）掌握人工调查方法 （2）掌握交通量和速度数据分析	（1）人工方法的优缺点 （2）调查数据的统计分析

技能要点

技能要点	掌握程度	应用方向
交通流调查方法及数据分析	（1）掌握交通量调查的人工方法 （2）掌握密度调查的出入量法 （3）理解其他调查方法	（1）各种调查方法的优缺点 （2）各种调查方法的适用条件

 **基本概念**

交通调查、人工调查法、自动记录法、录像法、牌照法、试验车法、出入量法。

交通数据检测是进行交通规划、设计的基础,先进的检测设备是获得精确检测结果的一种手段,目前最先进的交通检测技术有地磁映像、声波传感技术、视频图像技术等。例如,PCS 道路交通数据观测站,利用 GROUNDHOG 固定式交通分析单元作为传感器部件,来为高效的交通分析、控制及管理提供精确而真实的交通数据;同时 PCS 系统还可以连接天气传感器,如温湿度、风速风向、能见度等传感器,在提供交通数据的同时,还可提供天气情况数据;系统利用 GROUNDHOG 检测路面状况的功能,还可提供道路路面温度及干湿状态等路面状况数据。PCS 系统利用无线通信通道及 WDM 无线数据管理软件,可以将历史数据以报告、图形和表格的形式提取出来,并传送到办公室,而无须铺设其他专用通信通道。

4.1 概 述

交通调查是交通工程学科中的一个重要组成部分,交通工程学的发展在一定程度上依靠交通调查工作的开展和数据资料的积累与利用。交通调查是一项平凡的、工作量大的而又非常重要的基础工作。为了发展我国的道路交通事业,必须充分发挥交通工程学的作用,积极开展系统的、有计划的交通调查工作。

正确的决策来源于科学的预测,而科学的预测又必须来源于系统周密的调查和准确的数据信息。交通调查就是通过对多种交通现象进行调查,以提供准确的数据信息,为交通规划、交通设施建设、交通管理与控制、交通安全、交通环境保护和交通流理论研究等各方面提供服务。因此,我们必须重视交通调查的作用,熟悉和了解交通调查的内容和方法,以便更好地发挥交通调查的作用。

4.1.1 交通调查的定义和对象

交通调查是一种利用客观的手段,测定道路交通流及与其有关现象的片断,并进行分析,从而了解与掌握交通流的规律。其目的是为了向交通、城市建设规划和环境保护及公安交通管理等部门提供用于改善、优化道路交通的实际参考资料和数据。

交通调查的对象主要是交通流现象。而与交通流有关的因素,如国民经济发展状况、经济结构、各种交通运输状况、城乡规划、道路等交通设施、交通环境、汽车的行驶特性,以及地形、气候、气象及其他安全设施和措施等,几乎每一项都可以作为专门的调查对象。在进行交通调查和分析时,应该考虑诸因素对交通流的影响。

4.1.2 交通调查的类别

(1) 以查明全国性或全省(自治区、直辖市)等大范围的交通需求和交通状况为目的的交通调查。这类调查是根据中央有关部、委提出的规划或计划,由省(自治区、直辖市）的交通、建设、公安和环保等机构承担。如为大城市，则也可由城市主管部门组织实施。该项调查的主要内容如下。

① 国家干线公路（国道）的交通量和车速调查。
② 物资运输流通调查。
③ 城市客流调查与货运调查。
④ 公路和城市道路车辆（汽车、自行车等）起讫点调查。
⑤ 主要交叉口的交通量调查。
⑥ 交通阻塞路段（交叉口、交通设施）的阻塞程度及阻塞频率的调查等。

这些调查的结果，应该逐级按统一形式汇总之后，由各部门定期出版。汇总的数据可提供给各有关部门利用和参考。

(2) 以确立相当具体的道路新建项目、改建项目、城市建设项目为目的和以制定综合的交通管制等交通工程措施为目的，以较大范围的地区和道路路线为对象的交通调查。这类调查通常要求对交通的组成和随时间的变化做较详细的记录，一般由省（自治区、直辖市）、市、县的交通、城建、规划和公安交通管理等部门来实施。该项调查的主要内容如下。

① 在路旁直接询问或发放调查明信片，调查汽车的起讫点和行经路线等。
② 在主要交叉口进行分车型、分流向的交通量调查。
③ 地区出入交通量调查。
④ 地点车速调查。
⑤ 行驶时间调查（区间、行驶车速调查）。
⑥ 地区车辆拥有量调查（或统计、汇总）。
⑦ 路上、路外停车调查。
⑧ 通行能力调查。
⑨ 阻塞程度及其发生的频率调查（延误调查）。
⑩ 公交运输系统及其利用状况的调查（客运量调查、月票调查等）。
⑪ 在阻塞或事故多发地点，为弄清主要原因的专门调查等。

(3) 为改善局部不良路段和个别交叉口的交通状况而进行的交通实况调查。这类调查可由道路和公安交通管理部门实施。其目的是为了改善交通阻塞或事故多发的交叉口和路段的交通、安全设施（或措施）和信号配时，高速公路（快速干道、汽车专用路等）合流处等发生交通阻塞地点的道路几何线形和渠化、标志标线等设施和措施。该项调查的主要内容如下。

① 交通量调查。
② 车速调查。
③ 密度调查。
④ 影响交通流的主要因素（横穿道路的行人、混入汽车流中的其他车辆、停放车辆、路面标线和交通标志、信号机配时等）调查。

(4) 其他的交通调查。在交通工程学研究的领域内，涉及的内容很多，有关的其他调查也很多，如行人交通调查、自行车交通调查、车辆行驶特性调查、交通事故调查、人（特别是驾驶员和行人）的交通生理和心理特性调查、道路和交通设施调查、各种交通运输方式实况调查、道路两侧土地使用特性调查、社会经济调查、道路照明调查及交通环境调查等。另外，还有在采取措施前后进行的对比性交通调查。以上不少交通调查是属于交通工程科研调查的组成部分的。电子计算机在交通工程的领域的使用越来越广泛，在一定程度上使交通调查工作的工作量有所减轻。例如，交通模拟（交通仿真），只要将有关数据输入电子计算机，利用所编程序，便能把所需分析的车辆或交通流的动态由计算机（用图像或文字）显示出来。但是电子计算机所需的数据大部分还要由实地调查而得到，因此，可以说电子计算机的应用，对交通调查提出了更高的要求。

4.2 交通量调查

交通量是三大基本交通参数之一，是描述交通流特性的最重要的参数之一。由于交通量非常重要而调查方法又比较简单，因此交通量及其调查就成为交通工程学中的重要内容，并且越来越受到人们的重视。近30多年来，我国首先在交通系统的全国公路国道网上进行了以交通量连续式观测为主的调查，取得了较系统、全面的宝贵资料。在大、中城市也对城市道路网进行了广泛的交通量调查。通过对调查资料的整理分析，已初步掌握了交通量的空间分布和时间分布特性、交通量的各种变化规律和影响因素，从而为道路网规划、道路设计和建设、交通管理和控制、工程的经济分析和效果对比、交通安全和道路环境等各个方面提供了可靠的依据。

4.2.1 交通量调查的目的和意义

交通量调查的目的在于通过长期连续性观测或短期间隙性和临时性观测，搜集交通量资料，了解交通量在时间、空间上的变化和分布规律，为交通规划、道路建设、交通控制与管理、工程经济分析等提供必要的数据。交通量数据是交通工程学中的一项最基本的资料，因此交通量调查是十分重要的。以往由于重视不够，无系统性观测数据，且资料保管不善，经常散失，对当时工作造成了很大的困难，因此目前应该强调重视交通量调查，注意积累系统的、完整的交通量资料，以便更好地为我国交通建设服务。

交通量调查资料根据不同的目的，有着不同的应用。如果通过调查观测掌握了一定的交通量数据，则可作为必不可少的资料应用于下列各项研究。

（1）在同一地点长期连续性观测，掌握交通量的时间分布规律，探求各种与交通量有关的参数，并为交通量预测提供长期的可靠资料。

（2）众多的间隙性观测调查，可用于了解交通量在地域等空间上的分布规律，为了解全面交通情况提供数据。

（3）为制定交通规划掌握必要的交通量数据。通过全面了解现状资料，分析交通流量的分工，预测未来的交通量，为确定交通规划、道路网规划、道路技术等级和修建次序及确定规划所需的投资和效益提供依据。

（4）交通设施的修建和改建也离不开交通量的历史发展趋势和现状。有了确切的交通量（目前的和根据目前推算的），就能正确地确定道路等级、几何线形、交叉口类型，平面交叉是否要改建成立体交叉；就能做出道路设施修建和改建的先后次序。

（5）交通控制的实施，离不开交通量的现状和需求。如果交通控制脱离了交通量流向和流量的实际，则交通控制的效果就会大大降低。设计信号机的配时、线控系统的相位差、区域交通控制系统的各种控制方案，都需要做大量的交通量、车速等的调查。判断设置交通信号灯控制方案的合适性也仍然是以交通量的时间和空间分布规律为依据的。

（6）交通管理工作要真正做到决策有科学依据，必须重视交通量调查。实施单向交通，禁止某种车辆驶入或转弯，设置交通标志和标线，实施交通的渠化，指定车辆的通行车道或专用道，中心线移位以扩大入口引道的车道数，道路施工、维修时禁止车辆通行并指定绕行路线，以及交警警力配备等问题，都需要交通量资料以作为决策的指导或依据。

（7）为行人交通提供保护。设置步行街，确定人行道、人行横道的宽度，人行天桥和地下通道的位置及规模，是否设置行人信号灯及其如何配时等，均需要提供行人交通量及其各种特性，使所采取的措施有一定的参考数据。

（8）进行工程的后评估。对各种工程措施、管理措施进行前后对比调查，判断改善交通措施的效果，所需要的前后交通量的资料，应该在其他条件不变的前提下进行交通量调查。

（9）研究交通基本参数（如交通量、车速和密度等）之间的关系，开展交通流理论的分析，交通量常是最重要的参数。

（10）推算通行能力，预估交通事故率，进行交通环境影响评价，预估收费道路的收入和效益，工程可行性研究等各个方面，在涉及社会经济环境效益时，交通量的大小、预测的正确与否，对方案论证往往有着举足轻重的作用。

当然，任何事物都不是绝对的、孤立的，交通量同其他交通参数（如车速、延误、密度、车头时距等）相互影响，同时作用。我们在实际工作中应该同时考虑到它们的影响，给它们以足够的重视。

4.2.2 交通量调查的的种类

由于调查的着眼点不同，故选择的调查地点也不尽相同，一般可做如下分类。

（1）特定地点的交通量调查。该调查是以研究交通管理、信号控制为主要目的，调查特定地点（交叉口、路段或出入口）的交通量。

（2）区域交通量调查。该调查是在某特定区域内同时在许多交叉口和路段设置交通量调查点，以掌握该区域交通流量的分布变化特点为目的的交通量调查。

（3）小区出入交通量调查。该调查是为校核商务中心区等特定地区、城市或城市郊区等区域的出入交通量，以及起讫点调查数据中的内外出行距离而获取所需的数据。往往与起讫点调查及其他有关的调查一起进行。

（4）分隔查核线交通量调查。该调查主要是为了校核起讫点调查的数据而进行的。

4.2.3 交通量调查的方法

1. 人工观测法

人工观测法是我国目前应用最广泛的一种交通量调查方法，只要有一个或几个调查人员即能在指定的路段或交叉口引道一侧进行调查，组织工作简单，调配人员和变动地点灵活，使用的工具除必备的计时器（手表或秒表）外，一般只需手动（机械或电子）计数器和其他记录用的记录板（夹）、纸和笔。

人工观测法适用于任何地点、任何情况的交通量调查，机动灵活，易于掌握，精度较高（调查人员经过培训，比较熟练，又具有良好的责任心时），资料整理也很方便。但是这种方法需要大量的人力，劳动强度大，冬夏季室外工作辛苦。对工作人员要事先进行业务培训，加强职业道德和组织纪律性的教育，在现场要进行预演调查和巡回指导、检查。另外，如需作长期连续的交通量调查，由于人工费用的累计数很大，因此需要较多费用。因此，一般最适于做短期的交通量调查。

2. 仪器自动计测法

目前，国外不少工业发达国家已广泛采用各种自动车流量记录仪进行交通量调查。根据调查的要求，可以选择所需的装置，进行连续性调查，可以得到1天24小时交通量、1月累计交通量、1年累计交通量等各种数据。这种装置可以节省大量人力，使用方便，可以同时进行范围广泛的调查，精度也较高，特别适用于长期连续性交通量调查，但是这类装置也存在一些不足，如一次性投资大，使用率往往不太高，特别是对调查项目的适应性较差，它们大部分无法区分车辆类型、车辆分流流向，对于行人交通量和自行车（非机动车）交通量调查往往无能为力，因此，对于我国目前的交通情况适用性较差，购买和使用时要综合考虑其优缺点，发挥其长处。

自动车流量记录仪使用的检测器（传感器）有道路管（气压式或液压式）、电接触式、光电管、雷达、磁性、感应线圈、超声波、红外线和电容式等许多形式。

4.2.4 调查资料整理与分析

1. 车辆换算和数量统计

我国道路中，除了高速公路、一级公路和原修建的二级汽车专用路是汽车专用的道路外，其余大部分道路都是汽车与其他各种车辆混合行驶的，因此就存在一个以什么车辆为标准和各种车辆如何换算成标准车的问题。根据各种不同车辆在行驶时占用道路净空的程度，可以分别确定它们对标准车的换算系数。为此，在进行交通量观测时，必须根据调查的目的和用途，区分不同车种，分别记录，以便利用换算系数换算成统一的标准车。由于对车辆在行驶中状态和彼此干扰的研究尚不够，目前换算系数还不太完善，需要进一步地改进完善。

根据交通部的统一规定，目前我国在进行公路交通量调查时，通常将车辆划分为11

种类型，具体分类和标准及折算系数（换算系数）见表 4-1 [各省（自治区、直辖市）之间可能略有不同]。

表 4-1 公路交通量调查各种车型分类

编号	车型分类	车型载重、马力与包括车型	折算系数
1	小型载货汽车	载重量小于 2.5t，包括拖挂载货，摩托车等	1.0
2	中型载货汽车	载重量 2.5~7.0t	1.0
3	大型载货汽车	载量大于 7.0t	1.0
4	小型客车	包括座位少于 20 个的小轿车、吉普车、面包车、拖挂载客摩托车和轻骑	0.5
5	大型客车	座位大于 20 个	1.0
6	载货拖挂车	包括半挂及平板拖车等	1.5
7	小型拖拉机	12 马力及小于 12 马力（1 马力=735.499W）	1.0
8	大中型拖拉机	12 马力以上	1.0
9	畜力车	专指汽车胶轮大马车	2.0
10	人力车	包括人力三轮车、畜拉架子车、手推车等	0.5
11	自行车	包括安装有动力的自行车	0.1

城市道路交通量调查时，根据标准车的不同，可为以小汽车为标准的换算系数和以载货汽车为标准的换算系数两种系列。其中均缺乏自行车的换算系数，各地自行车采用的数值大小不一：以小汽车为标准时自行车的换算系数取 0.5~0.35，以载货汽车为标准时自行车的换算系数取 0.3~0.1。以小汽车为标准的换算系数见表 4-2。

表 4-2 城市道路交通量调查以小汽车为标准的换算系数

车辆类型	换算系数	车辆类型	换算系数
小汽车	1.0	中、小型公共汽车	2.5
小型载货汽车	1.5	大型公共汽车	3.0
3~5t 载货汽车	2.0	摩托车、轻便摩托车	0.8
5t 以上载货汽车	2.5		

2. 交通量特征参数计算

24h 特定时间范围内的交通量及交通组成的表示，具体如下。
(1) 昼夜率，指白天 12h 或 16h 交通量占 24h 交通量的比率。
(2) 高峰小时交通量占 24h 交通量的比率。
(3) 车型的组成比率，又称车型混入率，指不同车型交通量占总交通量的比率。
(4) 繁重方向交通量占往返合计交通量的比率。
(5) 右转、直行和左转弯车流比率等。

3. 交通量的时间分布特性图

交通量的时间分布特性常用柱状图或曲线图表示。
柱状图常用来表示一天中各小时交通量的变化，从中可看出交通量变化的趋势，高峰小时出现的时刻,是否为双峰形或其他形式,白天与夜间交通量的差异等,如图 4.1 所示。

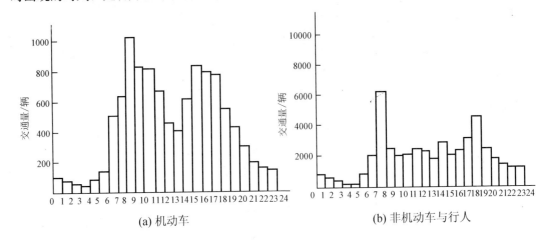

图 4.1 交通量小时变化柱状图

曲线图常用来表示连续观测站交通量随时序的变化,一般有交通量 1 日内的小时变化(时变)、1 星期内的逐日变化(日变)、1 年内的逐月变化(月变),以及 1 年内 8760h(闰年为 8784h)交通量由大到小排列的年小时交通量变化等图。

4. 交叉口流量流向图

交叉口流量流向图经常用来表示十字或 T 字形交叉口各入口引道各向车辆的运行状况。图 4.2 中绘出了典型的十字交叉口的流量流向图,由图可以一目了然地看清交叉口的流量流向分布。通常根据高峰小时的交通量(小汽车、全部汽车)绘制,也可用混合交通量代替。由于机动车交通高峰与非机动车高峰往往不在同一小时内出现,因此应对各个高峰小时的机动车和非机动车交通量分别绘制。

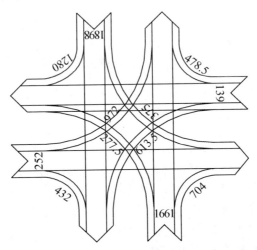

图 4.2 典型的十字交叉口流量流向图

5. 路网流量图

根据路网交通量普查资料或区域内的所有交叉口交通量调查的数据,在路网平面图上,以各条道路的中心线为基线,用与交通量成一定比例的线条表示出各条道路的交通量,并用颜色对流量大小加以区分,如图 4.3 所示。

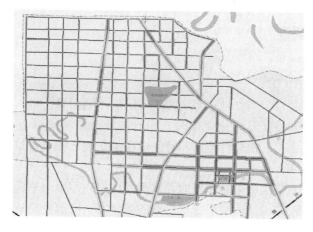

图 4.3　路网流量图

4.3　行车速度与密度调查

4.3.1　车速调查的目的和意义

由于道路设计、交通规划、交通管理与控制、交通设计及道路质量评价均以车速作为最基本的资料,因此车速调查成为道路交通工程中最重要的调查项目之一。常见的调查有地点车速调查和区间车速调查。

地点车速调查的目的如下。
(1) 掌握某地点车速的分布规律及速度变化趋势。
(2) 作为交叉口交通设计的重要参数。
(3) 用于交通事故分析。
(4) 判断交通改善措施的成效。
(5) 确定道路限制车速的依据。
(6) 作为设置交通标志的依据。
(7) 作为局部地点如道路弯道、坡度、瓶颈等处的交通改善设计的依据。
(8) 交通流理论研究中的重要参数。

区间车速调查的目的如下。
(1) 掌握道路交通现状,作为评价道路服务水平的重要指标。
(2) 作为路线改善设计的依据。
(3) 作为衡量道路上车辆运营经济性(时间和车辆油耗)的重要参数。
(4) 作为交通规划中路网交通流量分配的重要依据。
(5) 确定交通管理措施及联动交通信号配时的依据。

(6) 判断道路工程改善措施前后效果对比的重要指标。
(7) 交通流理论研究中的重要参数。

4.3.2 地点车速调查

1. 调查地点与时间的确定

地点车速的用途很广,调查地点将随调查目的的不同而异。

(1) 了解车速分布特征及变化规律时,一般选择道路平坦顺直,离交叉口有一定距离,使车速不受道路条件、信号灯控制和行人过街的影响,在城市道路上,还应注意不受公共汽车停靠站的影响。

(2) 为了交通安全需实施限制车速时,观测点应设在需限制车速的道路或地点。

(3) 为检验交通改善设计或交通管理措施的效果时,应选择交通改善地点做车速的前后对比调查。

(4) 在判断交叉口信号灯设置是否妥善,决定黄灯时间或配置交通标志时,需调查进入交叉口的车速。

(5) 用于交通事故分析时,应调查交通事故发生地点的车速。

调查时间应与调查目的相对应,具有典型性和代表性。一般均不选择休息日及交通异常时间。一般调查最常选用的时间是机动车上午高峰及下午高峰时间,因为这段时间交通量大,矛盾最为突出,如属检验交通改善或交通管理措施等目的时均应选择这两个时间段;有时为了研究非机动车对机动车车速的影响,常选择机动车和非机动车流量均较大的时段。

2. 调查方法

地点车速测定最常用的方法有以下几种。

1) 人工测速法

人工测速法中最常见的是秒表测速法,即在欲调查的地点,量测一小段距离 L,在两端做好标记,观测员用秒表测定各种类型车辆经过前后两标记的时间,记录员在标准记录表上记录距离、车型及通过两标记的时间,经整理计算,得到各类车辆的地点车速,记录表的格式见表 4-3。

表 4-3 瞬时车速记录表

日期_____ 星期_____ 天气_____ 记录者_____
起讫路线_____ 至_____ 起讫时间_____ 至_____ 时间间隔_____

车种	t_1	t_2	$\Delta t = t_2 - t_1$	$v = \dfrac{L}{\Delta t}$	车种	t_1	t_2	$\Delta t = t_2 - t_1$	$v = \dfrac{L}{\Delta t}$

注:t_1 为车辆到达起始观测点时刻;t_2 为车辆到达终末观测点时刻。

距离 L 的取值与车速有关,为方便观测者对秒表读数,可按车辆经过 L 路段的时间等于 2s 左右计算,通常取 20~25m。

2) 雷达测速法

雷达测速法是目前现代交通管理中经常使用的一种方法,用以监测道路上的超速违章车辆。最常用的仪器有雷达测速仪和雷达枪。

雷达测速法十分简单,只要用测速雷达瞄准前方被测车辆,即能读出该车辆的瞬时车速。

雷达测速的基本原理是应用多普勒效应。当雷达测速仪瞄准测速车辆时,发射出无线电波,遇车辆后再从车辆反射回来,发射波与反射波的频率差与车辆行驶的速度成正比,从而得到车辆的瞬时车速。

3) 自动计数器测速

自动计数器有若干种,通常使用电感式、环状线圈式和超声波式检测器测量地点车速,它们均设置在固定测站上,同时测得流量和流速。

测量方法:在测速地点取一小段距离(如取 5m)两端均埋设检测器,车辆通过前后两检测器时即发出信号,并传送给记录仪,记录下车辆通过前后两个检测器的时间,从而算得车速。当测速精度要求不太高时,也可用一个检测器的办法,即测量车辆前后车轮通过检测器的时间,并用前后轴距除以该时间求得车速。这种方法适用于交通控制区中已埋设检测器的场合,并与交通流量数据同时存放于数据采集系统中。

4) 录像法

在拟测车速的地点,量取若干段距离,并做好标记。将录像机设置在视野良好的高处,防止行道树及其他设施的遮挡,将录像机镜头瞄准欲测车速地段,以一定的送片速度进行录像。根据汽车通过测定区间的录像胶卷画面数和画面的间隔时间,即可求得车辆的地点车速。录像时应详细记录开始时间、地点、方向、送片速度、气候、观测员姓名等,以免整理时发生错误。

3. 地点车速调查数据的整理与分析

地点车速的观测数据按观测目的进行汇总,然后把数据整理成图表,并用统计的方法对调查结果做统计计算,以保证取得对交通现状的完整认识。

1) 数据整理

列出地点车速频率分布表。整理数据精练而简便的方法是列一张地点车速频率分布表,见表 4-4。

表 4-4 地点车速频率分布表

(1)	(2)	(3)	(4)	(5)	(6)
速度分组	组中值 u_i	观测频数 f_i	累计频数 f	观测频率/%	累计频率/%

2) 地点车速频率分布直方图

为了更直观地显示出频率分布表所给出的规律,通常把它们画成频率分布直方图,如图 4.4 所示,横坐标是地点车速的速度分组,纵坐标则是相应的频率,即表 4-4 中 (1)、(5) 列的数据。

从图 4.4 中可以形象地看出地点车速分布的范围及在范围内的散布情况。

3）累计频率曲线

地点车速的速度分组为横坐标，累计频率为纵坐标，应用表 4-4 中（1）、（6）列数据，绘制成地点车速的累计频率曲线，如图 4.5 所示。该图的特征点对于分析地点车速具有十分重要的意义，如累计频率为 15％、50％、85％所对应的地点车速，在交通工程中均有特定的用途。

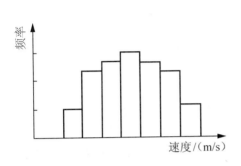

图 4.4 地点车速频率分布的直方图

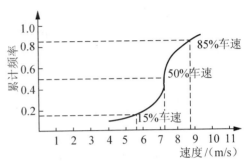

图 4.5 地点车速累计频率曲线

4.3.3 区间车速调查分析

1. 调查方案

调查方案与调查目的有关，下面分别讨论最常遇到的几种情况。

（1）为了解道路交通现状或交通改善方案的效果，而做的车速调查。这种调查比较简单，只要在选定路段内测量车辆行驶于该路段的时间和延误即可，无须同时调查影响因素。

（2）用于研究路段交通改善方案，而进行的区间车速调查。这种调查需要考虑诸因素对车速的影响，因此第一步必须对路段的交通情况做定性分析，分清影响路段车速的主要因素；然后确定调查内容及方法，组织观测人员并编制经费预算。最常规的是流量、车速同时调查，如果车速降低主要是受到非机动车或行人的影响，则调查方案中应增加自行车流量和行人流量的调查。如果在公共汽车停靠站处受到影响，则应补充在公共汽车停靠站处的车辆延误时间调查。必须注意这些调查内容应同步进行，以便分析。调查内容确定后，即可编制调查人员及经费计划。

（3）为建立车速模型、进行理论研究而进行的车速调查。这类调查一般均希望选择典型地段，如欲建立流量与车速的关系模型，则选择车型较单一、其他干扰因素较少的路段，在同一时段调查流量与车速，以便找出规律。如果希望模型的适应面更广，可以在原有模型的基础上增加其他因素的调查，进行模型修正，或者将影响车速的诸因素加以分解，分别找出车速与各影响因素的关系式。

一旦调查方案确定后，就可进行现场调查。

2. 调查方法

1）牌照法

在调查路段的起终点设置观测点，观测人员记录通过观测点的车辆类型、牌照号码

（后3位数字）、各辆车的到达时间。测完后，将两处的车型及牌照号码进行对照，选出相同的牌照号码，计算通过起终点断面的时间差即为行程时间，路段距离除以行程时间，即得到行程车速。调查记录表的格式见表4-5。

表4-5 牌照法速度调查表

道路名称_____ 起始时间_____ 日期_____
起终点_____ 观察者_____ 天气_____

车辆类型	牌照号码	起点时间 t_1	终点时间 t_2	行程时间 t_2-t_1	区间速度 v

关于调查人员及工具的配备：起终点断面各配2名观测员，1名观测车型、牌照号码及经过本断面的时间，另1名记录。观测时只需配备秒表即可。

此法适用场合：路段上无主要交叉口，单向一车道或流量不是很大的单向两车道公路，路段长度不宜超过500m，路段上的交通情况不太复杂，可与其他调查同时进行。

牌照法的主要优点：取样速度快，室外工作时间短，能较准确地测得不同时段的平均行程车速及各种车辆类型的平均行程车速、通过断面的单向交通量及车头时距，有利于交通工程中的微观分析。

牌照法的主要缺点：所测得的只是起终点间的行程时间，无法知道车辆在行驶过程中的延误及交通阻滞情况，当路段中间有交叉口时，由于路段车辆在交叉口的转向，使起终点的车辆牌照号码不完全一致，增加了内业工作量；在单向两车道或大于两车道的路段，观测时由于靠边车道上车辆的阻挡，无法看清中间车道上车辆的牌照号码，容易漏记车号；此法现场观测的劳动强度大，对于交通繁忙的路段在一般体力情况下，通常只能连续观测2h左右。

2）跟车测速法

测速前的准备工作：用1/2000或比例更大的地形图，量测路段全长及各变化点之间的距离，如交叉口、道路断面宽度变化点、小半径弯道的起终点、陡坡的起终点、隧道口、桥梁起终点等，进行路段编号；然后至现场踏勘，按图上各点在实地做好标记，并补充地形图上遗漏的地物特征点；准备好测试车，测试车的性能应能跟踪上道路上行驶的车辆；配备2名观测人员，并携带秒表及记录表格等。记录表的格式见表4-6。

表4-6 跟车车速观测表

道路名称_____ 起始时间_____ 日期_____
起终点_____ 观察者_____ 天气_____

路段编号	观测时间			减速次数及原因					
	中途停车			最终断面时间	行人	自行车	会车	转向车	公交停靠	其他
	原因	停止时间	启动时间							

测速时，测试车辆应紧跟车队行驶，一般不允许超车，除非道路上遇到有特别慢的车辆，如大型重载货车、即将进入停靠站的公共汽车、拖拉机等，此时可超越。车内测试人员必须熟记预先在道路上做的各个标记，并注意观测沿途的交通情况。当车辆从起点出发时，打开秒表每经过一次标记，立即读出经过标志的时刻。当试验车遇到阻塞或严重减速时，应记录减速次数或停车延误时间及原因。

跟车测速次数一般要求往返6~8次，每次往返时间应尽量小于40min。在道路条件好、交通顺畅的市郊道路，路线长度以不超过15km为宜；市区边缘道路，路线长度以小于10km为宜；市中心区道路，一般交通繁忙，车速低，并受到交叉口信号灯的管制，路线长度应小于5km。

跟车测速法的主要优点：方法简单，能测到全程及各路段的行程时间、行驶时间、延误时间、沿途交通状况及交通阻塞原因等；所需的观测人员少，劳动强度小。应用于交通量大、交叉口多、路线上交通较复杂的道路。全国若干城市，如上海、杭州、无锡、宁波、淄博等城市的路网车速调查均采用了这种方法。

跟车测速法的主要缺点：测量次数不可能多，相对于某一时段（如高峰小时）只能得2次，至多3次测量数据，所测车速可以作为宏观控制，但难于用做微观分析。用于建立模型等，此法尚感不足。当路段交通流量少时，车辆难以形成车流，往往发生测试车无车流可跟，测试中处于非跟踪状态，最后测得的车速常受到测试车性能及驾驶员习惯的影响，不能完全代表道路上车流的车速。

3）五轮仪测速法

五轮仪是测量车速的专用仪器，与速度分析仪同时使用。测速时将五轮仪装置于试验车之后，成为试验车以外另加的一个轮子，故名五轮仪。当测试车行驶时，五轮仪的轮子也与地面接触，同样转动。在五轮仪的轮轴上设有光电装置，其作用是将车轮转动速度转换成电信号，输入速度分析仪，此时记录仪能自动记下行驶距离、行驶时间、行程车速。例如，测试车在路段起点时，观测员打入信号，当车辆行驶到第一个标记时再打入信号，则速度分析仪就能记下从起点到第一个标记时两点间的距离、行程时间和平均行程车速。

五轮仪还可以与另一种速度分析仪一起使用，这种分析仪的功能可以得到车辆在全线行驶时的速度分布。例如，某路线全长15km，测试车在跟车时速度有高有低，通过速度分析仪，可以自动将车速按0~10km/h，10~20km/h，20~30km/h，…，100~110km/h，…自动分挡，最后得到各速度挡的行驶里程和所占的比例。

五轮仪的测速方法与跟车测速法基本相同，其主要优点是自动化程度高，测速精确，能直接将结果打印输出，无须记录。它可以与车辆油耗仪同时使用，测量不同行驶状态、不同车时的耗油量，作为建立模型的可靠资料。

在使用五轮仪时，对路面平整度有一定要求，平整度很差的路面，行驶时五轮仪跳动厉害，影响测速精度，并有损仪器。在测速时如有车辆倒退或调头情况，必须将五轮仪的轮子拉起，使其不与地面接触，否则仪器即损坏。

五轮仪和速度分析仪属于精密仪器，成本高、易损坏，在使用前或使用后必须经过严格检查，应注意随时保养。

4.3.4 密度调查

1. 密度特性与调查必要性

仅用交通量等参数难以全面描述交通流的实际状态。例如,交通量趋近于零时,既可以是描述车辆数极少时的道路交通,也可以表示交通严重拥挤,车流处于停滞状态。而密度的大小则可直接判定拥挤程度,从而决定采用何种交通管理和控制措施。

2. 调查方法

观测密度主要采用出入量法。

1) 出入量法的原理

出入量法是一种通过观测取得中途无出入交通的区段内现有车辆数或行驶时间的方法。其又分为试验车法及车牌照法等。

现讨论图 4.6 中 AB 区间的密度。

在某一时刻上游地点处的交通量是同一时刻 AB 区间内新增加的车辆数;反之,这时在下游地点 B 处的交通量等于从 AB 区间内减少的车辆数。

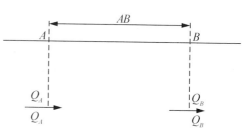

图 4.6 AB 区间示意图

AB 区间内车辆数的变化应等于入量与出量之差。因此,只要知道最初 AB 区间的原始车辆数,就能求得每单位时间内的实有车辆数,则在 t 时刻的密度可由式(4.1)计算,即

$$E_t = Q_{A(t)} + E_{t_0} - Q_{B(t_0)} \tag{4.1}$$

式中:E_t——在 t 时刻 AB 区间内的车辆数;

$Q_{A(t)}$——从观测开始到 t 时刻通过 A 处的累加交通量;

E_{t_0}——观测开始 t_0 时刻,AB 区间内的原始车辆数;

$Q_{B(t_0)}$——从观测开始到 t 时刻通过 B 处的累加交通量。

2) 试验车法

(1) 测定方法。从基准时刻开始在测定区间的两端用流量观测仪或动态录像机测定通过的车辆数。为了记取试验车通过区间两端的时刻,必须在试验车上标以特殊的记号。此时,若用流量仪进行测定,当试验车通过两端时,要输入信号在记录纸上作记号;若用动态录像机,要对准试验车的特殊记号摄影,以便记取那个时刻。

(2) 原始车辆数的测定。设试验车跟随车流通过 A 处的时刻为 t_0,经过 B 处的时刻为 t_1,则从 t_0 到 t_1 这段时间内通过 B 处的车辆数 q_B 即为 t_0 时刻 AB 区间内的原始车辆数。然而这一关系只有在试验车不超车又不被超的情况下才成立。否则,应按式(4.2)计算:

$$E_{t_0} = q_B + a - b \tag{4.2}$$

式中:E_{t_0}——在 t_0 时刻 AB 区间内的原始车辆数;

q_B——从 t_0 到 t_1 这一段时间内通过 B 处的车辆数;

a——试验车超车数；
b——试验车被超车数。

本 章 小 结

本章主要介绍了交通流三参数交通量、速度、密度调查方法及统计分析。人工观测法和仪器自动记录法是交通量调查的两种常用方法，两种方法各自有其优缺点和适用条件，要根据实际情况进行选用。目前，行车速度和密度一般采用仪器进行调查直接获得，或者通过其他调查参数间接求得。

思 考 题

1. 交通量调查的常用方法有哪些？各种方法的优缺点和适用条件是什么？
2. 出入量法的原始车辆数如何测定？

第5章 道路通行能力

教学要点

知识要点	掌握程度	相关知识
基本概念	(1) 掌握通行能力、服务水平的定义 (2) 掌握理想条件	(1) 通行能力、服务水平 (2) 基本通行能力、可能通行能力、设计通行能力
通行能力计算及服务水平分析	掌握双车道和多车道公路、高速公路基本路段和匝道、平面交叉口、城市道路路段通行能力计算及服务水平分析	(1) 通行能力计算模型 (2) 修正系数 (3) 服务水平分级表

技能要点

技能要点	掌握程度	应用方向
通行能力计算及服务水平分析	掌握双车道和多车道公路、高速公路基本路段和匝道、平面交叉口、城市道路路段通行能力计算及服务水平分析	(1) 设计道路规模确定 (2) 道路现状的服务水平分析

基本概念

通行能力、服务水平、基本通行能力、可能通行能力、设计通行能力、服务交通量、修正系数、检验点交通量。

引例

国外在道路通行能力研究领域取得了一系列研究成果,如美国从20世纪40年代起投入大量经费进行公路通行能力的研究,相继出版了《道路通行能力手册》(Highway Capacity Manual,HCM) 1950年版、1965年版、1985年版、1994年修订版、1985年版、1997年修订版、2000年版。其他一些发达国家和发展中国家也以美国HCM为蓝本,结合各国具体的交通流特性,编写了各自的《道路通行能力手册》。由于我国对道路通行能力的研究起步较晚,且我国的交通组成、管理方式等方面与国外有着明显差别,以往道路通行能力指标体系多套用美国HCM中的有关指标体系,这不适合我国道路交通的实际情况。因此,建立一套适合我国道路交通的通行能力研究方法和指标体系,以适应交通基础设施建设日益增长的需求,已刻不容缓。国家"九五"重点科技攻关项目"公路通行能力研究"正是在此背景下完成的。本章充分吸取了国内外近年的研究成果。

5.1 概述

现代化的道路建设具有严密的管理程序,从路网规划、道路建设项目可行性研究、道路设计、道路施工管理一直到工程交付使用后进行建设项目后评价以论证规划、设计、管理的正确性,这样一种全过程的一体化决策管理依据主要来自交通需求预测和道路通行能力分析。通行能力分析与交通量适应性分析,不仅可以确定道路建设的合理规模与标准,还可以为路网规划、工程可行性研究、道路设计、道路建设后评价等方面提供更为科学的理论依据。

5.1.1 通行能力

1. 通行能力的定义

通行能力是指道路设施所能疏导交通流的能力。即在一定的时段(通常取15min或1h)和正常的道路、交通、管制及运行质量要求下,道路设施通过交通流质点的能力。通行能力实质上是道路负荷性能的一种量度,它既反映了道路疏通交通的最大能力,也反映了在规定特性前提下,道路所能承担车辆运行的极限值。通行能力一般以veh/h(辆/小时)、pcu/h(当量标准小客车/小时)表示,基本单位是pcu/h/ln(当量小客车/小时/车道)。

2. 通行能力的分类

(1) 根据道路设施和交通体的不同,通行能力可分为机动车道通行能力、非机动车道通行能力和人行道(横道)通行能力。

(2) 根据车辆运行状态的特征不同,通行能力可分为路段通行能力、交叉口通行能力、匝道和匝道连接点通行能力和交织路段通行能力。

（3）根据通行能力的性质和使用要求的不同，通行能力可分为基本通行能力、可能通行能力和实用通行能力，实用通行能力又称设计通行能力。

① 基本通行能力，是指道路和交通都处于理想条件下，由技术性能相同的一种标准车，以最小的车头间距连续行驶的理想交通流，在单位时间内能通过道路断面的最大车辆数。基本通行能力又称理论通行能力，因为它是假定理想条件下的通行能力，实际上不可能达到。

② 可能通行能力，是指考虑到道路和交通条件的影响，并对基本通行能力进行修正后得到的通行能力，实际上是指道路所能承担的最大交通量。

③ 设计通行能力，是指用来作为道路规划和设计标准而要求道路承担的通行能力。

3. 通行能力分析的目的和作用

道路通行能力分析的目的：确定某道路设施在通常条件下能容纳的最大交通量；确定在保持与规定运行特性相适应的条件下，某道路设施所能容纳的最大交通量；设计与通行能力相适应的道路交通设施，通过对实际道路通行能力观测值的比较，评价道路系统，找出影响通行能力的因素，提出改善车流行驶状况的建议和措施，以期能达到所要求的最大交通量。

道路通行能力是道路交通特征的一个重要方面，也是一项重要指标。确定道路通行能力是道路交通规划、设计、管理与养护的需要，也是道路交通工程技术管理人员的一项重要任务，同时也是解决以下课题的基础和依据。

（1）通过道路通行能力和设计交通量的具体分析，可以正确地确定新建道路的等级、性质、规模、主要技术指标和线形几何要素。

（2）通过对现有道路通行能力的观测、分析、评定，并与现有交通量对比，可以确定现有道路系统或某一路段所存在的问题，针对问题提出改进的方案或措施，作为老路或旧街改建的主要依据。

（3）道路通行能力可以作为铁路、公路、水运、空运等各种交通运输方式的方案比选与采用的依据。

（4）根据道路某一路段通行能力的估算、路况及通行状况分析，可以提出某一地段线形改善的方案。

（5）道路通行能力可作为交通枢纽的规划、设计、改建及交通设施配置的依据，如交叉口类型选择和信号设施的设计、装备等。

（6）道路通行能力可以作为城市街道网规划、公路网设计和方案比选的依据。

（7）道路通行能力可以作为交通管理、运营、行车组织及控制方式确定或方案选择的依据。

5.1.2 服务水平

1. 服务水平的概念

服务水平是指道路使用者根据交通状态，从行车速度、舒适、方便、经济和安全等方面所能达到的服务程度。服务水平的实质是描述车流之间的运行条件及其驾驶员和旅客感觉的一种质量测定标准。因此,服务水平的评价指标是由多项定性或定量指标组成的。

2. 服务交通量

服务交通量是指在通常的道路条件、交通条件和管制条件下,并保持规定的服务水平时,道路的某一断面或均匀路段在单位时间内所能通过的最大小时交通量。在不同的服务水平下,服务交通量是不同的,服务水平高的道路行车速度快,驾驶自由度大,舒适与安全性好,但其相应的服务交通量就小;反之,允许的服务交通量大,则服务水平低。值得注意的是,服务交通量不是一系列连续值,而是不同的服务水平条件允许通过的最大值。服务交通量规定了不同服务水平之间的流量界限。

3. 服务水平分级

服务水平分级又称服务等级,是用来衡量道路为驾驶员、乘客所提供的服务质量等级,其服务等级可以从自由运行、高速、舒适、方便、安全满意的最高水平到拥挤、受阻、停停开开、难以忍受的最低水平。各国等级划分不一,一般均根据本国的道路交通的具体条件划分为3~6个服务等级,日本分为3个等级,美国定为6个等级,即A~F级,如图5.1所示。

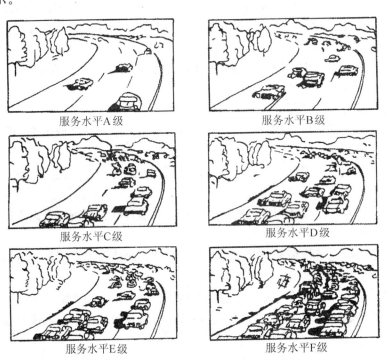

图 5.1 美国的 A~F 级服务水平

我国按照公路设施提供服务程度的不同,将服务水平划分为四级。各级服务水平的交通流状况描述如下。

(1) 一级:交通量小,行驶车辆速度高,驾驶员能自由或较自由地选择行车速度,行驶车辆不受或基本不受交通流中其他车辆的影响,交通流处于自由流状态,被动延误少,为驾驶员和乘客提供的舒适便利程度高。

（2）二级：行驶车辆受别的车辆或行人的干扰较大，驾驶员选择速度的自由度受到一定限制，交通流状态处于稳定流的中间范围，有拥挤感。到二级下限时，车辆间的相互干扰较大，开始出现排队，被动延误增加，为使用者提供的舒适便利程度下降。

（3）三级：驾驶员选择车辆运行速度的自由度受到很大限制，行驶车辆受别的车辆或行人的干扰很大，交通流处于稳定流的下半部分，并已接近不稳定流范围，流量稍有增长就会出现交通拥挤。服务水平显著下降。到三级下限时所受的限制已到驾驶员所允许的最低限度，但可通行的交通量尚未达到最大值。

（4）四级：行驶车辆受别的车辆或行人的干扰非常大，交通流处于不稳定流状态，靠近下限时每小时可通行的交通量达到最大值，驾驶员已无自由选择速度的余地，车速降到一个低的但相对均匀的数值。这时交通量稍有增加或交通流出现小的扰动，就会出现交通拥挤。服务水平显著下降。交通流变成强制状态，能通过的交通量很不稳定，交通量与速度同时由大变小，直到零为止，而交通密度则随交通量的减小而增大。

通过确定的服务水平分级表，在公路规划、设计时选用合适的服务水平等级可以更为科学地确定公路的建设规模和技术标准，一般建议高速公路和一级公路采用二级服务水平进行设计，而二、三级双车道公路按三级服务水平设计。另一方面，通过确定的服务水平分级表，可对运营的公路服务状况进行分析评价。

5.2 公路通行能力

5.2.1 双车道公路路段通行能力

目前我国大多数干线及非干线公路均为双车道公路，同时双车道公路亦为我国公路网中最长、最普遍的一种公路形式。由于双车道公路交通的特性，车辆只能在对向车道有足够超车视距时才能有超车的可能，因而此类交通流又不同于其他的非间断流，一个方向上的正常车流会受另一个方向上的车流影响，故研究其独有的交通流统计信息对通行能力的计算有重要的现实意义。

1. 通行能力的计算

双车道公路路段通行能力的分析是建立在二级路标准条件下的基本通行能力基础上的，表 5-1 所示为二级公路标准条件，且一般规定二级公路基本通行能力 C_0 为 2500 辆/h。

表 5-1 二级公路标准条件

项目	标准条件	项目	标准条件
路面宽度	9m	街道化程度	0
设计速度	80km/h	方向分布	50/50
路肩宽度	每侧 1.5m	行政等级	干线公路
会车视距	>250m	平整度	对速度无影响
地形	平原微丘	交通秩序与交通管理	好
横向干扰	轻微		

由已知的基本通行能力，结合行车道宽度、方向分布、横向干扰及交通组成对通行能力的修正，我们可得双车道公路实际条件下的通行能力 C 为

$$C = C_0 \times f_{CW} \times f_{DIR} \times f_{FRIC} \times f_{HV} \tag{5.1}$$

式中：C——实际条件下的通行能力，辆/h；

C_0——基本通行能力，辆/h；

f_{CW}——行车道宽度对通行能力的修正系数，见表 5-2；

f_{DIR}——方向分布对通行能力的修正系数，见表 5-3；

f_{FRIC}——横向干扰对通行能力的修正系数，见表 5-4；

f_{HV}——交通组成对通行能力的修正系数。

表 5-2 行车道宽度对通行能力的修正系数

路面宽度/m	修正系数	路面宽度/m	修正系数
6	0.52	10	1.16
7	0.56	11	1.32
8	0.84	12～15	1.48
9	1.00		

表 5-3 方向分布对通行能力的修正系数

方向分布/%	修正系数	方向分布/%	修正系数
50/50	1.00	65/35	0.91
55/45	0.97	70/30	0.88
60/40	0.94		

表 5-4 横向干扰对通行能力的修正系数

横向干扰等级	修正系数	横向干扰等级	修正系数
一	0.91	四	0.65
二	0.83	五	0.57
三	0.74		

交通组成对通行能力的修正系数 f_{HV} 可由式（5.2）计算：

$$f_{HV} = \frac{1}{1 + \sum P_i (E_i - 1)} \tag{5.2}$$

式中：P_i——车型 i 的交通量占总交通量的百分比；

E_i——车型 i 的车辆折算系数，见表 5-5。

表 5-5 车辆折算系数

两轮摩托车	小型车	中型车	大型车	特大型车	小型拖拉机	大型拖拉机	自行车
0.6	0.8	1.0	1.5	2.5	1.7	3.5	0.2

【例 5.1】 设某公路交通量观测站观测得出的交通量资料见表 5-6。行车道宽为 9m，对向车流量相当，二级公路，平纵面线形平缓顺直，有足够超车视距，路面状况良好，路

面无划线,快慢车混行,沿线有较多村庄、工矿企业,对交通干扰较大。试分析该公路交通拥挤状况,计算通行能力。

表5-6 某公路交通量观测站观测得出的交通量资料

车型	小型车	中型车	大型车,拖挂车	特大型车	小型拖拉机	大型拖拉机	两轮摩托	自行车
观测辆数	430	1120	518	582	252	178	500	6900

解：根据观测资料,按车辆折算系数（表5-5）折算出标准当量交通量如下：

$$Q = (430 \times 0.8 + 1120 \times 1.0 + 518 \times 1.5 + 582 \times 2.5 + 252 \times 1.7 + 178 \times 3.5 + 500 \times 0.6 + 6900 \times 0.2) 辆/d$$
$$= 6428 \ 辆/d$$

查表5-2~表5-4分别可得各影响因素对通行能力的修正系数,从而得到实际通行能力为

$$C = C_0 \times f_{CW} \times f_{DIR} \times f_{FRIC} \times f_{HV} = (2500 \times 0.8 \times 1.00 \times 1.00 \times 0.65 \times 0.6) 辆/h = 780 \ 辆/h$$

将其换算成年平均日交通量为

$$AADT = (780/0.1) 辆/h = 7800 \ 辆/d$$

显然目前实际年平均日交通量为6428辆/d,尚未超过道路通行能力,公路上交通流较平稳,不会产生拥挤、阻塞、车速降低等现象。但由于有非机动车、拖拉机等慢速车辆对快车行驶干扰较大,故应加强管理,严格快慢车分道行驶、机动车与非机动车分道行驶制度。

2. 路段交通运行状况分析

计算出双车道公路中总的交通流量值与实际状况下的道路通行能力的比值,即为所分析路段的饱和程度。饱和程度大,则说明路段上交通流量大于实际通行能力,道路超负荷运行；饱和程度小,则说明路段上交通流量比实际的通行能力小,道路还有承载能力,可供更多车辆行驶。

把饱和度作为双车道公路服务水平的分级指标,分级标准见表5-7。

表5-7 双车道公路服务水平分级表

服务水平等级	延误率/%	平原地区			微丘地形			山岭重丘		
		速度/(km/h)	V/C	最大服务交通量/(pcu/h/ln)	速度/(km/h)	V/C	最大服务交通量/(pcu/h/ln)	速度/(km/h)	V/C	最大服务交通量/(pcu/h/ln)
一	≤30	≥78	0.15	400	≥65	0.15	350	≥55	0.14	300
二	≤60	≥67	0.40	1000	≥56	0.38	900	≥48	0.37	800
三	≤80	≥59	0.64	1600	≥48	0.58	1350	≥42	0.54	1150
四	<100	≥48 <48	1.00	2500	≥40 <40	1.00	2300	≥37 <37	1.00	2100

3. 交通运行状况评价

双车道公路的运行状况分析主要是用来评价已有公路在特定的道路交通条件下，其自由流速度、通行能力和交通运行状况。通过运行状况分析，可为交通管理人员制定管理措施、改变运行道路的交通条件提供依据，使交通运行状况达到期望的水平（如达到预期的通行能力和速度等），以提高公路运输效益。

5.2.2 多车道公路路段通行能力分析

多车道公路路段通行能力分析不同于双车道公路路段通行能力的分析，由于双车道公路和多车道公路的横断面设置不同，导致了两者在交通运行规律上的明显差异。这主要体现在超车行为方面。多车道公路车辆经常由外侧车道驶入内侧车道或由内侧通过外侧车道驶出，这种车道转移常常影响正常行驶的车辆，其中外侧车道受干扰最大。但是，多车道公路车辆超车时不影响对向车流的运行，车辆运行只受同方向车流的影响。故处于不同位置的车行道所受干扰不同，受影响的程度也不同。多车道公路通行能力的分析也不能把它归为高速公路类，因为它们或不设中央分隔带，或对于车辆的进出缺少全面控制，或两者兼而有之。

1. 通行能力计算

多车道公路通行能力可按下式计算：

$$C = C_0 \times f_w \times f_{HV} \times f_e \times f_p \tag{5.3}$$

式中：C——实际条件下的通行能力；

C_0——对应于设计车速的一条车道的基本通行能力；

f_w——受限车道宽度和侧向净空影响修正系数（一般当路面宽度为 3.75m 时取 1.00，为 3.50m 时取 0.96）；

f_{HV}——重型车辆修正系数，计算见式（5.2）；

f_e——横向干扰影响修正系数；

f_p——驾驶员总体特征影响修正系数（通常取 1.00）。

将式中的所有修正系数用一个总的修正系数统一起来，用符号 f_C 表示，称之为通行能力综合影响系数，即

$$f_C = f_w \times f_{HV} \times f_e \times f_p \tag{5.4}$$

表 5-8 和表 5-9 列出了不控制出入的多车道公路通行能力影响因素修正系数及基本路段通行能力推荐值。

表 5-8　不控制出入的多车道公路通行能力影响因素修正系数

横向干扰等级	内侧车道	中间车道	外侧车道	备注
一	0.9～1	—	—	干扰较小
二	0.8～0.9	0.8～0.9	—	干扰中等
三	—	0.6～0.7	0.6～0.7	干扰较大
四	—	—	0.5～0.6	干扰严重

注：横向干扰因素包括：路段是否穿过村镇，非机动车数量，路侧停车、纵横向行人数量，交通管理和运行秩序情况，进出主路交通量（交叉口数量）及两轮摩托车数量。

第5章 道路通行能力

表 5-9 不控制出入的多车道公路基本路段通行能力推荐值 单位：pcu/h/ln

车道	内侧车道	中间车道	外侧车道	备注
基本通行能力	2000	2000	2000	—
实际通行能力	1500	1300	1100	有中间带
	1300	—	1000	无中间带

2. 路段交通运行状况分析

表 5-10 给出了理想条件下多车道不控制出入一级公路服务水平分级指标。

表 5-10 理想条件下多车道不控制出入一级公路服务水平分级指标

服务水平等级	最大密度 /(pcu/km/ln)	平均行程速度 /(km/h)	V/C	最大服务流率 /(pcu/h/ln)
一	≤12	≥75	0.50	1000
二	≤19	≥70	0.65	1300
三	≤26	≥60	0.80	1600
四	≤42	≥48	1.00	2000
	>42	<48	不稳定	不稳定

注：表中 C 为理想条件下，相应设计车速的公路基本路段通行能力，一级公路为 2000veh/h/ln。

任何一条多车道公路都不可能出现理想条件下的单一小客车流，所以应根据实际的交通构成、比例等条件，将理想条件下的小客车车流密度转换成实际条件下相应的混合流密度。

表 5-11 给出了不同货车混入率下的多车道公路混合车流的服务水平分级指标。

表 5-11 混合车流的服务水平分级指标

服务水平等级	10%混入率			15%混入率			20%混入率			25%混入率		
	密度	速度	SFL	密度	速度	SFL	密度	速度	SFL	密度	速度	SFL
一	≤11	82	1000	≤11	82	950	≤11	82	950	≤10	80	900
二	≤18	78	1450	≤18	78	1350	≤18	78	1300	≤16	75	1250
三	≤24	67	1700	≤24	67	1600	≤24	67	1550	≤22	65	1500
四	≤39	48	1850	≤39	48	1750	≤39	48	1700	≤35	48	1650
	>40	不稳定		>40	不稳定		>40	不稳定		>35	不稳定	

服务水平等级	30%混入率			50%混入率			70%混入率		
	密度	速度	SFL	密度	速度	SFL	密度	速度	SFL
一	≤10	80	800	≤9	74	650	≤8	70	550
二	≤16	78	1200	≤14	68	950	≤13	63	800
三	≤22	65	1400	≤19	60	1150	≤18	57	1050
四	≤35	48	1700	≤32	46	1500	≤29	44	1300
	>35	不稳定		>32	不稳定		>29	不稳定	

注：密度单位为中型车/公里/车道，速度单位为 km/h，SFL 表示车道服务流率，单位为辆/h。

5.2.3 高速公路通行能力

1. 基本路段通行能力

按照交通流运行特性的差异可将高速公路分为基本路段、交织区和匝道（包括匝道连接点）三部分，其中高速公路基本路段是指不受匝道附近的合流、分流及交织流影响的高速公路路段，是高速公路系统的重要组成部分，如图 5.2 所示。高速公路基本路段通行能力可以定义如下：在一定时间段（取 15min 或 1h）和通常的道路、交通及管制条件下，基本路段上某一断面所容许通过的单向单车道最大持续交通流。高速公路基本路段通行能力是针对单向车流单车道而言的。

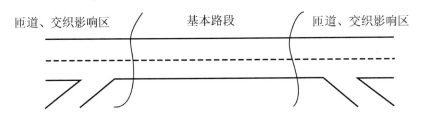

图 5.2 高速公路基本路段示意图

影响高速公路基本路段通行能力的因素有很多，如道路等级、车道宽度、线形、技术标准、交通组成及路肩宽度和状况等。另外，我国道路交通状况和地形条件比较复杂，《公路工程技术标准》中给出的横断面形式也有多种，为了研究结果的可比性，建立高速公路道路通行能力分析的标准条件如下：

设计速度	120km/h
地形	平原微丘
路面宽度	2×7.5m
左侧路缘带宽度	0.75m
右侧路肩宽度	2.75m
行政等级	干线公路
平整度	对速度无影响
交通秩序和交通管理	好

1) 通行能力计算

对于已有的或设计中的高速公路基本路段进行通行能力分析，目的是在现有的或规划交通需求下，确定交通流的运行状况和公路设施所能提供的服务水平等级，计算实际道路条件下的通行能力，以及在保持某一特定运行状况的前提下所能通过的最大服务流量。通过运行分析，可正确评价公路运行状况，为公路交通管理部门制定正确的交通管理措施提供依据，保证公路处于良好的运行状况。

(1) 基本通行能力，又称理论通行能力，是指在一定时间段（取 15min 或 1h）和理想的道路、交通及管制条件下，一条车道的一个断面所容许通过的最大持续交通流。

按车头时距计算，其计算公式为

$$C_B = \frac{3600}{t} \tag{5.5}$$

式中：C_B——一条车道的基本通行能力，pcu/h；
　　　t——最小安全车头时距，s。

设计速度为 120km/h、100km/h、80km/h、60km/h 的高速公路基本路段的 C_B 分别为 2000pcu/h/ln、2000pcu/h/ln、1900pcu/h/ln 及 1800pcu/h/ln。

（2）实际条件下的通行能力 C 为

$$C = C_0 \times f_{CW} \times f_{SW} \times f_{HV} \tag{5.6}$$

式中：C——实际条件下的通行能力，pcu/h；
　　　C_0——基本通行能力，pcu/h；
　　　f_{CW}——行车道宽度对通行能力的修正系数；
　　　f_{SW}——侧向净空对通行能力的修正系数；
　　　f_{HV}——交通组成对通行能力的修正系数。

（3）影响高速公路基本路段通行能力的因素及其修正系数。由于高速公路是全部控制出入、全立交的，因此受横向干扰的影响很小，故影响基本路段通行能力的主要因素为道路条件、交通条件和驾驶员条件。具体地说，包括道路几何条件（车道宽及侧向净宽）、交通组成（大型车混入率）、驾驶员状况等因素。

① 行车道宽度对通行能力的修正系数 f_{CW}。根据对道路宽度影响通行能力的实际观测认为，当车道宽度达到某一数值时其通过量能达到理论上的最大值，当车道宽度小于该值时，则通行能力降低。行车道宽度对通行能力的修正系数见表 5-12。

表 5-12　高速公路行车道宽度对通行能力的修正系数 f_{CW}

车道宽修正系数 设计速度/(km/h)	通行能力修正系数	
	车道宽 3.75m	车道宽 3.5m
120	1.0	0.98
100	1.0	0.97
80	1.0	0.97
60	1.0	0.97

② 侧向净空对通行能力的修正系数 f_{SW}。侧向净空的影响包括左侧路缘带宽度和右侧路肩宽度的影响，实际调查表明左侧路缘带宽度和右侧路肩宽度小于某一数值时（理想条件规定的数值）会使驾驶员感到不安全，从而降速、偏离车道线，使旁侧车道利用率降低。故当左侧路缘带宽度和右侧路肩宽度不足时应予以修正，其修正系数见表 5-13。

表 5-13　侧向净空对通行能力的影响 f_{SW}

通行能力修正系数				
左侧路缘带宽/m		右侧路肩宽/m		
0.25	0.5	1.0	1.5	2.0
0.98	0.99	0.98	0.99	1.00

③ 交通组成对通行能力的修正系数 f_{HV}。在高速公路上，由于交通流中大中型车辆的动力性能不如小型车，故应对大中型车进行通行能力修正。其修正系数采用下式计算：

$$f_{HV}=\frac{1}{1+P_{LHV}(PCE_{LHV}-1)+P_{TC}(PCE_{TC}-1)} \quad (5.7)$$

式中：P_{LHV}——大中型车交通量占总交通量的百分比；

P_{TC}——特大型车交通量占总交通量的百分比；

PCE_{LHV}——大中型车折算系数；

PCE_{TC}——特大型车折算系数。

2) 路段交通运行状况分析

高速公路路段运行状况分析主要是评价已有高速公路在特定的道路、交通条件下的通行能力和交通运行状况。通过运行状况分析，可为交通管制人员制定管理措施，以及改变高速公路运行的部分道路、交通条件提供依据，使交通运行状况达到期望水平，如达到预期的通行能力和速度等，以提高高速公路运输效益。

根据计算得到的实际通行能力，计算不同方向单车道的流量与通行能力的比值，确定饱和度。

根据服务水平等级（表5-14）及实际条件下的饱和度、平均运行速度、车流密度等可确定实际道路服务水平等级。

表5-14 高速公路基本路段服务水平分级

服务水平等级	密度/[pcu·(km·ln)$^{-1}$]	设计速度 120km/h			设计速度 100km/h			设计速度 80km/h		
		速度/(km/h)	V/C	最大服务交通量/(pcu/h/ln)	速度/(km/h)	V/C	最大服务交通量/(pcu/h/ln)	速度/(km/h)	V/C	最大服务交通量/(pcu/h/ln)
一	≤12	≥94	0.56	1100	≥81	0.51	1000	—	—	—
二	≤19	≥86	0.79	1600	≥75	0.71	1400	≥69	0.67	1300
三	≤26	≥73	0.94	1900	≥68	0.85	1700	≥62	0.83	1600
四	≤42	≥48	1.00	2000	≥48	1.00	2000	≥45	1.00	1900
	>42	<48			<48			<45		

【例5.2】 有四车道高速公路，平原地形，设计速度为100km/h。实地勘察资料如下：分析路段长2km，坡度为0%；车道宽2×3.75m，内侧路肩0.75m，外侧路肩2.7m；大中型车占34%，特大型车占1%，单向高峰小时量 $V_P=568$ 辆/h。试分析其服务水平，问其达到可能通行能力之前还可增加多少交通量。

解：(1) 从表5-12及表5-13查（计算）得诸修正系数：

$$f_{CW}=1.0, f_{SW}=1.0, f_{HV}=\frac{1}{1+[0.34\times(1.5-1)+0.01\times(2.0-1)]}=0.85$$

(2) 计算通行能力：

$$\begin{aligned}C &= C_0 \times f_{CW} \times f_{SW} \times f_{HV}\\ &= (2200\times1.0\times1.0\times0.85)\text{pcu/h}\\ &= 1870\text{pcu/h}\end{aligned}$$

(3) 计算 V/C：
$$V/C = 679/1870 = 0.36$$
(4) 由表 5-14 可知该路段服务水平处于一级状态；
(5) 达到该通行能力前可增加的交通量：
$$V = (1870 - 679) \text{pcu/h} = 1191 \text{pcu/h}$$

2. 匝道及匝道连接点通行能力分析

互通式立体交叉匝道的通行能力，由以下三个数字中的最小值决定。
(1) 匝道与主线连接部分的通行能力。
(2) 匝道本身的通行能力。
(3) 匝道与相交道路连接部分的通行能力。

通常情况下，匝道出口和入口处的通行能力与匝道本身通行能力相比甚小，故匝道的通行能力主要受匝道出口或入口处通行能力的控制，并受正线的通行能力、车道数、设计交通量等的影响，因此，本书仅论述匝道连接点的通行能力。

匝道与高速公路的连接点是争夺交通需求空间的场所，上游高速公路需求量在合流区与驶入匝道的需求量相竞争。驶入匝道上游的高速公路车流是由来自各个交通源的上游交通量集合而成的。在合流区，驶入匝道的车辆试图在相邻高速公路车道的交通流中找出口。由于大多数匝道位于道路的右侧，所以特别容易受到影响的高速公路车道是靠路肩的车道，这里用车道 1 表示。本书定义，从路肩到路中心的车道用数字 1~N 表示。

当驶入匝道的车流增加时，在高速公路车道中，驶入车辆影响高速公路各车道中的交通分布。当发生交通事故时，驾驶员常常在驶入匝道和 1 号车道之间变换交汇点。实际的交汇形式是变化的，但它将对主干道和匝道的排队长度产生严重的影响。

驶出匝道的基本作用是分流。驶出的车辆必然要占用靠近匝道的车道（或占用匝道出口），所以存在其他驾驶员把车辆在其他车道中重新分布的最后影响。当驶出匝道是双车道时，分流行驶的影响会波及高速公路的几个车道。

1) 通行能力计算

(1) 匝道与主线连接处需要分析计算以下三个关键交通量。

① 合流交通量 V_m，用于驶入匝道，它是相互汇合的交通流的总交通量。对于一条单车道的右侧驶入匝道，其合流交通量是 1 号车道交通量与匝道交通量之和。

② 分流交通量 V_d，用于驶出匝道，它是将要分离的交通流的总交通量。对于一条单车道的右侧驶出匝道，分流交通量等于紧接主匝道上游的 1 号车道的交通量。

③ 主线交通量 V_f，用于任何合流或分流的地点，它是匝道与主线连接处最大的主线单向交通量，即驶入匝道下游或驶出匝道上游主线单向行车道的交通量。

以上三个交通量是匝道与主线连接处的三个检验点交通量，如图 5.3 所示。

(2) 1 号车道交通量计算。1 号车道交通量 V_1 是紧挨合流区或分流区上游右侧数起第 1 车道的交通量。它是计算 V_m 和 V_d 的基础，根据分、合流点形式的不同，其计算公式也不同。

下面给出了不同分、合流点形式的不同计算公式及图式。具体计算公式或近似方法的选择取决于以下几点。

a. 与相邻匝道连接的匝道形式。
b. 高速公路上的车道数。
c. 涉及的匝道是成对匝道的第一条还是第二条。

① 四车道高速公路单车道驶入匝道（图5.3）交通量计算：

$$V_1 = 136 + 0.345 V_f - 0.115 V_r \tag{5.8}$$

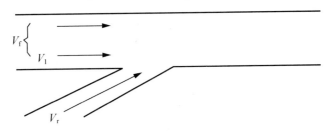

图5.3 四车道高速公路单车道驶入匝道

使用条件有以下几点。
a. 四车道高速公路或一级公路上的单车道驶入匝道（非环形），有或无加速车道。
b. 仅用于在上游610m内无相邻驶入匝道的情况。
c. 一般使用范围：

$$V_f = 360 \sim 3100 \text{ 辆/h}$$
$$V_r = 50 \sim 1300 \text{ 辆/h}$$

② 四车道高速公路单车道驶出匝道（图5.4）交通量计算：

$$V_1 = 165 + 0.345 V_f + 0.520 V_r \tag{5.9}$$

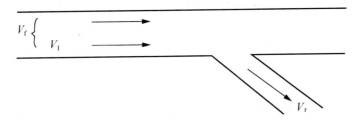

图5.4 四车道高速公路单车道驶出匝道

使用条件有以下几点。
a. 四车道高速公路或一级公路上的单车道驶出匝道，有或无减速车道。
b. 仅用于在上游980m内无相邻驶入匝道的情况。
c. 一般使用范围：

$$V_f = 360 \sim 3800 \text{ 辆/h}$$
$$V_r = 50 \sim 1400 \text{ 辆/h}$$

③ 四车道高速公路上游有相邻驶入匝道的单车道驶出匝道（图5.5）交通量计算：

$$V_1 = 202 + 0.362 V_f + 0.496 V_r - 0.226 D_u + 0.096 V_u \tag{5.10}$$

使用条件有以下几点。
a. 四车道高速公路上一单车道驶出匝道在其上游980m以内有一条相邻的驶入匝道，

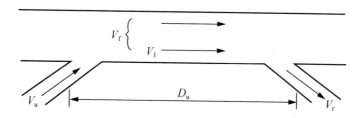

图 5.5　四车道高速公路上游有相邻驶入匝道的单车道驶出匝道

该驶出匝道有或无减速车道。

b. 一般使用范围：

$$V_f = 65 \sim 3800 \text{ 辆/h}$$
$$V_r = 50 \sim 1450 \text{ 辆/h}$$
$$V_u = 50 \sim 810 \text{ 辆/h}$$
$$D_u = 210 \sim 980 \text{m}$$

④ 四车道高速公路上游有相邻驶入匝道的单车道驶入匝道（图 5.6）交通量计算：

$$V_1 = 123 + 0.376V_f - 0.142V_r \tag{5.11}$$

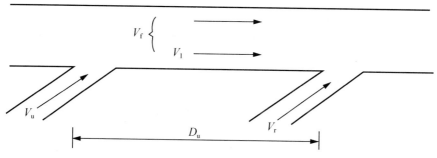

图 5.6　四车道高速公路上游有相邻驶入匝道的单车道驶入匝道

使用条件有以下几点。

a. 四车道高速公路或一级公路上，上游 120~610m 有相邻驶入匝道存在的单车道驶入匝道，此单车道驶入匝道有或无加速车道。

b. 当 $D_u \leqslant 120$m 或者 $V_u \geqslant 900$ 辆/h 时，计算结果不精确。

c. 一般使用范围：

$$V_f = 720 \sim 3300 \text{ 辆/h}$$
$$V_r = 90 \sim 1400 \text{ 辆/h}$$
$$V_u = 90 \sim 900 \text{ 辆/h}$$
$$D_u = 120 \sim 610 \text{m}$$

2) 服务水平分析

服务水平的标准是用各检查点的流率来划分的，对合流流率 V_m、分流流率 V_d 和主线流率 V_f。表 5-15 给出了流率检查点的服务水平标准。注意：标准是用流率这个概念描述的，计算时应把高峰小时的交通量换算成代表高峰 15min 流量的当量小时流率，再查表使用。

表 5-15　匝道与主线连接点处检验点服务水平标准

服务水平级别	汇合交通量/(pcu/h)	分离交通量/(pcu/h)	不同计算行车速度(km/h)下的主线单向交通量(pcu/h)							
			120		100		80		60	
			四车道	六车道	四车道	六车道	四车道	六车道	四车道	六车道
一	≤1000	≤1050	≤2200	≤4600	≤2000	≤3000	—	—	—	—
二	≤1450	≤1500	≤3200	≤4600	≤2600	≤4200	≤2600	≤3900	≤2300	≤3450
三	≤1750	≤1800	≤3800	≤5700	≤3400	≤5100	≤3200	≤4800	≤2900	≤4350
四	≤2000	≤2000	≤4000	≤6000	≤4000	≤6000	≤3800	≤5700	≤3600	≤5400

5.3　平面交叉口通行能力

5.3.1　平面交叉口通行能力的概念

当两条或两条以上道路在同一平面相交称为平面交叉,即两条不同方向的车流通过平面路口时产生车流的交叉。平交路口可能通过两相交车流的最大交通量就是平面交叉口的通行能力。平面交叉口的通行能力不仅与交叉口的面积、形状、入口引道车道的条数、宽度、几何线形或物理条件有关,而且受相交车流通过交叉口的运行方式、交通管理措施等方面的影响,因此,在交叉口通行能力的分析过程中,要充分注意到各个因素与通行能力的相互关系。

平面交叉口可分为三大类:第一类为不加任何交通管制措施的交叉口;第二类为中央设岛的环形交叉口;第三类为设置色灯信号的交叉口。

5.3.2　无信号主路优先交叉口通行能力

在主路具有优先通行权的无信号平面交叉口处,支路驾驶员必须尊重主路的优先权利,即主路的车辆运行优先于将穿越交叉口的支路车辆,同时,支路车辆必须让行于主路的车辆。以此为前提,根据不同假设的间隙接受过程和理论,可以推出各种通行能力计算模型。为了弄清楚具有主路优先交叉口的运行特点,先对集中交叉口特点的简化情况进行分析。间隙接受方法实际上就是对两个相交的车流应用一个简单的排队模型,设主路的交通流量为 $Q_主$,支路的交通流量为 $Q_次$,主路的车流优先通过交叉口的冲突区,不产生延误,支路车流必须在交叉口前等待,只有当主路的车流间隙至少有一个 t_c 的间隔时,即 $h > t_c$ 时允许支路一辆车通过,若支路车辆间隔 $h > t_c + t_f$ 允许两辆车通过,当 $h > t_c + n t_f$ 时允许 $(n+1)$ 辆车通过。则支路每小时穿越主路的流量为

$$Q_次 = \frac{Q_主 \, e^{-q t_c}}{1 - e^{-q t_f}} \tag{5.12}$$

式中:$q = Q_主 / 3600$,pcu/s。

5.3.3 环形交叉口通行能力

1. 分类

环形交叉口按中心岛直径可分为以下三类。

(1) 常规环形交叉口，如图5.7所示。中心直径大于25m，交织段比较长，进口引道不拓宽成喇叭形。我国现有的环形交叉口均属此类。

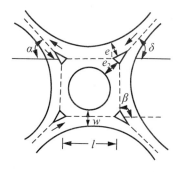 

图5.7 常规环形交叉口

(2) 小型环形交叉口，如图5.8所示。中心岛直径为4～25m，引道进口加宽，做成喇叭形，便于车辆进入交叉口。

(3) 微型环形交叉口，如图5.9所示。中心岛直径一般小于4m，中心岛不一定呈圆形，也不一定做成一个。可以用白漆画成圆圈，不用凸起这种环行交叉口，实际上是渠化交叉口。

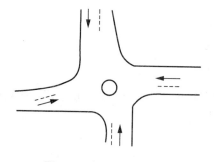 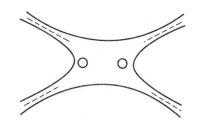

图5.8 小型环形交叉口　　　　　　图5.9 剪刀式微型环形交叉

2. 常规环形交叉口的通行能力计算

常规环形交叉口的通行能力计算，各国均有独特的公式，其中较著名的和使用较广泛的公式有以下两种。

(1) 沃尔卓普（Wardrop）公式：

$$Q_M = \frac{280\left(1+\dfrac{e}{w}\right)\cdot\left(1-\dfrac{p}{3}\right)}{1+\dfrac{w}{l}} \tag{5.13}$$

式中：Q_M——交织段上的最大通行能力，辆/h；

$\quad\quad l$——交织段的长度，m；

$\quad\quad w$——交织段的宽度，m；

$\quad\quad e$——环行交叉口引道的平均宽度，m，$e=\frac{1}{2}\times(e_1+e_2)$；

$\quad\quad e_1$——入口引道长度，m；

$\quad\quad e_2$——环道突出部分宽度，m；

$\quad\quad p$——交织段内进行交织车辆与全部车辆之比，百分率计。

上述公式适用于下列条件。

① 引道上没有因故暂停的车辆。

② 引道位于平坦地区，纵坡不大于4%。

③ 各参数应在下列范围：

$$w=6.1\sim18.0\text{m}$$
$$e/w=0.4\sim1.0$$
$$w/e=0.12\sim0.4$$
$$e_1/e_2=0.34\sim1.41$$
$$p=0.4\sim1.0$$

④ 驶入角不宜大于30°。

⑤ 驶出角应小于60°。

⑥ 交织段内角不应大于95°。

（2）英国环境部使用公式：英国道路实施左行规则，通过对环形交叉研究，1966年对环形交叉口实行了左侧优先的行驶法规，即规定行驶右环道上的车辆可以优先通行，进入环道的车辆让路给环道上的车辆等候间隙驶进环道。这样，Wardrop公式不适用，所以应采用以下公式计算：

$$Q=\frac{160w\left(1+\dfrac{e}{w}\right)}{1+\dfrac{w}{l}} \qquad (5.14)$$

式中：Q——交织段通行能力，其中载货车占全部车辆的15%，如重车超过15%时要进行修正，用于设计通行能力时要乘以85%。

其他各参数意义与数值同前。

3. 小型环形交叉口通行能力计算

小型环形交叉口的特点是环道较宽，进出口做成喇叭形，对进入环道的车辆提供较多的车道，车流运行已不存在交织现象。在所有进口引道都呈饱和状态条件下，经过实验，得到如下公式：

$$Q=k(\sum w+\sqrt{A}) \qquad (5.15)$$

式中：Q——环形实用通行能力，该值乘以0.8为设计通行能力，pcu/h；

$\quad\quad \sum w$——所有引道基本宽度的总和，m；

$\quad\quad A$——引道拓宽增加面积，m^2，$A=\sum a$；

k——系数，pcu/(h·m)（三路交叉，$k=70$；四路交叉，$k=50$；五路交叉，$k=45$）。

通行能力计算图如图 5.10 所示。

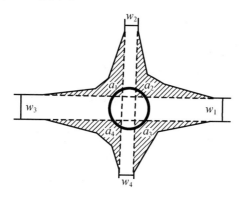

图 5.10 小型环形交叉口通行能力计算图

5.3.4 信号交叉口通行能力分析

十字形交叉口通行能力等于各进道口设计通行能力之和，如图 5.11 所示。

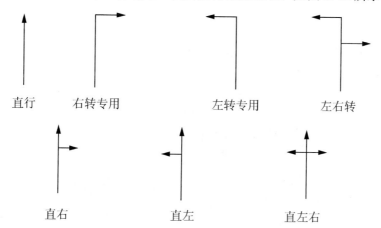

图 5.11 十字形交叉口的车道功能分区

进道口通行能力等于各车道设计通行能力之和。

（1）一条直行车道的通行能力计算公式为

$$C_s = \frac{3600}{T_c}\left(\frac{t_g - t_0}{t_i} + 1\right)\varphi \tag{5.16}$$

式中：C_s——一条直行车道的通行能力，pcu/h；

T_c——信号灯周期，s；

t_g——信号每周期内的绿灯时间，s；

t_0——绿灯亮后，第一辆车启动，通过停车线的时间，s，可采用 2.3s；

t_i——直行或右行车辆通过停车线的平均时间,s;

φ——折减系数,可用0.9。

车辆平均通过停车线的时间 t_i 与车辆组成、车辆性能、驾驶员条件有关,设计时可采用本地区调查数据。如无调查数据,直行车队可参考下列数值取用:

小型车组成的车队, $t_i=2.5s$;

大型车组成的车队, $t_i=3.5s$;

拖挂车组成的车队, $t_i=7.5s$。

混合车组成的车队,按表5-16选用。为计算方便,将拖挂车划归于大型车中。

表5-16 混合车队的 t_i

大车:小车	2:8	3:7	4:6	5:5	6:4	7:3	8:2
t_i/s	2.65	2.95	3.12	3.26	3.30	3.34	3.42

(2) 直右车道通行能力计算公式为

$$C_{sr}=C_s \tag{5.17}$$

式中:C_{sr}——一条直右车道的通行能力,pcu/h。

(3) 直左车道通行能力计算公式为

$$C_{sl}=C_s(1-\beta'_t/2) \tag{5.18}$$

式中:C_{sl}——一条直左车道的通行能力,pcu/h;

β'_t——直左车道中左转车所占比例。

(4) 直左右车道设计通行能力计算公式为

$$C_{slr}=C_{sl} \tag{5.19}$$

式中:C_{slr}——一条直左右车道的设计通行能力,pcu/h。

前已提及,进口道的设计通行能力等于各进口车道设计通行能力之和。

5.4 城市干道通行能力

5.4.1 基本通行能力的确定

1. 一条车道的基本通行能力

路段上一条车道的通行能力可按车头间距计算。其计算公式为

$$C_0=3600/h_t \tag{5.20}$$

式中:C_0——一条车道的基本通行能力,pcu/h;

h_t——饱和连续车流的平均车头时距,s。

我国对一条车道的理论通行能力也进行过专门的研究。《城市道路工程设计规范》(CJJ 37—2012)建议的一条车道路论通行能力(pcu/h),见表5-17。

表 5-17　《城市道路工程设计规范》（CJJ 37—2012）建议的一条车道理论通行能力

V/(km/h)	20	30	40	50	60
C_0/(pcu/h)	1400	1600	1650	1700	1800

通过对城市道路饱和连续车流条件下的车头时距进行观测，观测结果及计算的理论通行能力见表 5-18（车速范围为 15~60km/h）。

表 5-18　按车头时距计算的理论通行能力

车型	小客车（三轮卡车）	大客车	卡车	通道车
h_t/s	2.671	3.696	3.371	4.804
C_0/(pcu/h)	1348	974	1068	749

由国内外的研究成果，我们认为对于一条车道的理论通行能力，取 1500pcu/h 是比较合理的。

2. 多车道的基本通行能力

由于基本通行能力计算时不考虑道路和交通条件的影响，因此多车道的基本通行能力可按下式计算：

$$C = n \cdot C_0 \tag{5.21}$$

式中：n——车道数；

C——n 条车道的基本通行能力；

C_0——一条车道的基本通行能力。

5.4.2　可能通行能力的确定

必须指出，按上述方法和公式计算的通行能力值是理想化的结果。事实上各个路段上的车速是随着道路纵坡、弯道及车辆和行人的不同干扰程度而变化的。因此，各个路段的通行能力是不相同的。对整条道路来说，它的通行能力则被最不利地段上的通行能力所限制。此外，各条车道的不同行车状况和交叉口绿灯等也影响道路路段的通行能力。可能通行能力是指考虑到道路和交通条件的影响，并对基本通行能力进行修正后得到的通行能力，实际上是指道路所能承担的最大交通量。

1. 多车道对路段通行能力的影响

在一些城市主干道上，同一行驶方向的车道数往往不止一条，在多车道的情况下，同向行驶的车辆由于超车、绕越、停车等原因影响另一条车道的通行能力。一般越靠近路中心线的车道，其影响越小，因此，在无分隔带的同向车道上，靠近路中心线的车道通行能力为最大；靠近侧石的车道，其通行能力为最小。其影响用折减系数 $\alpha_条$ 来表示。

据观测，自路中心线起第一条车道的折减系数 $\alpha_条$ 假设为 1.00，其余车道的折减系数依次如下：第二条车道为 0.80~0.89；第三条车道为 0.65~0.78；第四条车道为 0.50~0.65；第五条车道为 0.40~0.52。

由以上的折减系数可以看出，当设计的车道数越多，则靠路边的车道数其折减系数越小。例如，自路中心线起算的第四条和第五条车道，其通行能力经折减后，仅为第一条车道通行能力的一半。因此，设计过多的车道对于增加道路通行能力的作用是不大的；相反，会造成交通过分集中和交通混乱，给交通组织管理工作带来困难。在一般的中小城市，主干道最多以设计四条车道（双向，不包括非机动车道宽度在内）为宜，大城市和特大城市的主干道最多以设计6条机动车道为好。如仍满足不了交通量发展的要求，则应从改善道路网、修建平行道路、调整交通组织、合理改善城市布局等方面来解决，以疏散该道路的交通负荷。

2. 交叉口对路段通行能力的影响

在城市里，纵横交叉的道路形成了许多交叉口，交叉口对道路通行能力的影响较大，尤其是当交叉口的间距较小时。在影响通行能力的许多因素中（如快慢车混合行驶、快车超车、公共交通车辆停靠时进出车道、行人过街等），交叉口是主要的影响因素，它对通行能力往往起控制作用。因为，在有交通管制的交叉口上，车辆遇到红灯就要减速、停车，然后又要启动、加速行驶。即使碰巧没有遇到红灯或是在没有交通管制的交叉口上，车辆也要减速通行。所以，车辆在通过交叉口时，实际的行程时间比没有交叉口的路段的行程时间要多，其实际平均车速也大为降低，通行能力下降。交叉口对通行能力的影响，用交叉口通行能力折减系数 $\alpha_{交}$ 来表示

$$\alpha_{交} = \frac{交叉口之间无阻的行程时间(s)}{交叉口之间实际的行程时间(s)}$$

3. 行人过街等因素对路段通行能力的影响

关于行人过街对路段通行能力的影响，它与行人过街的密度有关，据北京市的观测，当双向过街人数达到500人次/h时，其折减系数可取 $\alpha_人 = 0.63$。

4. 车道宽度对路段通行能力的影响

车道的宽度达不到要求时，必然影响车速，车速的降低则意味着通行能力的减小。车道宽度对道路的通行能力和行车的舒适影响很大。从保证通行能力的角度考虑，必需的车道宽度 $b_{min} = 3.50 m$。当车道宽度 $b \geqslant 3.50 m$ 时，不影响通行能力；如 $b < 3.50 m$ 时，则车速下降，通行能力减小。因此，达不到3.50m宽的车道，其通行能力应按表5-19中的数值进行折减。

表 5-19 车道宽度 b 的通行能力折减系数 $\alpha_{车道}$

车道宽度 b/m	通行能力折减系数 $\alpha_{车道}$	车道宽度 b/m	通行能力折减系数 $\alpha_{车道}$
3.50	1.00	3.00	0.85
3.25	0.94	2.75	0.77

考虑上述影响的折减系数，则路段上一条车道的通行能力为

$$C_{路段} = C_0 \times \alpha_{条} \times \alpha_{交} \times \alpha_{人} \times \alpha_{综} \times \alpha_{车道} \tag{5.22}$$

式中：$\alpha_{综}$——有快车和铁道口等影响的综合折减系数；

其余符号意义同前。

目前，由于 $\alpha_人 \cdot \alpha_综$ 影响因素较复杂，尚难正确计算，通常忽略不计，因而式（5.22）可简化为

$$C_{路段} = C_0 \cdot \alpha_{条} \cdot \alpha_{交} \cdot \alpha_{车道} \tag{5.23}$$

在特殊情况下,如一定要考虑 $\alpha_人 \cdot \alpha_综$ 等因素的影响,可通过现场观测确定。

由于影响车道通行能力的因素很多,一条车道究竟实际能通过多少车辆,迄今还不能用一个简易公式就能把所有的因素加以普遍概括。目前,除了应用上述理论公式结合实际观测的参数进行计算外,也可通过实际观测或用类比的方法约估而得。

多车道的可能通行能力,可根据求得的每条车道的可能通行能力的相加而得。

对于城市道路来说,衡量交通服务质量的主要指标为路段和交叉口的拥挤程度(即 V/C)、平均车速、延误(交叉口)。

在本章中,我们参考美国 HCM 的规定,以干道上所有直行车辆的平均行程速度来评价城市干道的服务水平,平均行程速度是由干道路段上的行程时间和交叉口的入口延误计算而得的。对于城市干道来说,不合适的信号配时、交叉口间距和过多的交通量等因素将大大地降低干道的服务水平。

美国 HCM 将城市干道服务水平分为 A~F 六级,各级服务水平的一般描述如下(图 5.1)。

服务水平 A 级:在干道上行驶的车辆通常都以该干道自由流速度的 90% 行驶。当车辆以平均行程速度自由行驶时完全不受阻碍。信号交叉口处的停车延误为最小。

服务水平 B 级:车辆在干道上行驶基本不受阻碍,其平均行程速度约为该级干道自由流速度的 70%。有少量的停车延误,但不令人厌烦。

服务水平 C 级:车辆平均行程速度为干道上自由流速度的 50%,稳定车流,有一定的延误,但司机可以接受。

服务水平 D 级:车辆平均行程速度为干道上自由流速度的 40%~50%,接近不稳定车流,有较大延误,但司机还能忍受。

服务水平 E 级:车辆平均行程速度为干道上自由流速度的 1/3,不稳定车流,交通拥挤,延误很大,司机无法忍受。

服务水平 F 级:车辆平均行程速度低于干道上自由流速度的 1/3,强制车流,交通严重阻塞,车辆时停时开。

表 5-20 是美国 HCM 给出的城市干道服务水平分类表。

表 5-20 美国 HCM 干道服务水平分类

干道等级	Ⅰ	Ⅱ	Ⅲ
自由流速度范围/(km/h)	64~56	56~48	56~40
典型自由流速度/(km/h)	64	52.8	43.2
服务水平等级	平均行程速度/(km/h)		
A	≥56.0	≥48.0	≥40.0
B	≥44.8	≥38.4	≥30.4
C	≥35.2	≥28.8	≥20.8
D	≥27.2	≥22.4	≥14.4
E	≥20.8	≥16.0	≥11.2
F	≤20.8	≤16.0	≤11.2

本 章 小 结

对通行能力的研究我国还处于初级阶段，成果较少，本书的分析方法多出自美国《道路通行能力手册》。通行能力分析的基本方法是首先确定理想条件下的通行能力，然后根据实际道路交通条件对理想条件下的通行能力进行折算，最后得到实际和设计条件下的通行能力。

思 考 题

1. 对比分析双车道公路和多车道公路通行能力的影响因素，二者有何差异？原因在哪里？
2. 如何选择高速公路服务水平的衡量指标？选定衡量指标后，如何确定高速公路的服务水平？
3. 影响匝道通行能力的因素有哪些？各表现在哪些方面？
4. 匝道服务水平是如何定义的？各服务水平分级的依据是什么？服务水平的高低与交通量的大小有何关系？
5. 简述匝道与高速公路连接处的形式，以及各种类型匝道的1号车道的交通量计算公式及适用范围。

习 题

1. 要在乡间设计一条延伸的高速公路路段，设计速度120km/h，要求二级服务水平，单向设计交通量 DDHV=2400 辆/h，大型车占 30%，驾驶员技术熟练，遵纪守法，熟悉高速公路运行。试确定车道数 N。
2. 如图 5.12 所示的驶入匝道在它的 1800m 范围内无相邻匝道，即为一孤立匝道，处于平原地形中，设计速度为 120km/h，试问其运行质量为几级服务水平。

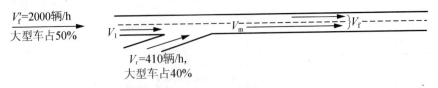

图 5.12 驶入匝道服务等级分析

第 6 章 交通规划

教学要点

知识要点	掌握程度	相关知识
基本概念	(1) 掌握交通规划定义 (2) 掌握起讫点调查 (3) 需求预测四阶段模式	(1) 交通区 (2) 起讫点调查常用术语 (3) 交通生成、分布、方式划分,分配
交通规划调查方法	(1) 掌握交通区划分 (2) 掌握起讫点调查方法	(1) 交通区划分原则 (2) 路边询问法、家庭访问法等
交通需求预测理论	掌握交通生成、分布、方式划分,分配预测模型	(1) 回归分析法 (2) 增长率法、重力模型法 (3) 转移曲线法、回归分析法 (4) 最短路径法、容量限制法

技能要点

技能要点	掌握程度	应用方向
交通规划调查方法	(1) 掌握交通区划分 (2) 掌握基础资料内容及搜集方法 (3) 掌握起讫点调查内容及方法	(1) 分析交通源流 (2) 为建模提供基础数据
交通需求预测理论	掌握交通生成、分布、方式划分,分配预测模型	(1) 建立需求预测模型 (2) 预测未来交通需求 (3) 规划道路网

交通规划、交通区、起讫点、出行、小区行心、期望线、主流倾向线、分隔查核线、境界线、OD表、交通生成、交通分布、交通方式划分、交通分配。

世界博览会是当前世界上规模最大、历时最久的一种大型国际性展览，被国际上称为经济奥运会。2010年上海世界博览会为期184天，展会期间预计将迎来8000万人次的展会参观客流，会展期间世博园区平均每天将接待40万名左右的游客，高峰日参观人数也将达到60万人，届时上海的城市交通系统将面临严峻挑战，成功的世界博览会综合交通规划将是城市经济、生活秩序的正常运行，以及世界博览会圆满举办的重要保障。

6.1 概　　述

6.1.1　交通规划的定义

所谓交通规划，是指根据特定交通系统的现状与特征，用科学的方法预测交通系统交通需求的发展趋势及交通需求发展对交通系统交通供给的要求，确定特定时期交通供给的建设任务、建设规模及交通系统的管理模式、控制方法，以达到交通系统交通需求与交通供给之间的平衡，实现交通系统的安全、畅通、节能、环保。

6.1.2　交通规划的分类

交通规划具有很多类型。按交通规划涉及的对象和内容可分为综合性交通规划和专项交通规划；按研究的地区范围可分为区域交通规划和城市交通规划；按规划年限可分为近期规划（3～5年）、中远期规划（5～20年）和发展战略规划（20～50年）。

6.1.3　交通规划的研究内容

交通规划分很多种类与层次，不同的交通规划有不同的规划内容与深度要求，但无论是哪一类交通规划，其内容一般应包括以下几个方面。

(1) 交通系统现况调查。
(2) 交通系统存在问题诊断。
(3) 交通系统交通需求发展预测。
(4) 交通系统规划方案设计与优化。

(5) 交通系统规划方案综合评价。
(6) 交通系统规划方案的分期实施计划编制。
(7) 交通系统规划的实施。

交通规划的执行过程如图 6.1 所示。

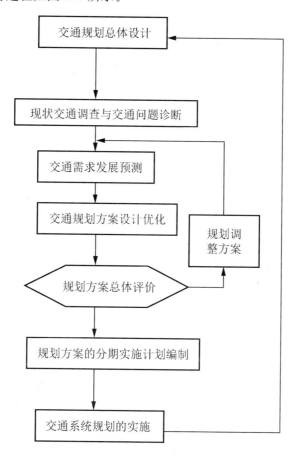

图 6.1 交通规划的执行过程框图

6.1.4 交通规划的总体设计

无论是区域交通系统规划,还是城市交通系统规划,其规划的编制工作都是一个相当复杂的系统工程问题。一般在规划编制工作开始前,要对整个规划过程进行总体设计。总体设计包括落实任务,建立组织机构,确定规划的指导思想、规划目标及规划原则,确定规划期限、规划范围及主要的规划指标,提出规划成果的预期要求(包括规划的深度)等。

1. 规划任务的落实及组织机构的建立

区域交通系统规划一般分多个层次,按国家、省(自治区、直辖市)、地(市)、县行政区划,由各级交通运输的行业主管部门负责组织规划的编制。

城市交通系统的各项规划应根据城市的发展需要而定。城市交通系统规划工作一般由

城市规划管理部门或城市交通管理部门负责组织编制。

在进行交通规划时,各级交通运输管理部门(或规划部门)应设置交通规划专门机构,以确保规划质量和规划工作不间断地深入开展,规划技术力量不足的交通运输管理部门(或规划部门)也可将规划编制工作委托给持有相应设计资质的交通规划设计单位或大专院校进行。

由于交通规划涉及范围广、技术要求高、社会影响大,在规划编制过程中一般都要成立三个机构:规划领导小组、规划办公室、规划编制课题组。

2. 规划指导思想、规划原则的确定

1) 交通规划指导思想

交通规划指导思想因交通规划类型、层次不同及规划区域不同而不同,没有统一的标准,应结合当地实际情况制定。但一般来说,在制定交通规划的指导思想时应考虑以下要求。

(1) 要有战略高度。交通规划必须从战略的高度出发,考虑比较广阔的地域和比较长久的时间,考虑城市或区域的性质、功能、特点,在国民经济中的政治、经济、文化、科技、军事、运输等方面的地位和作用,城市或区域本身的结构、布局、地理和历史特点,使交通规划有广泛的适应性、长久的连续性,使交通规划能很好地适应未来,为现代化服务。

(2) 要有全局观点。交通系统是一个复杂的系统,交通规划必须从全局、整体出发,将交通系统视为一个相互联系的有机整体,进行全面的综合分析,从整体上、系统上进行宏观控制。局部应服从全局、个别应服从整体、微观应服从宏观、治标应服从治本、眼前应服从长远、子系统应服从大系统。只有重视了全局、整体和大系统的要求,使系统在整体上合理、经济、最优,才能提高交通规划的综合效益和整体质量。

(3) 体现可持续发展理念。我国土地资源与能源相当缺乏,环境污染已经相当严重,而交通系统要消耗大量的土地资源与能源,同时影响环境。交通规划应尽量节约宝贵的土地资源,优先发展低能耗、低污染的交通方式,促进交通系统的可持续发展。

(4) 符合经济发展要求。交通系统直接为社会、经济、人们生活服务,交通系统的质量影响社会、经济的发展,同时,交通系统的发展又依赖于社会、经济发展水平。因此,交通规划应充分考虑交通与社会、经济、人们生活水平的关系,使之协调发展,彼此促进。

2) 交通规划原则

交通规划原则也因规划类型、规划区域的不同而不同,但一般来说,在进行交通规划时,必须遵循以下原则。

(1) 交通系统建设服务于经济发展原则。交通系统发展布局必须服从于社会经济发展的总战略、总目标,服从于生产力分布的大格局。交通系统建设必须与所在区域或城市的社会经济发展各阶段目标相协调,并为当地社会经济发展服务。

(2) 综合运输协调发展原则。在区域交通系统中进行某一交通运输方式网络的规划时,必须综合考虑所在区域的铁路、公路、水路、航空、管道五大运输方式的优势与特点,宜陆则陆、宜水则水,形成优势互补、协调发展的综合运输网络。在城市交通系统规划中进行某一专项交通规划时,必须综合考虑步行、自行车、公共交通、私人小汽车、出租车等出行方式的优势与特点,形成优势互补、协调发展的城市综合交通系统。

(3) 局部服从整体原则。某一层次的交通规划必须服从于上一层次交通系统总体布局的要求。例如,在区域交通系统规划中,省域公路网规划必须以国家干线网规划为前提,市域公路网规划必须以国家干线网、省域干线网规划为前提。在城市交通系统规划中,某一交通方式的规划必须服从于综合交通规划,道路网络规划及停车场布局规划必须以综合交通规划为前提,等等。

(4) 近期与远期相结合原则。交通系统建设是一个长期发展的过程。一个合理的交通系统建设规划应包括远期发展战略规划、中期建设规划、近期项目建设计划三个层次,并满足"近期宜细、中期有准备、远期有设想"的要求。交通系统建设的长期性决定了交通系统规划必须具有"规划滚动"的可操作性,规划的滚动以规划的近远期相结合为前提。

(5) 需要和可能相结合原则。交通系统建设规划既要考虑社会经济的发展对交通运输的要求,建设尽可能与社会经济发展相协调的交通网络,以促进社会经济的发展,又要充分考虑人力、物力、财力等建设条件的可能性,实事求是地进行交通网络的规划、布局及实施安排。

(6) 理论与实践相结合原则。交通系统规划是一个相当复杂的系统工程问题,必须利用系统工程的理论方法,对交通系统从系统相互协调关系上进行分析、预测、规划及评价,才能获得总体效益最佳的交通系统规划布局及建设方案。但交通系统规划若脱离了工程实际,就会变成"纸上谈兵",失去其实际意义。

6.2 交通规划调查

资料采集与数据分析在交通规划中占有重要的地位。对交通系统及其相关系统进行调查,了解交通系统当前存在的问题,掌握交通系统中各种交通现象的发生及发展规律,为交通规划提供可靠的依据,是制定合理交通规划的基本前提和重要环节。在交通规划的各个阶段,都需要与该阶段相对应的各种各样来自实际系统的基础数据,以帮助建立模型或检验理论推导的正确性。

交通规划调查内容应该根据规划的对象和目标来确定。通常需要把规划区域划分为若干个交通区,然后以交通区为单位进行交通调查。调查内容可以分为两大部分,一是与交通相关的基础数据调查,包括社会经济及自然条件、土地利用等方面;二是起讫点调查。

6.2.1 交通区划分

进行道路交通规划时需要全面了解交通源及交通源之间的交通流,但交通源一般是大量的,不可能对每个交通源进行单独研究。因此在道路交通规划研究过程中,需要将交通源合并成若干小区,这些小区称为交通区。交通区划分得是否适当,会直接影响到交通调查、分析、预测的工作量及精度。

划分交通区的主要目的:将交通需求的产生、吸引与一定区域的社会经济指标联系起来;将交通需求在空间上的流动用小区之间的交通分布图表现出来;便于用交通分配理论模拟道路网上的交通流。

交通区划分首先应确定划分交通区的区域。划分交通区的区域除应包括规划区域外，还应包括与规划区域有较大交通联系的区域，以及有较大过境交通经过规划区域的其他区域。

通常，由于基础资料（如经济、人口等）一般都是按照行政区划采集、统计、规划的，因此为了便于采集基础资料，交通区的划分一般不应打破行政区划。

在研究交通区之间的交通流时，交通区是被视作一个交通源的。因此，当交通区划分区域内有河流、铁路等天然或人工分隔时，一般应将其作为交通区的边界。

交通区内的用地性质、交通特点等应尽量一致。

6.2.2 交通规划基础资料调查分析

1. 社会经济基础资料调查

社会经济状况对交通有直接的影响，一定的社会经济状况对应一定的交通状况。对未来城市社会经济状况进行预测，建立交通与社会经济的关系需要历史及现状的社会经济基础资料。

（1）人口资料：人口总量及各交通区人口分布量，城市人口年龄结构、性别结构、职业结构、出生率、死亡率、机械增长率等。

（2）国民经济指标：GDP（国内生产总值）、各行业产值、产业结构、人均收入等。

（3）运输量：客货运输量、周转量、综合运输方式比例等。

（4）交通工具：各车种的交通工具拥有量。

社会经济基础资料一般可从统计、计划、交通等政府机构获得。

2. 土地利用基础资料调查

城市土地利用与交通有密切的关系，不同性质的土地（如居住、商业、工业等）有不同的交通特征。交通与土地利用的关系是进行交通需求预测的基础。

（1）土地利用性质与面积。各交通区主要土地利用类别的土地面积，如工业、商业、居住、科教文卫等土地利用类别的面积。

（2）就业岗位数。全部交通区或典型交通区的就业岗位数。

（3）就学岗位数。全部交通区或典型交通区的就学岗位数。

城市土地利用基础资料一般可从规划、建设、土地管理等政府机构获得。

3. 道路交通基础设施调查

道路交通基础设施调查是交通规划调查工作的重要组成部分，其目的是为交通系统的现状评价、规划提供基础资料。

道路交通基础设施调查内容应包括：路段名称、道路类别和等级、总长度、总宽度、断面形式、机动车道宽度、分隔带宽度、路面类型、起点、终点。

道路交通基础设施情况一般可从规划、建设、交通管理等政府机构获得。

4. 城市自然情况调查

自然情况调查内容包括气候、地形、地质、自然资源、旅游资源等。

自然情况可以从相应的政府部门获取。气候、地形、地质等情况基本上是长期稳定的;而自然资源和旅游资源可能会随时间而变化,如自然资源会随开采而减少或因新的勘探而增多,因此对这两类资源应分年度列出数据。

6.2.3 起讫点调查

1. 概念

起讫点调查,又称 OD(Origin Destination)调查,是为了全面了解交通的源和流,以及交通源、流的发生规律,对人、车、货的移动,从出发到终止过程的全面情况,以及有关的人、车、货的基本情况所进行的调查。

起讫点调查是道路交通规划研究过程中最基础的调查,其结果对道路交通系统的分析诊断、交通需求预测有重要的影响,在道路交通规划中有极为重要的地位。一般分为人出行 OD 调查、机动车出行 OD 调查和货流出行 OD 调查三大类内容。

2. 常用术语

1)出行

出行指人、车、货为完成某一目的(如上班、上学、购物等)从起点到讫点的全过程。出行"起点"指一次出行的出发地点,即 O 点;出行"讫点"指一次出行的目的地,即 D 点。

出行有以下基本属性:每次出行有起、讫两个端点;每次出行有一定的目的;每次出行采用一种或几种交通方式;每次出行必须通过有路名的道路或街巷;步行单程时间在 5min 以上或自行车的单程距离在 400m 以上。

起讫点都在调查区域内的出行称为境内出行;起讫点都在调查区域外的出行称为过境出行。起讫点都在同一交通区的出行称为区内出行;起讫点分别位于不同交通区的出行称为区间出行。

2)小区形心

小区形心指交通区出行端点(发生或吸引)密度分布的重心位置,即交通区交通出行的中心点,不是该交通区的几何中心。

3)期望线

期望线又称愿望线,为连接各交通区重心间的直线,是交通区之间的最短出行距离,因为反映最短距离而得名,其宽度表示交通区之间出行的次数。由期望线组成的期望线图,又称 OD 图,如图 6.2 所示。

4)主流倾向线

主流倾向线又称综合期望线,系将若干条流向相近的期望线合并汇总而成,目的是简化期望线图,突出交通的主要流向。

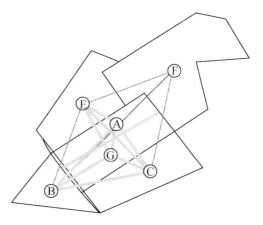

图 6.2 期望线图

5)分隔核查线

分隔核查线是指为校核 OD 调查成果精度而在调查区内部按天然或人工障碍设定的调查线,可设一条或多条,分隔核查线将调查区划分为几个部分,用以实测穿越核查线的各条道路断面上的交通量,如图 6.3 所示。

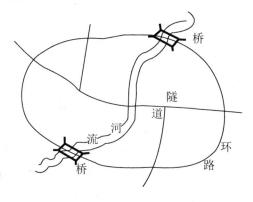

图 6.3 分隔核查线

6)境界线

境界线是包围全部调查区域的一条假想线。境界线上出入口应尽量少,以减少调查工作量。

7)OD 表

OD 表是表示各交通区之间出行量的表格。当交通区之间的出行只需要考察量时,用表示双向之和的三角形 OD 表(表 6-1);当交通区之间的出行不仅需要考察量而且需要考察方向时用表示双向的矩形 OD 表(表 6-2)。

表 6-1 三角形 OD 表

小区号	1	2	3	$\sum$
1	30	60	40	130
2		80	100	180
3			50	50
$\sum$				360

1	2	3	...	n	$T_i = \sum_j t_{ij}$
t_{11}	t_{12}	t_{13}	...	t_{1n}	T_1
	t_{22}	t_{23}	...	t_{2n}	T_2
		t_{33}	...	t_{3n}	T_3
			⋮	⋮	⋮
				t_{nn}	T_n
					$T = \sum$

表 6-2 矩形 OD 表

起点＼讫点	1	2	3	$\sum$
1	10	30	20	60
2	34	40	50	124
3	18	54	26	98
$\sum$	62	124	96	282

i＼j	1	2	3	...	n	$P_i = \sum_j t_{ij}$
1	t_{11}	t_{12}	t_{13}	...	t_{1n}	P_1
2	t_{21}	t_{22}	t_{23}	...	t_{2n}	P_2
3	t_{31}	t_{32}	t_{33}	...	t_{3n}	P_3
⋮	⋮	⋮	⋮	⋮	⋮	⋮
n	t_{n1}	t_{n2}	t_{n3}	...	t_{nn}	P_n
$A_j = \sum_i t_{ij}$	A_1	A_2	A_3	...	A_n	$T = \sum P_i = \sum A_j$

3. OD 调查分类

1) 客流 OD 调查

客流 OD 调查包括居民出行 OD 调查、流动人口出行 OD 调查、交通枢纽客流 OD 调查三个项目。

居民出行 OD 调查是指调查区域内居民在调查区内的出行 OD。流动人口出行 OD 调查是指调查区域内流动人口在调查区内的出行 OD。交通枢纽客流 OD 调查是指调查区域内铁路客站、客运码头、民航机场等交通枢纽运送的旅客，使用相应运输方式的对外、过境出行 OD。

2) 货流 OD 调查

货流 OD 调查包括境内货流 OD 调查及交通枢纽货流 OD 调查两个项目。

境内货流是指起讫点均在调查区范围内的货流。交通枢纽货流是指调查区域内铁路货站（场）、货运码头、民航机场等交通枢纽运送的货物，使用相应运输方式的对外、过境出行 OD。

3) 机动车出行 OD 调查

机动车出行 OD 调查包括公交车出行 OD 调查和境内其他机动车境内出行 OD 调查两个项目。境内其他机动车境内出行 OD 调查是指调查区内拥有的除公交车外的其他机动车在调查区内部的出行 OD。

4. OD 调查的抽样率及抽样方法

1) 抽样率的确定

OD 调查抽样率的确定一般可采用两种方法：一是利用试调查或其他城市或区域已经拥有的 OD 调查资料，考虑调查对象的母体数量、调查统计分析的目标及抽样的方法，用数理统计的原理，通过分析抽样的误差确定；二是参照国内外的经验确定。目前国内外进行 OD 调查时，抽样率的确定多采用第二种方法，而且抽样率相差较大。

表 6-3 是美、日等国进行全面的居民出行 OD 调查的抽样率建议标准。

表 6-3　美、日等国居民出行 OD 调查抽样率

城市人口/万人	抽样率/%	城市人口/万人	抽样率/%	城市人口/万人	抽样率/%
<5	20	15～30	10	50～100	5
5～15	12.5	30～50	6	>100	4

在我国部分进行居民出行 OD 调查的城市中，天津调查区域人口为 300 万人，调查抽样率为户数的 4%；上海调查区域人口为 613 万人，抽样率为户数的 3.3%；徐州调查区域人口为 50.3 万人，抽样率为户数的 8.2%；沈阳调查区域人口为 278 万人，抽样率为户数的 4%；成都调查区域人口为 330 万人，抽样率为人口的 4%；南京市调查区域人口为 150 万人，抽样率为人口的 4.11%。

2）抽样方法

OD 调查的抽样方法包括简单随机抽样、分层抽样、等距抽样、整群抽样等。

（1）简单随机抽样。简单随机抽样是最基本的抽样方法，样本的提取随机确定。其抽样方法简单，误差分析也较容易，但需样本容量较多，适宜各类个体之间差异较小时采用。

（2）分层抽样。分层抽样是指将母体分为若干类型（层次），然后在各层次做随机抽样，而不是直接从母体中随机抽样。例如，以交通区的用地性质作为分层特征，将交通区分为若干层次，对用地性质相同的交通区做随机抽样。此法的优点在于通过分类，使各类个体之间的差异缩小，有利于抽出有代表性的样本；缺点是抽样的过程较为复杂，误差分析也较为复杂。此法适用于母体复杂、个体之间差异较大、数量较多的情况。

（3）等距抽样。等距抽样即等间隔或等距离抽取样本。其优点是利于提高代表性，使母体各部分能均匀地包括到样本中。等距抽样的方差通常用简单随机抽样的方差计算方法近似计算。

（4）整群抽样。整群抽样是指从母体中成群成组地抽取样本。成群成组的样本可按以上三种方法中任何一种来抽取，在群内所有个体都要调查。该法的优点是组织简单，缺点是样本代表性较差。

在进行 OD 抽样调查时，采用何种抽样方法应视调查的对象及调查的具体条件，根据各种方法的特点而定，各种方法也可组合使用。

在我国现已进行的城市居民出行 OD 调查中，大多采用等距抽样方法，按户口排序号或门牌号每隔若干户抽一户调查。货物出行抽样调查则大多采用分层抽样，按行业或运量大小分类抽样。机动车出行、流动人口出行抽样调查则以简单随机抽样或等距抽样较好。

5. 调查方法

调查方法很多，包括家访、发表调查、路边询问、明信片、对车辆牌照等。各种方法的特点简述如下。

1）家访调查

对居住在调查区内的住户，进行抽样家访。由调查员当面了解该住户中包括学龄儿童

在内的全体成员一天的出行情况。

2）发（放）表调查

将调查表格发给机动车驾驶员，由车辆管理系统落实到每个人，由他们填写后回收，填写前做好动员与解释工作。对调查日未出车的应注明原因；若是假日则改填次日出行情况。这项调查在我国上海、杭州等地方的回收率达 90% 以上。

3）路边询问调查

在主要道路或城市出入口设调查站，让车辆停下，询问该车的出行起讫点及其他出行资料。访问地点的选择，如果调查只涉及一条孤立路线上的数据，取一个中间点位置进行驾驶员访问就可以了；如果要取得一个城市全部出入交通资料，应在该城市放射出去的所有路线上选择访问点。在调查人员有限的情况下，这种方法很有效，每天调查可限于一个站点，调查周期可以延至一周以上。路边询问一般要让驾驶员停车，一要交警协助；二要注意问答简练、准确，不致引起对方反感，应避免交通堵塞和注意交通安全。

4）明信片法

当交通繁忙不能长时间停下车来做路边询问时，就要采用在访问站对驾驶员发明信片的办法：要求驾驶员填写后投递寄回。访问站尽量设在交通减速地段，如通行收费处、交通信号或有停车标志处。

明信片法的回收率一般只有 25%～35%。

在我国明信片通信调查使用不多。1986 年上海对摩托车进行通信调查，回收率仅 17%。

5）货物流通调查（货流 OD）

在货源点和吸引点调查货源种类、数量、调查日的货流流向与流量，以及采用的运输工具等。

6. OD 调查的步骤

OD 调查的步骤如图 6.4 所示。

1）组织调查机构

OD 调查是一项涉及面广、工作量很大的工作，需要许多单位和部门相互协作、共同完成，因此需要设立一个专门的机构，统一负责指挥、协调工作。

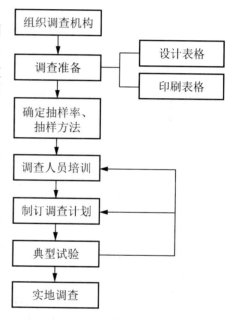

图 6.4　OD 调查的步骤

2）调查准备

设计、印刷调查表格。表格设计的原则：既要满足调查的要求，又要简明扼要，使被调查者容易填写或回答；结构合理，尽量为以后的统计分析工作减少工作量。

3）确定抽样率及抽样方法

对各项 OD 调查进行分析研究，确定其抽样率和抽样方法。

4）调查人员培训

调查质量在很大程度上取决于调查人员，尤其是采用访问调查方法，调查人员的责任心将直接影响调查的成败。因此，从挑选人员开始，就要严格要求。所挑选的人员的一般条件是具有高度的责任感，具有一定的文化程度，身体健康，熟悉当地情况等。培训过程中要反复讲明调查的目的、要求与内容，要模拟实地调查时可能出现的各种情况，要强调培养耐心、热情与韧性。

5) 制订调查计划

调查的实施计划应从实际出发，安排既要紧凑，又要留有一定的余地。

6) 典型试验

在调查工作全面开展之前，应先做小范围的典型试验，取得经验教训，进一步完善计划和方法，以确保达到预期效果。典型试验还可结合培训调查人员一起进行。

7) 实地调查

在实地调查的过程中，必须严格把关，及时抽查，以随时发现问题，保证调查的精度。

6.3 交通需求预测

交通需求预测是交通规划中的核心内容之一。交通发展政策的制定、交通网络设计及方案评价都与交通需求预测有密切的联系。本节主要介绍传统交通需求预测的"四阶段"模式。

传统交通需求预测的"四阶段"模式是指在居民出行 OD 调查的基础上，开展现状居民出行模拟和未来居民出行预测。其内容包括交通的发生与吸引（第一阶段）、交通分布（第二阶段）、交通方式划分（第三阶段）和交通流分配（第四阶段）。

6.3.1 交通生成预测

交通生成预测是交通需求四阶段预测中的第一阶段，是交通需求分析工作中最基本的部分之一，目标是求得各个对象地区的交通需求总量，即交通生成量（Trip Generation），进而在总量的约束下，求出各交通小区的发生（Trip Productions）与吸引交通量（Trip Attraction）。出行的发生、吸引与土地利用的性质和设施规模有着密切的关系。发生与吸引交通量预测精度将直接影响后续预测阶段乃至整个预测过程的精度。

图 6.5 表示了交通小区 i 的发生交通量和交通小区 j 的吸引交通量。O_i 表示由小区 i 的发生交通量（由小区 i 出发到各小区的交通量之和）；D_j 表示小区 j 的吸引交通量（从各小区来小区 j 的交通量之和）。

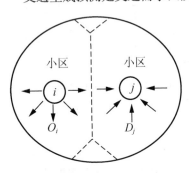

图 6.5 交通小区出行的发生与吸引示意图

相反小区 i 的吸引交通量和小区 j 的发生交通量依此类推。发生和吸引交通量的预测方法常用的有增长率法和函数法。

1. 增长率法

增长率法的计算公式如下：

$$O_i^N = F_i \times O_i \tag{6.1}$$

a_i=(目标年度小区 i 的预测人口)/(基准年度小区 i 的人口)

b_i=(目标年度小区 i 人均车辆拥有率)/(基准年度小区 i 的人均车辆拥有率)

式中：F_i——发生和吸引交通量的增长率，如 $F_i=a_i \times b_i$；

O_i^N——目标年度小区 i 的发生和吸引交通量；

O_i——基准年度小区 i 的发生和吸引交通量。

2. 函数法

函数法中多采用多元回归分析法，所以有时被直接称为多元回归分析法，其模型如下：

$$O_i^p = b_0^p + b_1^p x_{1i}^p + b_2^p x_{2i}^p + \cdots \tag{6.2}$$

$$D_j^p = c_0^p + c_1^p x_{1j}^p + c_2^p x_{2j}^p + \cdots \tag{6.3}$$

式中：b, c——回归系数；

p——出行目的；

x——自变量，常取的变量有交通小区内平均收入、平均汽车保有率、家庭数、人口、就业人数、土地利用面积等。

使用多元回归分析法，一般先用实际调查数据和最小二乘法得出回归系数 b 和 c，然后将各交通小区预测目标年的自变量值带入式（6.2）和式（6.3），求出各交通小区的发生和吸引交通量。

假设得到如下关系式为

$$T_i = -0.59X_{i1} + 0.74X_{i2} + 0.88X_{i3} - 0.39X_{i4} + 112 \tag{6.4}$$

式中：T_i——交通小区 i 的上下班出行次数；

X_{i1}——交通小区 i 的家庭数；

X_{i2}——交通小区 i 的就业人口数；

X_{i3}——交通小区 i 的汽车保有量；

X_{i4}——交通小区 i 与市中心的距离。

由此则可选择 X_{i1}、X_{i2}、X_{i3}、X_{i4} 目标年度的预测值，求得目标年度的 T_i。

选用多元线性回归法时，应注意自变量之间的相互独立性。

6.3.2 交通分布预测

交通分布预测是交通规划四阶段预测模型的第二步，是把交通的发生与吸引量预测获得的各小区的出行量转换成为各小区之间的空间OD量，即OD矩阵。

如图6.6为交通小区 i 和交通小区 j 之间的交通分布示意图。Q_{ij} 表示交通小区 i 和交通小区 j 的交通交换量，即分布交通量。

交通分布预测主要有增长系数法和重力模型法。

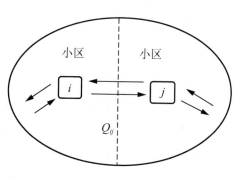

图 6.6 交通分布示意图

1. 增长系数法

在交通分布预测中，增长系数法的原理是，假定在现状交通分布量给定的情况下，预测将来的交通分布量。

增长系数法常用的有常增长系数法、平均增长系数法和福莱特法，下面分别讲述。

1）常增长系数法

常增长系数法假定 Q_{ij} 增长仅与小区 i 的发生量增长率有关，或仅与小区 j 的吸引量增长率有关，或仅与生成量增长率有关，是一个常量。

增长函数为

$$f_{常}(F_{O_i}, F_{D_j}) = 常量 \tag{6.5}$$

该方法只考虑将来的发生量或吸引量、生成量当中的某一个量的增长率对函数的影响，而忽略其他变量对增长函数的影响。由于产生量与吸引量的不对称性，因此其预测精度不高，不需要迭代计算，是一种最简单的方法，有时不能保证交通分布的守恒约束条件。

2）平均增长系数法

平均增长系数法假定小区 i、j 之间的交通分布量 Q_{ij} 的增长系数是小区 i 出行发生量增长系数和小区 j 出行吸引量增长系数的平均值，即

$$f_{平}(F_{O_i}^m, F_{D_j}^m) = \frac{1}{2}(F_{O_i}^m + F_{D_j}^m) \tag{6.6}$$

3）福莱特法

福莱特法假设小区 i、j 间分布交通量 Q_{ij} 的增长系数不仅与小区 i 的发生增长系数和小区 j 的吸引增长系数有关，还与整个规划区域的其他交通小区的增长系数有关。

模型公式为

$$f_F(F_{O_i}^m, F_{D_j}^m) = F_{O_i}^m \cdot F_{D_j}^m \cdot \frac{L_i + L_j}{2} \tag{6.7}$$

$$L_i = \frac{O_i^m}{\sum_j Q_{ij}^m F_{D_j}^m}, \quad L_j = \frac{D_j^m}{\sum_i Q_{ij}^m F_{O_i}^m}$$

式中：L_i——小区 i 的位置系数；
L_j——小区 j 的位置系数。

2. 重力模型法

重力模型法是一种最常用的方法，它根据牛顿的万有引力定律，即两个物体之间的引力与两个物体的质量之积成正比，而与他们之间距离的平方成反比类推而成。

重力模型法预测出行分布考虑了两个交通小区的吸引强度和他们之间的阻力，认为两个交通小区出行吸引与两个交通小区的出行发生量成正比，而与交通小区之间的交通阻抗成反比。在用重力模型进行出行分布预测时，可采用以下几种模型。

1）无约束重力模型

Casey 在 1955 年提出如下重力模型，该模型又称最早出现的重力模型：

$$Q_{ij} = \alpha \frac{p_i p_j}{d_{ij}^2} \tag{6.8}$$

式中：p_i、p_j——小区 i 发生量和小区 j 的吸引量；

　　　d_{ij}——小区 i、j 之间的距离；

　　　α——系数。

此模型为无约束重力模型，模型本身不满足交通守恒约束条件中的任何一个。

$$\sum_j Q_{ij} = \alpha p_i \sum_j p_j d_{ij}^{-2} = O_i \tag{6.9}$$

$$\sum_i Q_{ij} = \alpha p_j \sum_i p_i d_{ij}^{-2} = D_j \tag{6.10}$$

该模型简单地模仿了牛顿的万有引力定律，后来人们对其进行改进，将 d_{ij} 的幂扩展为参数 γ（其值一般为 0.6～3.5）。更一般地，可以用出行费用函数 $f(c_{ij})$ 来表示。因此重力模型可表示为

$$Q_{ij} = \kappa O_i^\alpha D_j^\beta f(c_{ij}) \tag{6.11}$$

常见的交通阻抗函数有以下几种形式。

幂函数：

$$f(c_{ij}) = c_{ij}^{-\gamma} \tag{6.12}$$

指数函数：

$$f(c_{ij}) = e^{-c_{ij}} \tag{6.13}$$

组合函数：

$$f(c_{ij}) = \kappa \cdot c_{ij}^{-\gamma} \cdot e^{-c_{ij}} \tag{6.14}$$

式中：κ、γ——参数。

待定系数 κ、γ 根据现状 OD 调查资料，利用最小二乘法确定。此时可将模型取对数，使之线性化来求得。

【例 6.1】 根据现状 OD 表和将来各小区的预测值（表 6-4）和将来发生与吸引交通量（表 6-5），以及表 6-6 和表 6-7 给出的现状和将来行驶时间，试利用重力模型和平均增长系数法，求出将来 OD 表。设定收敛标准为 $\varepsilon = 1\%$。

表 6-4　现状 OD 表和将来各小区的预测值　　　　　单位：万次

O＼D	1	2	3	合计	预测值
1	17.0	7.0	4.0	28.0	38.6
2	7.0	38.0	6.0	51.0	91.9
3	4.0	5.0	17.0	26.0	36.0
合计	28.0	50.0	27.0	105.0	166.5

表 6-5　将来发生与吸引交通量　　　　　单位：万次

O＼D	1	2	3	合计
1				38.6
2				91.9
3				36.0
合计	39.3	90.3	36.9	166.5

表6-6 现状行驶时间

c_{ij}	1	2	3
1	7.0	17.0	22.0
2	17.0	15.0	23.0
3	22.0	23.0	7.0

表6-7 将来行驶时间

c_{ij}	1	2	3
1	4.0	9.0	11.0
2	9.0	8.0	12.0
3	11.0	12.0	4.0

解：(1) 用下面的无约束重力模型：

$$Q_{ij}=\alpha\frac{(O_iD_j)^\beta}{c_{ij}^\gamma} \quad (6.15)$$

两边取对数，得

$$\ln(Q_{ij})=\ln\alpha+\beta\ln(O_iD_j)-\gamma\ln(c_{ij}) \quad (6.16)$$

式中：Q_{ij}、O_iD_j、c_{ij}——已知常数；

α、β、γ——待标定参数。

令 $y=\ln(Q_{ij})$，$a_0=\ln\alpha$，$a_1=\beta$，$a_2=-\gamma$，$x_1=\ln(O_iD_j)$，$x_2=\ln(c_{ij})$，则式 (6.16) 转换为

$$y=a_0+a_1x_1+a_2x_2 \quad (6.17)$$

此方程为二元线性回归方程，a_0、a_1、a_2 为待标定系数，通过表6-4和表6-6获取9个样本数据，见表6-8。

表6-8 样本数据

样本点	Q_{ij}	O_i	D_j	$O_i \cdot D_j$	c_{ij}	y	x_1	x_2
$i=1, j=1$	17	28	28	784	7	2.8332	6.6644	1.9459
$i=1, j=2$	7	28	50	1400	17	1.9459	7.2442	2.8332
$i=1, j=3$	4	28	27	756	22	1.3863	6.6280	3.0910
$i=2, j=1$	7	51	28	1428	17	1.9459	7.2640	2.8332
$i=2, j=2$	38	51	50	2550	15	3.6376	7.8438	2.7081
$i=2, j=3$	6	51	27	1377	23	1.7918	7.2277	3.1355
$i=3, j=1$	4	26	28	728	22	1.3863	6.5903	3.0910
$i=3, j=2$	5	26	50	1300	23	1.6094	7.1701	3.1355
$i=3, j=3$	17	26	27	702	7	2.8332	6.5539	1.9459

采用最小二乘法对这9个样本数据进行标定，得出：$a_0=-0.2084$，$a_1=1.173$，$a_2=-1.455$，则获得的二元线性回归方程为 $y=-2.084+1.173x_1-1.455x_2$。

通过 $a_0=\ln\alpha$，$a_1=\beta$，$a_2=-\gamma$，可得 $\alpha=0.124$，$\beta=1.173$，$\gamma=1.455$，即标定的重力模型为

$$Q_{ij}=0.124\times\frac{(O_iD_j)^{1.173}}{c_{ij}^{1.455}}$$

(2) 利用已标定的重力模型求解分布交通量：

$Q_{11}=0.124\times(38.6\times39.3)^{1.173}/4.0^{1.455}=88.862$

$Q_{12}=0.124\times(38.6\times90.3)^{1.173}/9.0^{1.455}=72.458$

$Q_{13}=0.124\times(38.6\times36.9)^{1.173}/11.0^{1.455}=18.940$

$Q_{14}=0.124\times(91.9\times39.3)^{1.173}/9.0^{1.455}=75.542$

$Q_{22}=0.124\times(91.9\times90.3)^{1.173}/8.0^{1.455}=237.912$

$$Q_{23}=0.124\times(91.9\times36.9)^{1.173}/12.0^{1.455}=46.164$$
$$Q_{31}=0.124\times(36.0\times39.3)^{1.173}/11.0^{1.455}=18.791$$
$$Q_{32}=0.124\times(36.0\times90.3)^{1.173}/12.0^{1.455}=43.932$$
$$Q_{33}=0.124\times(36.0\times36.9)^{1.173}/4.0^{1.455}=76.048$$

计算后得表 6-9。

表 6-9 第一次计算得到的 OD 表

O \ D	1	2	3	合计
1	88.862	72.458	18.940	180.260
2	75.542	237.912	46.164	359.619
3	18.791	43.932	76.048	138.771
合计	183.195	354.302	141.152	678.650

（3）重新计算 $F_{O_i}^1$ 和 $F_{D_j}^1$：

$$F_{O_1}^1=U_1/O_1=38.6/180.260=0.2141$$
$$F_{O_2}^1=U_2/O_2=91.9/359.619=0.2555$$
$$F_{O_3}^1=U_3/O_3=36.0/138.771=0.2594$$
$$F_{D_1}^1=V_1/D_1=39.3/183.195=0.2145$$
$$F_{D_2}^1=V_2/D_2=90.3/354.302=0.2549$$
$$F_{D_3}^1=V_3/D_3=36.9/141.152=0.2614$$

（4）通过无约束重力模型计算得到的 OD 表不满足出行分布的约束条件，因此还要用其他方法继续进行迭代，这里采用平均增长系数法进行迭代计算，计算结果见表 6-10～表 6-12。

表 6-10 用平均增长系数法第一次迭代计算 OD 表

O \ D	1	2	3	合计	增长系数
1	19.046	16.992	4.504	40.541	0.9521
2	17.755	60.717	11.933	90.405	1.0165
3	4.453	11.297	19.804	35.554	1.0125
合计	41.254	89.005	33.341	166.500	
增长系数	0.9526	1.0145	1.0182		

表 6-11 用平均增长系数法第二次迭代计算 OD 表

O \ D	1	2	3	合计	增长系数
1	18.139	16.708	4.437	39.284	0.9826
2	17.482	61.661	12.140	91.282	1.0068
3	4.376	11.450	20.109	35.934	1.0018
合计	39.996	89.819	36.685	166.500	
增长系数	0.9826	1.0054	1.0059		

表 6-12　用平均增长系数法第三次迭代计算 OD 表

O＼D	1	2	3	合计	增长系数
1	17.823	16.684	4.438	38.946	0.9911
2	17.127	62.318	12.291	91.736	1.0018
3	4.276	11.544	20.310	36.130	0.9964
合计	39.226	90.546	37.040	166.812	
增长系数	1.0019	0.9973	0.9962		

（5）第三次迭代之后，满足设定的收敛条件 ε＝1％，停止迭代，第三次迭代计算后的 OD 表（表 6-12），就为最终预测的 OD 表。

2）单约束重力模型

（1）乌尔希斯重力模型。此模型只满足式（6.18），即出行发生约束重力模型，其表达式为

$$Q_{ij} = \frac{O_i D_j f(c_{ij})}{\sum_j D_j f(c_{ij})} \quad (6.18)$$

式中：$f(c_{ij})$——交通阻抗函数，常用形式 $f(c_{ij})=c_{ij}^{-\gamma}$；
　　　γ——待定系数。

以 $f(c_{ij})=c_{ij}^{-\gamma}$ 为例进行参数标定，待定系数 γ 根据现状 OD 调查资料拟合确定，一般可采用试算法等数值方式，以某一指标作为控制目标，通过用模型计算和实际调查所得的指标的误差比较确定。其计算过程如下：先假定一个 γ 值，利用现状 OD 统计资料所得的 O_i、D_j 及 C_{ij} 代入式（6.18）中进行计算，所得出的计算交通分布称为 GM 分布。GM 分布的平均行程时间采用式（6.19）计算：

$$\bar{c}' = \frac{\sum_i \sum_j (Q_{ij} c_{ij})}{\sum_i \sum_j Q_{ij}} \quad (6.19)$$

GM 分布与现状分布的每次运行的平均行程时间之间的相对误差为 $|\bar{c}'-\bar{c}|/\bar{c}$。当交通按 GM 分布与按实际分布每次运行的平均相对误差不大于某一限定值（常用 3％）时，计算即可结束。当误差超过限定值时需改动待定系数 γ，进行下一轮计算。调整方法为：如果 GM 分布的 $\bar{c}'$ 大于现状分布 $\bar{c}$，可增大 γ 值；反之，则减小 γ 值。

（2）美国公路局重力模型（B.P.R. 模型）：

$$Q_{ij} = \frac{O_i D_j f(c_{ij}) k_{ij}}{\sum_j D_j f(c_{ij}) k_{ij}} \quad (6.20)$$

$$k_{ij} = \frac{(1-Y_{ij})\lambda_{ij}}{1-Y_{ij}\lambda_{ij}} \quad (6.21)$$

式中：k_{ij}——调整系数；
　　　λ_{ij}——小区 i 到小区 j 的实际交通分布量与计算交通分布量之比；
　　　Y_{ij}——小区 i 到小区 j 的实际交通量分布与小区 i 的出行发生量之比。

此模型与乌尔希斯模型相比，引进了交通调整系数 k_{ij}。计算时，用与乌尔希斯模型相同的方法试算出待定系数 γ，然后计算 Q_{ij}，最后计算 k_{ij}。

这两种模型均满足 $O_i = \sum_j Q_{ij}$，因此称为单约束重力模型。

用上述两种重力模型进行交通分布预测时，首先是将预测的交通产生量和吸引量及将来的交通阻抗参数带入模型进行计算。通常计算出的交通吸引量与给定的交通吸引量并不相同，因此需要进行下一步迭代。

3) 双约束重力模型

同时满足守恒条件的 a 是不存在的，因此，将重力模型修改为如下形式：

$$Q_{ij} = a_i O_i b_j D_j f(c_{ij}) \tag{6.22}$$

式中：$a_i = \left[\sum_j b_j D_j f(c_{ij})\right]^{-1}$；

$b_i = \left[\sum_i a_i O_i f(c_{ij})\right]^{-1}$。

此模型称为双约束重力模型。

以幂指数交通阻抗函数 $f(c_{ij}) = c_{ij}^{-\gamma}$ 为例计算：

(1) 令 $m=0$，m 为计算次数。

(2) 给出 γ（用最小二乘法求出）。

(3) 令 $a_i^m = 1$，求出 b_j^m（$b_j^m = 1/\sum_i a_i^m O_i c_{ij}^{-\gamma}$）。

(4) 求出 a_i^{m+1}（$a_i^{m+1} = 1/\sum_j b_j^{m+1} D_j c_{ij}^{-\gamma}$）和 b_j^{m+1}（$b_j^{m+1} = 1/\sum_i a_i^{m+1} O_i c_{ij}^{-\gamma}$）。

(5) 收敛判定，若满足下式则计算结束；反之令 $m+1=m$，返回步骤 2 重新计算，公式为

$$\left. \begin{aligned} 1-\varepsilon < \frac{a_i^{m+1}}{a_i^m} < 1+\varepsilon \\ 1-\varepsilon < \frac{b_j^{m+1}}{b_j^m} < 1+\varepsilon \end{aligned} \right\} \tag{6.23}$$

6.3.3 交通方式划分

交通方式划分是四阶段法中的第三个阶段。在人们的日常生活中，经过各种交通方式的组合完成一天的工作和生活。因此各种交通方式之间有着很强的相互关系，离开了对这种关系的讨论，交通规划就很难成立。所谓的交通方式划分就是出行者出行时选择交通工具的比例，它以居民出行调查的数据为基础，研究人们出行时交通方式选择的行为，建立模型从而预测基础设施或交通服务水平变化时交通方式间的交通需求变化。

交通方式的划分模型的建模思路有两种：其一是在假设历史的变化情况将来继续延续下去的前提下，研究交通需求的变化；其二是从城市规划的角度，为了实现所期望的交通方式划分，如何改扩建各种交通设施引导人们的出行，以及如何制定各种交通管理规则等。新交通方式的交通需求预测问题属于后者，其难点在于如何量化出行行为选择因素及其具体应用。

交通方式预测方法主要有转移曲线法和回归模型法。

1. 转移曲线法

转移曲线法是根据大量的调查统计资料绘出各种交通方式的分担率与其影响因素之间的关系曲线。较为简单、直观的交通方式预测是用转移曲线诺模图。美国、英国、加拿大

都有成套的公共交通与私人交通的转移曲线。

例如，图 6.7 是美国运输研究公司建立的华盛顿公共交通与私人交通分担率的转移曲线之一，考虑了出行者的经济条件（按收入分为 5 个等级）和出行目的（分为工作、非工作、上学）下两种方式所需行程时间的比例（称为行时比）、两种方式所需费用的比值（称为费用比）、两种方式非乘车所耗时间的比值（称为服务比）等 5 个影响因素。该曲线的服务比为 1.25，费用比为 0.25，出行目的为高峰小时出行。

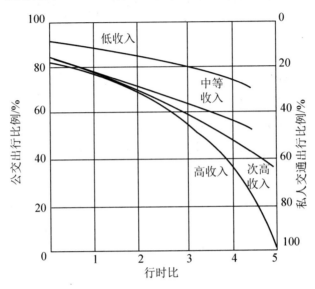

图 6.7 交通方式转移图

转移曲线法是目前国外广泛使用的交通方式分担预测方法，在国外交通方式较为单一、影响因素相对较少的情况下，该方法使用简单、方便、应用效果好。在我国交通方式众多、影响因素复杂的情况下，绘制出全面反映各交通方式之间的转换关系的转移曲线，其工作量非常巨大，且资料收集较为困难。同时，由于它是根据现状调查资料绘制出来的，只能反映相关因素变化相对较小的情况，即超过现状调查所反映的范围不能较大。这使得该方法的应用受到一定的限制。

2. 回归模型法

回归模型法是通过建立交通方式的分担率与其相关因素间的回归方程，作为预测交通方式模型。交通方式的回归方法有时与交通生成的回归方法组合使用，直接得出各种交通方式的交通生成，这就是交通生成与方式的回归组合模型：

$$G_{im} = \alpha_{im} + \beta_{1m} X_1 + \beta_{2m} X_2 + \cdots + \beta_{nm} X_n \tag{6.24}$$

式中： G_{im} ——交通区 i、交通方式 m 的交通产生量；

$X_1, X_2, \cdots, X_n$ ——相关因素，如人口、土地使用、生活水平指标等；

$\alpha_{im}, \beta_{1m}, \beta_{2m}, \cdots, \beta_{nm}$ ——回归系数，根据现状调查资料，用最小二乘法确定。

6.3.4 交通分配

对于交通分配，国内外均进行过较多的研究，数学规划方法、图论方法及计算机技术的发展,为合理的交通分配模型的研制及应用提供了坚实的基础。国际上通常将交通分配方法分为平衡模型与非平衡模型两大类,并以 Wardrop 第一、第二原理为划分依据。

非平衡模型具有结果简单、概念明确、计算简便等优点,因此在实际工程中得到了广泛的应用。非平衡模型根据其分配手段可分为无迭代和有迭代两类,就其分配形态可分为单路径与多路径两类。具体非平衡模型可分为表 6-13 所示的 4 类形式。

表 6-13 非平衡模型分类

形态 \ 分配手段	无迭代分配方法	有迭代分配方法
单路径型	最短路(全有全无)交通分配	容量限制交通分配
多路径型	多路径交通分配	容量限制-多路径交通分配

1. 最短路交通分配方法

最短路交通分配是一种静态的交通分配方法。在该分配方法中,取路权为常数,即假设车辆的平均行驶车速不受交通负荷的影响。每一 OD 点对的 OD 量被全部分配在连接该 OD 点对的最短线路上,其他道路上分配不到交通量。

这种分配方法的优点是计算相当简便,其致命缺点是出行量分布不均匀,出行量全部集中在最短路上。这种分配方法是其他各种交通分配方法的基础。

2. 容量限制交通分配方法

容量限制交通分配是一种动态交通分配方法,它考虑了路权与交通负荷之间的关系,即考虑了道路通行能力的限制,比较符合实际情况,该方法在国际上比较通用。

采用容量限制分配模型分配出行量时,需先将 OD 表中的每一 OD 量分解成 K 部分,即将原 OD 表($n \times n$ 阶,n 为出行发生、吸引点个数)分解成 k 个 OD 分表($n \times n$ 阶),然后分 K 次用最短路分配模型分配 OD 量,每次分配一个 OD 分表,并且每分配一次,路权修正一次,路权采用路阻函数修正,直到把 k 个 OD 分表全部分配在网络上。

在具体应用时,视道路网的大小,根据表 6-14 选取分配次数 K 及每次分配的 OD 量比例。

表 6-14 分配次数 K 与每次的 OD 量分配率

K \ 分配系数	1	2	3	4	5	6	7	8	9	10
1	100									
2	60	40								
3	50	30	20							
4	40	30	20	10						
5	30	25	20	15	10					
10	20	20	15	10	10	5	5	5	5	5

3. 多路径交通分配方法

由出行者的路径选择特性可知,出行者总是希望选择最合适(最短、最快、最方便等）的路线出行，可称之为最短路因素。但由于交通网络的复杂性及交通状况的随机性，出行者在选择出行路线时往往带有不确定性，可称之为随机因素。这两种因素存在于出行者的整个出行过程中，两因素所处的主次地位取决于可供选择的出行路线的路权差（行驶时间差或费用差等）。因此，各出行路线被选用的概率可采用 Logit 型的路径选择模型计算：

$$p(r,s,k) = \frac{\exp[-\sigma t(k)/\bar{t}]}{\sum_{i=1}^{m}\exp[-\sigma t(k)/\bar{t}]} \tag{6.25}$$

式中：$p(r,s,k)$——OD 量 $T(r,s)$ 在第 k 条出行路线上的分配率；

$t(k)$——第 k 条出行路线的路权（行驶时间）；

$\bar{t}$——各出行路线的平均路权（行驶时间）；

σ——分配参数；

m——有效出行路线条数。

本分配模型能较好地反映路径选择过程中的最短路因素及随机因素。实际上，若出行路线路权相同，则本模型成为随机交通分配模型，各路线被选用的概率相同。若某一路线的路权远远小于其他路线，则本模型成为最短路分配模型，它是一种改进型的多路径交通分配模型。

6.4 城市道路网布局规划

城市道路网规划应以合理的城市用地功能组织为前提，根据城市现状及自然环境特点，经济合理地规划布局道路网，同时区分不同功能的道路性质，结合城市的具体用地情况组成道路系统。

规划的城市道路网既要满足客货车流、人流的安全畅通，同时还要反映城市风貌、历史和文化传统，为地上、地下工程管线和其他设施提供空间，并满足城市日照通风与城市救灾避难等要求。在进行城市道路网系统的规划时，应对上述功能综合考虑，相互协调。

6.4.1 城市道路网布局影响因素

城市道路网是组织城市各种功能用地的"骨架"，又是城市进行生产和生活活动的"动脉"。城市道路网布局是否合理，直接关系到城市是否可以合理、经济地运转和发展。城市道路网一旦确定，实质上决定了城市发展的轮廓、形态，即使遇到自然灾害或战争的破坏，在恢复和重建城市时，也较难改变。这种影响是深远的，将在一个相当长的时期内发挥作用。影响城市道路网布局的因素主要有三个：城市在区域中的位置（城市外部交通联系和自然地理条件）、城市用地布局形态（城市骨架关系）、城市交通运输系统（市内交通联系）。

6.4.2 城市道路网布局规划方法

道路网布局规划一般采用先确定道路网规划指标和道路网空间布局形式，然后进行道路网系统性分析,再布置专用道路系统,最后进行检验与调整的过程,如图 6.8 所示。

1. 道路网规划指标的确定

道路网布局规划中首先需要明确的是规划指标,主要有人均道路用地面积、车均车行道面积、道路网密度、道路等级结构、道路网联结度、非直线系数等。

2. 道路网空间布局形式

在社会经济、自然地理等条件的制约下,不同城市的道路系统有不同的发展形态。从形式上看,常见的城市道路网布局有 4 种典型类型:方格网式道路网布局、环形放射式道路网布局、自由式道路网布局、混合式道路网布局。

仅仅从每种道路网布局的特点出发是难以决定其优劣与取舍的,规划中应尊重已经形成的道路网格局,考虑原有道路网的改造和发展,从城市地理条件、城市布局形态、客货运流向及强度等方面确定城市的道路网布局,不应套用固定的模式。道路网空间布局形式的确定是一个定性分析与定量分析相结合的过程。

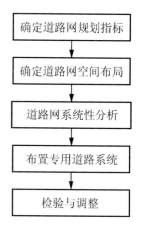

图 6.8 道路网布局规划与程序

3. 道路网系统性分析

道路网的系统性表现在城市道路网与城市用地之间的协调关系、与对外交通系统的衔接关系及道路网系统内部各组成要素之间的协调配合关系。道路网布局的系统分析有以下几个方面的内容。

(1) 城市道路网与城市用地布局的配合关系:主要分析城市各相邻组团间和跨组团的交通解决情况,主要道路的功能是否与两侧的用地性质相协调,各级各类道路的走向是否适应用地布局所产生的交通流,以及是否体现对用地发展建设的引导作用等。

(2) 城市道路网与对外交通设施的配合衔接关系:主要分析城市快速道路网与高速公路的衔接关系,城市常速交通性道路网与一般公路的衔接关系,城市对外交通枢纽与城市交通干道的衔接关系。考虑到高速公路对城市交通有着重大影响,在规划的层次上应将高速公路交通影响分析纳入交通规划研究内容中。

(3) 城市道路网的功能分工及结构的合理性:主要分析道路网中不同道路的功能分工和等级结构是否清晰、合理,各级各类道路的密度是否合理等。为保障交通流逐级有序地由低一级道路向高一级道路汇集,并由高一级道路向低一级道路疏散,应避免不同等级道路越级相接。

4. 道路网布局的检验与调整

经过以上过程所初步拟订的道路网需经过检验,如图 6.9 所示。检验的标准是拟订的道路网是否能满足道路交通需求和环境质量要求。检验的基础是道路交通需求预测技术、道路网络分析技术和道路交通环境影响分析技术。道路网规划方案的调整分为两个层次,当道路服务水平质量和环境质量状况不符合规划要求时,首先调整道路网布局规划方案,对调整后的道路网布局规划方案重新进行检验,如经过多次调整后仍不能满足规划要求时,应对城市总体交通结构进行反馈,提出修改意见。

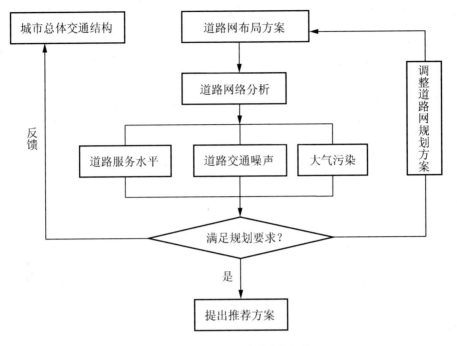

图 6.9 道路网布局的检验与调整

本 章 小 结

交通需求预测是本章的重点,四阶段法从交通源预测交通需求开始,具有较好的适用性;生成预测常选用回归分析法,分布预测常选用重力模型法;方式划分预测较难,常根据调查数据通过专家方法获得。随着计算机运算能力的增强和交通规划应用软件的普及,交通需求预测已摒弃手算,进入了应用软件时代。

思 考 题

1. 简述交通规划的定义、分类及层次划分。
2. 简述交通区划分的基本原则。
3. 简述城市居民出行 OD 调查的步骤、内容与质量评判方法。
4. 常用的交通生成预测方法有哪几种?它们各有什么特点?
5. 交通的分布预测主要有哪些模型?它们都具有怎样的特点?
6. 试述重力模型的基本形式及其分类。
7. 在实际工程中,得到广泛应用的交通分配模型是什么?

习 题

试用平均增长系数法、福莱特法分别求表6-15将来OD分布交通量。设定收敛标准为 $\varepsilon = 3\%$。

表6-15 OD表 单位：万次

O\D	1	2	3	现状值	将来值
1	4	2	2	8	16
2	2	8	4	14	28
3	2	4	4	10	40
现状值	8	14	10	32	
将来值	16	28	40		84

第 7 章 道路交通管理

教学要点

知识要点	掌握程度	相关知识
基本概念	(1) 掌握交通管理概念 (2) 掌握交通标志标线规定 (2) 掌握交通信号控制基本参数	(1) 交通管理与控制 (2) 标志、标线 (3) 信号周期、绿信比、相位
道路标志、标线规定	(1) 掌握道路标志的分类及其含义 (2) 掌握道路标线的分类及其含义	(1) 警告标志、禁令标志、指示标志、指路标志 (2) 指示标线、禁止标线、警告标线
交通信号控制理论	(1) 掌握交通信号控制参数含义 (2) 掌握交通信号配时方法	英国方法、美国方法

技能要点

技能要点	掌握程度	应用方向
道路标志、标线规定	(1) 掌握道路标志的分类及其含义 (2) 掌握道路标线的分类及其含义	(1) 交通管理规定识别 (2) 道路标志标线设计
交通信号控制理论	(1) 掌握交通信号控制参数含义 (2) 掌握交通信号配时方法	(1) 检验信号配时合理性 (2) 为道路设计交通信号控制方案

基本概念

交通管理与控制、道路标志、道路标线、视距三角形、现代环形交叉口、交通信号、相位、信号周期、绿信比、有效绿灯时间、单向交通、变向交通、专用车道。

引例

早在19世纪初,在位于英国中部的约克城,红、绿装分别代表女性的不同身份。其中,着红装的女人表示我已结婚,而着绿装的女人则是未婚者。后来,英国伦敦议会大厦前经常发生车辆撞人的事故,交通三天两头堵塞,有时一堵就是一两个小时,市民对此意见很大。英国政府为减少交通事故,便在议会大厦门前增派了警察,但由于人多车多,警察也显得力不从心,效果并不明显。

当时,一位名叫德尔·哈特的机械师每天上下班都要经过议会大厦门前,因交通堵塞经常迟到。他受约克城妇女着红绿服装的启示,经过近三个月的潜心研究,设计制造出信号灯。1868年12月10日安装在伦敦议会大厦广场上,一个高7m灯柱,身上挂着一盏红、绿两色的提灯——煤气交通信号灯,这是城市街道的第一盏信号灯。

7.1 概述

7.1.1 交通管理的概念

交通管理是指按照既定的交通法规和要求,运用各种手段、方法和工具合理地限制和科学地组织、指挥交通。交通控制是通过运用现代的信号装置、通信设施、信息控制和网络系统对动态交通的准确调度,使其安全并畅通运行。二者结合起来成为交通管制,其重点在于运用各种交通设施准确掌握交通信息并有效指挥交通。

7.1.2 交通管理的内容

交通管理主体上是国家行政管理,具体包括5个方面,如图7.1所示。

1. 技术管理

(1) 交通标志、道路标线的设置与维护。

(2) 信号控制设施的设计、安装、管理与维护。

(3) 安全防护及照明设施的安装、管理和维护。

(4) 检测交通发展动态。

(5) 交通信息收集和传播。

图 7.1 交通管理的 5 个方面

2. 行政管理

(1) 规划组织单向行车。
(2) 禁止或限制某种车辆、某种运行方式。
(3) 实行错时上下班或组织可逆性行车。
(4) 对于某些交通参与者（老人、小孩、残疾人、孕妇）予以特殊照顾。
(5) 采取临时的或局部的交通管理措施。

3. 法规管理

(1) 交通法规的制定和执行。
(2) 建立驾驶人员、车辆的管理制度。
(3) 建立各种违章与事故处理规则并监督实施。

4. 交通安全教育和培训

(1) 交通警察的培训和考核。
(2) 驾驶人员的培训、考核与经常性的安全教育。
(3) 道路交通法规、政策、安全条例的日常宣传。
(4) 对于人民群众特别是青少年的交通法制和安全教育。
(5) 各种违章的教育和处罚。

5. 交通控制

(1) 交叉路口、出入口的控制（定时、感应）。
(2) 路网控制（线控、面控）。
(3) 路段和高速公路控制。

7.2 道路交通法规

7.2.1 道路交通法规的内涵

交通法规是道路交通使用者在通行中所必须遵守的法律、法令、规则和条例的统称。它是以法律的形式和正确应用法律的权威来保障交通安全、舒适与通畅，同时，在发生冲突事故时，可据此论处事故的责任。

2013年1月1日起开始执行的《中华人民共和国道路交通安全法》（以下简称《道路交通安全法》）和《中华人民共和国道路交通安全法实施条例》（以下简称《实施条例》）是我国进一步加强道路交通管理，维护交通秩序，保障交通安全与畅通的重要法规，也可以说是我国交通管理的基本法规。

7.2.2 交通法规的内容

道路交通是人、车、路、环境组成的一个系统。交通法规的基本内容应针对构成道路交通系统的这几个要素。《道路交通安全法》和《实施条例》条文众多，解析其基本内容，也就是对"人"、"车"、"路"、"环境"四者的管理。

7.2.3 交通法规的执行

交通法规一经制定，公布于众，必须严格执行，不管是什么人，在法律面前人人平等。因此，为了做好交通法规的贯彻实施，各级交通管理机关和广大警察必须做到有法可依、有法必依、执法必严、违法必究。同时还须注意文明执法、仪表庄严、动作规范、态度严肃、语言和蔼、文明礼貌，做到以法服人、以礼导人、以情感人。

7.3 道路交通标志和标线

7.3.1 道路交通标志

道路交通标志是用图形符号、颜色和文字向交通参与者传递特定交通管理信息的一种交通管理设施。一般设置在路侧或道路上方。道路交通标志给道路使用者以确切的道路交通情报，使道路交通达到安全、畅通、低公害和节约能源的目的。

1. 道路交通标志类别及其内容

目前我国道路上实施的是国家技术监督局发布的中华人民共和国国家标准《道路交通标志和标线　第2部分：道路交通标志》（GB 5768.2—2009）。按 GB 5768.2—2009 的规定，道路交通标志分为主标志和辅助标志两大类。

1) 主标志

警告标志：警告车辆、行人注意危险地点的标志。

禁令标志：禁止或限制车辆、行人交通行为的标志。

指示标志：指示车辆、行人行进的标志。

指路标志：传递道路方向、地点、距离信息的标志。

旅游区标志：提供旅游景点方向、距离的标志。

道路施工安全标志：通告道路施工区通行的标志。

2) 辅助标志

辅助标志是附设在主标志下，起辅助说明作用的标志。

2. 道路交通标志的设计原则

在极短时间内易于辨别和记忆是对道路交通标志的主要设计要求，这就是所谓道路交通标志的视认性要求。决定视认性的要素是交通标志的形状、颜色和图符。

1) 形状

不同形状的标志，在其辨认过程中是有差别的。实践表明，外形面积相等的标志，容易辨认的顺序是三角形、正方形、正五边形、圆形及正八边形等。

2）颜色

多数心理学家认为，颜色对视觉是最能激起人们注意的一种刺激。不同颜色的刺激作用使人们产生不同含义的思维反映，即产生不同的视认效果，从而提高人们的视认能力。在相同视距下，标志颜色以黄色最明显，后面依次是白色、红色、蓝色、绿色、黑色等。

选择颜色时，除了从视觉清晰度上考虑外，还应从人们的心理效果上考虑。例如，红色使人产生危险感，在交通上表示停止、约束之意，故红色常用于禁令标志上；黄色比较醒目，能激起人们注意，具有警戒、警告之意，常用于警告标志上；蓝色具有宁静之意，多用于指示标志上；绿色含有沉静、通向和平之意，富有安全感，在交通上表示安全可通行，高速道路上的指路标志；白色和黑色主要起到颜色搭配作用，以增强色泽鲜明感。

3）图符

图符是文字、符号和图形的简称。道路交通标志是以大量图符表示的，要求文字具有简洁性和准确性，符号具有直观性和单义性，图案具有形象性和通俗性。

3. 道路交通标志的设计规定

1）警告标志

警告标志的颜色为黄底、黑边、黑图案。其形状为顶角朝上的等边三角形，如图7.2所示。按GB 5768.2—2009的规定，警告标志总共有42种。

图 7.2　警告标志

2）禁令标志

禁令标志的颜色，除个别标志外，为白底、红圈、红杠、黑图案、图案压杠。禁令标志的形状为圆形、八角形、顶角朝下的等边三角形，如图7.3所示。按GB 5768.2—2009的规定，禁令标志总共有42种。

图 7.3　禁止标志

3）指示标志

指示标志的颜色为蓝底、白图案。其形状分为圆形、长方形和正方形，如图7.4所示。按GB 5768.2—2009的规定，指示标志总共有29种。

4）指路标志

指路标志的颜色，除里程碑、百米桩外，一般道路的指路标志为蓝底、白图案，高速

图 7.4　指示标志

公路为绿底、白图案。其形状除地点识别标志、里程碑、分合流标志外，为长方形和正方形，如图 7.5 所示。按 GB 5768.2—2009 的规定，指路标志总共有 62 种。

图 7.5　指路标志

5）旅游区标志

为吸引和指示人们从高速公路或其他道路上前往邻近的旅游区，应在通往旅游景点的交叉口设置一系列旅游区标志，使旅游者能方便地识别通往旅游区的方向和距离，了解旅游项目的类别。旅游区标志分为指引标志和旅游符号标志两大类，如图 7.6 所示。旅游区标志的颜色为棕色底、白色字符。旅游指引标志的尺寸应根据速度确定字高，再根据字数和图案确定版面大小。旅游符号的尺寸一般采用 60cm×60cm，也可根据需要放大或缩小。

图 7.6　旅游区标志

6）道路施工安全标志

按 GB 5768.2—2009 的规定，道路施工安全标志主要有路栏、锥形交通标、施工警告灯、道口标注和施工区标志等 6 类 26 种，如图 7.7 所示。

7）辅助标志

凡主标志无法完整表达或指示其规定时，为维护行车安全与交通畅通之需要，应设置辅助标志。辅助标志安装在主标志下面，紧靠主标志下缘。按 GB 5768.2—2009 的规定，辅助标志主要分为表示时间、车辆种类、区域或距离、警告或禁令理由及组合辅助标志 5

类。辅助标志的颜色为白底、黑字、黑边框；形状为长方形，如图7.8所示。

图7.7　道路施工安全标志

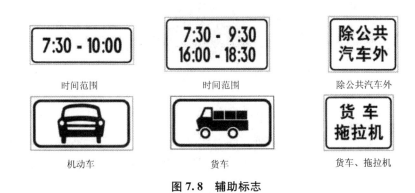

图7.8　辅助标志

4. 交通标志的设置原则

1) 根据客观需要设置

每一种标志都有一定的设置条件，应根据实际需要进行总体布局，结合具体情况合理设置，为保证交通畅通和行车安全服务，防止出现信息不足或过量的现象，对于重要的信息应给予重复显示的机会。

2) 统一性和连续性相结合

统一性是指在一定距离内，交通标志之间及交通标志和其他交通设施应是协调的、不矛盾的。连续性是指交通设施的设置要使驾驶人在其观念上有时空上的连续性。

3) 设在易见位置

交通标志应设在车辆行进正面方向最容易看清的地方，根据具体情况可设置在道路右侧、中央分隔带或车行道上方。同一地点需要设置两种以上标志时，可以安装在一根标志柱上，但最多不应超过4种。解除限制速度标志、解除禁止超车标志、干路先行标志、停车让行标志、减速让行标志、会车先行标志、会车让行标志等应单独设置。标志牌在一根支柱上并设时，应按警告、禁令、指示的顺序，先下后上、先左后右地排列。

7.3.2　道路交通标线

道路交通标线是由标画于路面上的各种线条、箭头、文字、立面标记、突起路标和轮廓标等所构成的交通安全设施。它的作用是管制和引导交通。可以与标志配合使用，也可单独使用。标线应能确保车流分道行驶，导流交通行驶方向，指引车辆在汇合及分流前驶入合适的车道，加强行驶纪律和秩序，减少事故。标线应保证白天和晚上均具有视线诱导功能，并应做到车道分界清晰、线向清楚、轮廓分明。

高速公路、一级公路、二级公路和城市快速道、主次干道应按照《道路交通标志和标线　第3部分：道路交通标线》（GB 5768.3—2009）设置交通标线，其他道路可以根据需要设置。标线有画在路中间的，也有画在路边的。

1. 交通标线类别及其内容

我国现行的交通标线共有29种，按照功能划分为指示标线、禁止标线和警告标线。它们的名称和作用分别如下。

1）指示标线

（1）双向两车道路面中心线——黄色虚线，用来分隔对向行驶的交通流，在保证安全的情况下，允许车辆越线超车或向左转弯。

（2）车行道分界线——白色虚线，用来分隔同向行驶的交通流，在保证安全的情况下，允许车辆变换车道行驶。

（3）车行道边缘线——白色实线，用来表明车行道边线。

（4）左转弯待转区线——白色虚线，用来指示左转弯车辆可在直行时段进入待转区，等待左转。

（5）左转弯导向线——白色虚线，表示左转弯的机动车与非机动车的分离，主要用于特殊平面交叉口。

（6）人行横道线——白色条纹，表示准许行人横穿行车道。

（7）高速公路车距确认标线——白色平行粗实线，为驾驶人保持行车安全距离提供参考作用。每隔50m设置一组标线，间隔200m重复设置。

（8）高速公路出入口标线——白色，为驶入或驶出匝道车辆提供安全交汇，减少与突出的路缘石碰撞。

（9）停车位标线——白色实线，表示车辆停放位置。

（10）港湾式停靠站标线——白色，表示车辆通向专门的分离引道和停靠位置。

（11）收费岛标线——表示收费岛的位置，为驶入收费车道的车辆提供清晰的标记。

（12）导向箭头——白色箭头实线，用以引导行车方向。

（13）路面文字标记——黄色，用以指示或限制车辆行驶。

2）禁止标线

（1）禁止超车线——中心黄色双实线，表示严格禁止车辆跨线超车或压线行驶；中心黄色虚实线，表示实线一侧禁止车辆越线超车或向左转弯，虚线一侧准许车辆越线超车或向左转弯；中心黄色单实线，表示不准车辆跨线超车或压线行驶。

（2）禁止变换车道线——白色实线，用于禁止车辆变换车道和借道超车。白色实线的长度表示禁止变换车道的范围。

（3）禁止路边停放车辆线——白黄相间条纹，表示该路段禁止路边长时停放车辆，黄色表示该路段禁止路边临时或长时停放车辆，如图7.9所示。

(a) 禁止路边临时或长时停放车辆线　　　　　(b) 禁止路边长时停放车辆线

图 7.9　禁止路边停放车辆线

（4）停止线——白色，表示车辆等候放行信号，或停止让行的停车位置。

（5）让行线——车辆在此路口必须停车或减速让干道车辆先行。

（6）非机动车禁驶区标线——用以告示骑车人在交叉口内禁止驶入的范围。

（7）导流线——白色，表示车辆需按规定的路线行驶，不得压线越线。

（8）中心圈——用以区分车辆大、小转弯及交叉口车辆左、右转弯的指示，车辆不得压线行驶，如图 7.10（a）所示。

（9）路口禁停网格——黄色网状条纹，用以告示驾驶人禁止在设置本标线之交叉口（或其他出入口处）临时停车，防止交通阻塞，一般用于重要单位、部门前，禁止车辆在内停放，如图 7.10（b）所示。

（10）车种专用道线——用以指示该车道仅限于某车种行驶，其他车种和行人不得进入。

（11）禁止掉头标线——禁止车辆掉头的交叉口或路段，如图 7.10（c）所示。

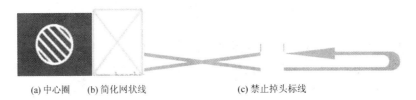

(a) 中心圈　　(b) 简化网状线　　　　　　(c) 禁止掉头标线

图 7.10　禁止标线示例

3）警告标线

（1）车行道宽度渐变段标线——颜色与中心线一致，警告驾驶人路宽缩减或车道数减少，应谨慎行车，并禁止超车。

（2）接近路面障碍物标线——颜色与中心线一致，表示车辆须绕过路面障碍物行驶。

（3）近铁路平交道口标线——指示前方有铁路平交道口，警告驾驶人谨慎行车。该标线仅用于无看守人员的铁路道口。

（4）减速标线——白色，表示车辆必须减速慢行。

（5）立面标记——提醒驾驶人注意，车行道或近旁有高出路面的构造物，以防止发生碰撞。

2. 道路平面交叉口标线的设置原则

道路平面交叉口标线包括：人行横道线、停止线、车行道中心线、车道分界线、导向箭头等。上述标线在设置时，应考虑交叉口的形式、交通量、车行道宽度、转弯车辆的比例、非机动车的比例等因素，并遵循下列设置原则。

（1）交叉口的导向车道线长度应根据交叉口的几何线形确定，其最短长度为30m。导向车道线应画白色单实线，表示不准车辆变更车道。

（2）平面交叉口的进口车道内，应有导向箭头标明各车道的行驶方向。距交叉口最近的第一组导向箭头，设置在导向车道线的末尾。导向箭头重复设置的次数和距离，应根据交叉口进口道的具体情况确定。一般计算行车速度大于60km/h的道路，导向箭头按导向车道线的长度重复三次；计算行车速度小于60km/h的道路，导向箭头按导向车道线的长度重复两次。

7.4 平面交叉口交通管理

平面交叉口（以下简称交叉口）按交通管制方式的不同，可分为全无控制交叉口、主路优先控制交叉口、信号（灯）控制交叉口、环形交叉口等几种类型。

7.4.1 交叉口交通管理的原则

1. 减少冲突点

交叉口交通安全的根本是减少冲突点，可采用单行线，在交通拥挤的交叉口排除左右转弯，用多相位交通信号灯控制交叉口各向交通等方法。

2. 控制相对速度

控制相对速度可采用严格控制车辆进入交叉口的速度；对于右转弯或左转弯应严格控制其合流角，以小于30°为佳；必要时可设置一些隔离设施（如隔离墩或导向岛等）用以减小合流角等方法。

3. 重交通车流和公共交通优先

重交通车流是指较大交通流量的交通流（干道或主干道上的交通流）。重交通车流通过交叉口应给予优先权。其方法是在轻交通流方向（支路）上设置减速让行或停车让行标志，或是延长在重交通车流方向上的绿灯时间。对公共交通也可采取类似优先控制的方式。

4. 分离冲突点和减小冲突区

交叉口上的交通流是复杂的，各种车辆在合流与分流的过程中所产生的车辆交叉运动，有的路径太接近甚至重叠，有的偏离过大，导致交叉口上冲突点增多和冲突区扩大，安全性大大降低。此时，运用分离冲突点和减小冲突区的原则能收到较好效果。例如，按各向车辆行驶轨迹设置交通岛，规范车辆在交叉口内的行驶路线；左转弯时，规定机动车小迂回，而非机动车大迂回；画上自行车左转弯标示线（有条件时设置隔离墩），防止自行车因急拐弯而加大冲突区；在路口某些部分画上禁止车辆进入的标示线，限定车辆通行区域；或在交叉口上设置左、右转弯导向线等，这些都是分离冲突点和减小冲突区的有效办法。

5. 选取最佳周期，提高绿灯利用率

在用固定周期自动交通信号控制交通的交叉口处，应对各方向的交通流常做调查，根据流量大小计算最佳周期和绿信比，以提高绿灯利用率，减少车辆在交叉口的延误。

其他一些交叉口交通管理原则，如对不同的交通流采取分离；对机动车和非机动车画出各行其道的车道线；人行横道较长的道路（超过15m），在路中央设置安全岛等，都是常用且行之有效的管理原则。具体运用上述原则时，应注意综合考虑，灵活运用。

7.4.2 无控制交叉口

1. 定义

无控制交叉口是指具有相同或基本相同的重要地位，从而具有同等通行权的两条相交道路，因其流量较小，在交叉口上不采取任何管理手段的交叉口。

2. 视距三角形

无控制交叉口通常没有明确的停车线，当车辆到达交叉口时，驾驶人将在距冲突点一定距离处做出决策：减速让行或直接通过。驾驶人所做出的决策在很大程度上取决于交叉口上的视距，故无控制交叉口的交通安全是靠交叉口上良好的视距来保证的。绘制交叉口的视距三角形是一种常被用来分析交叉口上视距是否足够的方法。由两条相交道路的停车视距在交叉口所组成的三角形称为视距三角形。必须保证视距三角形内无任何构筑物阻挡驾驶人的视线。在多车道的道路上，绘制视距三角形必须注意，视距线应画在最易发生冲突的车道上。根据实际情况，绘制交叉口的视距三角形，需要分别考虑单向交通交叉口和双向交通交叉口两种情况，如图7.11和图7.12所示。

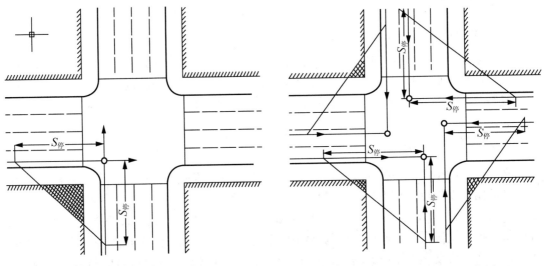

图7.11　单向交通视距三角形　　　图7.12　双向交通视距三角形

图中 $S_{停}$ 是相交道路上同时到达交叉口的车辆在冲突点前能及时制动、避免冲突所需的停车视距。

1) 单向交通视距三角形表示法

在单向交通的道路交叉口，对从左侧进入交叉口车辆的视距线，应画在最靠近其右边的车道上；而对从右侧进入交叉口的车辆，则应取最靠近其左边的车道，如图 7.11 所示。

2) 双向交通视距三角形表示法

在双向交通的道路交叉口，对从左侧进入交叉口车辆的视距线，应画在最靠近人行道的车道上；而对于从右侧进入交叉口的车辆，则应取最靠近路中线的车道，如图 7.12 所示。

7.4.3 主路优先控制交叉口

无控制交叉口的延误是较小的，即使流量增加，延误增加也有限，理论和实测都证明了这一点。但鉴于安全性考虑，使得无控制交叉口在低流量时就要求加以管制，由无控制变为信号灯控制，交叉口延误将明显增加，这就应综合考虑种种因素，权衡利弊后做出决定。较好的措施是在这两种控制方式之间，考虑一种过渡形式的控制，既能解决安全问题，又不至于使延误增加太多，主路优先控制就能满足这种要求。主路优先控制分为停车让行标志控制和减速让行标志控制。

1. 停车让行标志控制

相交的两条道路中，常将交通量大的道路称主路或干路，小的称次路或支路。规定主路车辆通过交叉口有优先通行权，次路车辆必须让主路车辆先行，这种控制方式称为主路优先控制。停车让行标志控制也称停车控制，指的是进入交叉口的次路车辆必须在停车线外停车观察，确认安全后，才准许通行。停车让行标志控制按相交道路条件的不同分单向停车控制和多向停车控制。

1) 单向停车控制

单向停车控制简称单向停车或两路停车。这种控制在次路进口处画有明显的停车交通标志，相应地在次路进口右侧设有停车交通标志，同时在次要道路进口处路面上写有非常明显的"停"字。

2) 多向停车控制

多向停车控制又可称多路停车，各路车辆进入交叉口均需先停车后通过，其中四路停车较多。停车标志设在交叉口所有入口右侧。

2. 减速让行标志控制

减速让行控制又称让路控制，是指进入交叉口的次路车辆，不一定需要停车等候，但必须放慢车速瞭望观察，让主路车辆优先通行，寻找可穿越或汇入主路车流的安全"空挡"机会通过交叉口。让路控制与停车控制的差别在于后者对停车有强制性。让路控制一般用在交通量不太大的主次路相交的次路路口，其标志和标线的设置位置与单向停车控制相同。

7.4.4 现代环形交叉口

现代环形交叉口的概念最先是由英国在 20 世纪 60 年代提出来的。与传统环形交叉不同的是，现代环形交叉口克服了传统环形交叉口的固有缺陷，主要体现在两大方面。

（1）环内车流优先通行，入环车流必须让行于环内车流。

（2）交叉口进行渠化。现代环形交叉口是把传统环形交叉口允许车辆在环道内的自由交织运行改为要求车辆相对有组织地运行，这不仅减少了车流在交叉口内的相互冲突，降低了交通事故发生率，而且也使得车流有条件在环道内以多股车流进行交织，因此就可以通过增加进口道的车道数来提高交叉口的通行能力。

7.5 道路交通信号控制

7.5.1 交通信号控制基本概念

1. 交通信号和交通信号灯

凡在道路上用来传递具有法定意义并且能指挥交通流通行或停止的光、声、手势等，都是交通信号。在道路交通信号控制中，常用的交通信号主要有灯光信号和手势信号。灯光信号用交通信号灯的灯色来指挥交通，手势信号则由交通管理人员通过法定的手臂动作姿势或指挥棒的指向来指挥交通。手势信号现在仅在交通信号灯出现故障时或在无信号灯的地方使用。

交通信号是在道路空间上无法实现分离原则的地方，主要是在平面交叉口上，用来在时间上给交通流分配通行权的一种交通指挥措施。交通信号灯通过轮流显示不同的灯色来指挥交通的通行或停止。世界各国对交通信号灯各种灯色的含义都有明确规定，其规定基本相同。我国对交通信号灯的具体规定如下。

1) 对于指挥灯信号

（1）绿灯亮时，准许车辆、行人通行，但转弯车辆不准妨碍直行的车辆和被放行的行人通行。

（2）黄灯亮时，不准车辆、行人通行，但已越过停止线的车辆和已进入人行横道的行人，可以继续通行。

（3）红灯亮时，不准车辆、行人通行。

（4）绿色箭头灯亮时，准许车辆按箭头所示方向通行。

（5）黄灯闪烁时，车辆、行人须在确保安全的原则下通行。

2) 对于车道灯信号

（1）绿色箭头灯亮时，本车道准许车辆通行。

（2）红色叉形灯亮时，本车道不准车辆通行。

3) 对于人行横道信号

（1）绿灯亮时，准许行人通过人行横道。

（2）绿灯闪烁时，不准行人进入人行横道，但已进入人行横道的行人，可以继续通行。

（3）红灯亮时，不准行人进入人行横道。

2. 交通信号灯的设置依据

设有停车或让路标志的交叉口的交通量接近其通行能力时，车流就会不畅而大大增加车辆的停车和延误，尤其是次要道路上的车辆。此时，设置交通信号灯，可改善次要道路上的通车，从而提高整个交叉口的通行效率。另外设置交通信号灯还能够使不同方向的交通流在时间上分离，增强交叉口的安全性。

如果交通量未达到设置信号灯的标准时，不合理的改成信号灯控制就会适得其反。在设有停车或让路标志的交叉口，主路是畅通无阻的，因此，主路延误很少，如果在流量很小的情况下改为信号灯，则要为少量的次要道路车辆放绿灯，势必给主路车辆增加很多不必要的红灯，从而产生大量的延误。而在次路上，由于车少，有时候亮着绿灯而无车通过，造成资源浪费。并且信号灯的设置不合理也会产生更多的交通事故。由于主路上驾驶人遇红灯而停车，但他在相当长时间内并未看到次要道路上有车通行，就往往无意或故意地闯红灯，容易造成交通事故。因此，应该合理设置交通信号灯，根据《道路交通信号灯设置与安装规范》(GB 14886—2006) 的规定，信号灯的安装依据如下。

（1）当进入同一交叉口高峰小时及 12h 交通量超过规范中所列数值，或有特别需要的路口可设置交通信号灯。

（2）设置机动车道信号灯的路口，当道路具有机动车、非机动车分道线且道路宽度大于 15m 时，应设置非机动车道信号灯。

（3）设置机动车信号灯的路口，当通过人行横道的行人高峰小时流量超过 500 人次时，应设置人行横道信号灯。

（4）实行分车道控制的路口应设置车道信号灯。

（5）当路口间距大于 500m、高峰小时流量超过 750 辆及 12h 流量超过 8000 辆的路段上，当通过人行横道的行人高峰小时流量超过 500 人次时，可设置人行横道信号灯及相应的机动车信号灯。

（6）每年发生人身伤害事故 5 次以上的交叉口。

3. 信号控制类别

1) 按控制范围分类

（1）单个交叉口控制。每个交叉口的交通控制信号按照交叉口的交通情况独立运行，不与其邻近交叉口控制信号有任何联系的，称为单个交叉口交通控制，也称为单点信号控制，俗称"点控制"。这是交叉口交通信号控制的最基本形式。

（2）干道交叉口信号联动控制。把干道上若干个交叉口的交通信号通过一定的方式联结起来，同时对各交叉口设计一种相互协调的配时方案，各交叉口的信号灯按此协调方案联合运行，使车辆通过这些交叉口时，不致经常遇上红灯，称为干道交叉口信号联动控制，也叫"绿波"信号控制，俗称"线控制"。

（3）区域交通信号控制系统。以某个区域中所有信号控制交叉口作为协调控制的对象，称为区域交通信号控制系统，俗称"面控制"。

2) 按控制方式分类

（1）定时控制。交叉口交通信号控制机按事先设定的配时方案运行，也称定周期控制。其适用于流量变化很有规律的交叉口。一天流量变化非常规律，且波动不大，只用一种配时方案进行控制,称为单段式定时控制;一天内流量变化非常规律,且存在明显的早晚高峰,可以按不同时段的交通量采用几个配时方案,称为多段式定时控制。

(2) 感应控制。感应控制是在交叉口进口道上设置车辆检测器,信号灯配时方案由计算机或智能化信号控制机计算,可随检测器检测到的车流信息而随时改变的一种控制方式。随检测器安装位置不同,感应控制可以分为以下两个方面。

① 半感应控制:只在交叉口部分路口设置检测器的感应控制。

② 全感应控制:在交叉口所有路口都设置检测器的感应控制。

(3) 自适应控制。把交通系统作为一个不确定系统,能够连续测量其状态,如车流量、停车次数、延误时间等,逐步了解和掌握对象,把它们与希望的动态特性进行比较,并利用差值以改变系统的可调参数或产生一个控制,从而保证不论环境如何变化,均可使控制效果达到最优或次最优的一种控制方式。

7.5.2　单个交叉口交通信号控制

1. 定时信号控制

1) 基本控制参数

(1) 信号相位和信号阶段。交通信号灯灯色的周期性变化,控制着路口各方向车辆的行或止。信号相位就是一股或多股交通流,在一个周期内不管任何瞬间都获得完全相同的信号灯色显示。信号相位是按路口车流获得信号显示的时序来划分的,有多少种不同显示时序排列就有多少个信号相位。

信号阶段则是根据路口通行权在一个周期内的变更次数来划分的,一个信号周期内通行权有几次更迭就有几个信号阶段。

图 7.13 为三岔路口有三个信号阶段构成一个信号周期,而相位则有四个相位。

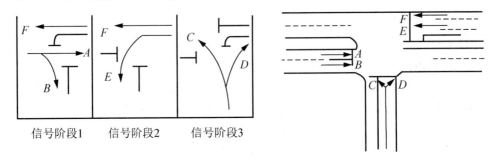

图 7.13　信号相位和信号阶段示意图

一般路口可采用二相位,东西一个相位,南北一个相位,某些情况下也会采取三相位、四相位,甚至八相位。对于行车而言,相位越多越安全,但相位越多,周期越长,延误的时间也就越长,效率也就越低。相反,相位少,交叉口车流虽然较乱,但通行效率反而高。在选用时应根据道路交通实况具体分析,综合优化。

(2) 主要信号参数:

① 周期时间。周期时间就是红绿灯信号显示一个周期所需的时间,为信号阶段的一个

完整的系列。

② 绿信比。绿信比是评价交通控制效率的一个指标,是指有效绿灯时间与周期的比值。

2) 配时设计

(1) 英国方法。韦伯斯特提出了使车辆延误最小的最佳周期公式为

$$T = \frac{1.5L + 5}{1 - Y} \tag{7.1}$$

$$L = \sum_k (L_s + I - A)$$

$$Y = \sum_{j=1}^{j} \max(y_j, y'_j, \cdots) = \sum_{j=1}^{j} \max\left[\left(\frac{Q_d}{s_d}\right)_j, \left(\frac{Q_d}{s_d}\right)'_j, \cdots\right] \tag{7.2}$$

式中:L——一个周期内总的损失时间,s;

L_s——启动损失时间,s;

I——绿灯间隔时间,s;

A——黄灯时间,可定为3s;

k——一个周期内的绿灯间隔数;

Y——各相位最大流量比之和;

Q_d——设计交通量,pcu/h;

s_d——设计饱和流量,pcu/h。

总的有效绿灯时间为

$$G_e = T - L \tag{7.3}$$

各相位有效绿灯时间为

$$g_{ej} = G_e \frac{\max(y_j, y'_j, \cdots)}{Y} \tag{7.4}$$

各相位绿信比为

$$\lambda_i = \frac{g_{ej}}{T} \tag{7.5}$$

各相位显示绿灯时间

$$g_j = g_{ej} - A_j + l_j \tag{7.6}$$

式中:l_j——第 j 相位启动损失时间。

(2) 美国方法。信号灯配时所采用的周期为

$$T = \frac{13330P}{1333 - Q_{e,\max}} \tag{7.7}$$

式中:P——相位个数;

$Q_{e,\max}$——各个相位最大等效交通量之和。

等效交通量表达式为

$$Q_e = \frac{Q + 0.5H + 0.6L}{n} \tag{7.8}$$

式中:Q——交叉口进口实际交通量,辆/h;

H——公交车、货车的交通量,辆/h;

L——左转车数量,辆/h;

n——进口有效车道数。

绿灯时间为

$$g_{ej}=G_e\frac{\max(Q_{ej},Q'_{ej},\cdots)}{Q_{e,\max}} \quad (7.9)$$

$$G_e=T-2A \quad (7.10)$$

按照上式确定的绿灯时间是否满足车辆通行的要求，可通过式（7.11）来检验：

$$g_{ej}=2.1x+3.7 \quad (7.11)$$

式中：x——周期内的来车数，假设服从泊松分布，可查阅表7-1。

表7-1 泊松流平均到达率 m、置信度、周期来车数 x 关系表

m			x/辆
置信度95%	置信度90%	置信度75%	
	0.0~0.1	0.0~0.2	0
0.0~0.3	0.2~0.5	0.3~0.9	1
0.4~0.8	0.6~1.1	1.0~1.7	2
0.9~1.3	1.2~1.7	1.8~2.5	3
1.4~1.9	1.8~2.4	2.6~3.3	4
2.0~2.6	2.5~3.1	3.4~4.2	5
2.7~3.2	3.2~3.8	4.3~5.0	6
3.3~3.9	3.9~4.6	5.1~5.9	7
4.0~4.6	4.7~5.4	6.0~6.8	8
4.7~5.4	5.5~6.2	6.9~7.7	9
5.5~6.1	6.3~7.0	7.8~8.6	10
6.2~6.9	7.1~7.8	8.7~9.5	11
7.0~7.7	7.9~8.6	9.6~10.4	12
7.8~8.4	8.7~9.4	10.5~11.3	13
8.5~9.2	9.5~10.3	11.4~12.2	14
9.2~10.0	10.4~11.1	12.3~13.1	15
10.1~10.8	11.2~11.9	13.2~14.0	16
10.9~11.5	12.0~12.8	14.1~14.9	17
11.7~12.4	12.9~13.6	15.0~15.8	18

2. 感应式信号控制

1) 控制原理

感应式信号控制没有固定的周期长度，其工作原理：在交叉口进口车道安装车辆检测器检测车辆的到达情况，在感应信号控制器内设置一个"初始绿灯时间"，到初始绿灯时间结束的时候，如果在一个预设时间间隔内没有后续车辆到达，则变换相位；如果有后续车辆到达，则绿灯延长一个预设的"单位绿灯延长时间"，只要不断有车辆到达，绿灯时间可以继续延长，直到达到预设的"最长绿灯时间"时变换相位。

2) 控制参数

（1）初始绿灯时间 G_0：给每个相位预先设置的最短绿灯时间，在此时间内，不管是否有车辆进入进口车道，必须为绿灯时间，初始绿灯时间的长短取决于检测器的位置和检

测器到停车线可停放的车辆数。

（2）单位绿灯延长时间 G_u：初始绿灯时间结束后，在一定的时间间隔内测得有后续车辆时所延长的绿灯时间。

（3）最长绿灯时间 G_l：为了保障交叉口信号灯具有较好的绿信比而设置的某相位无论车辆到达情况如何的最大绿灯时间，一般为 30～60s。当某个相位的初始绿灯时间加上后来增加的多个单位绿灯时间达到最长绿灯时间时，信号控制机会改变相位，使另一相位的信号灯设置为绿灯，该方向的车辆获得通行权。

7.6 道路交通组织管理

7.6.1 车道管理

行车道交通管理是交通系统管理中线路交通管理的最基本、最简单形式，行车道交通管理包括：单向交通管理、变向交通管理、专用车道管理和禁行交通管理几种形式。

1. 单向交通管理

单向交通或称单行线，是指道路上的车辆在一定的时段内只能按一个方向行驶。国内外的实践均表明：单向交通有利于提高通行能力和行车速度，降低交通事故。

当道路上的交通量超出其自身的通行能力时，将造成交通拥塞、延误及交通事故增多等问题。此时，在道路交通系统中，若对某条道路或几条道路，甚至对某些路面较宽的巷、里弄，考虑组织单向交通，则将会使上述交通问题明显地得到缓解和改善。故单向交通是在道路交通系统中，解决交通拥挤，充分利用现有道路网容量的一种经济、有效的交通管制措施。

应该强调指出，在旧城区街道狭窄、道路网密度大，便于画出一组平行的单向交通道路。

1) 单向交通的种类

（1）固定式单向交通。对道路上的车辆在全部时间内都实行单向交通称为固定式单向交通。常用于一般辅助性的道路上，如立体交叉桥上的匝道交通多是固定式单向交通。

（2）定时式单向交通。对道路上的车辆在部分时间内实行单向交通称为定时式单向交通。例如，城市道路交通在高峰时间内，规定道路上的车辆只能按重交通流方向单向行驶（重交通流方向是指方向分布系数 $K_D > 2/3$ 的车流方向），而在非高峰时间内，则恢复双向运行。必须注意，实行定时式单向交通，应给非重交通流方向的车流安排出路，否则会带来交通混乱。

（3）可逆性单向交通。可逆性单向交通是指道路上的车辆在一部分时间内按一个方向行驶，而在另一部分时间内按相反方向行驶的交通，如上下班高峰期。这种可逆性单向交通常用于车流流向具有明显不均匀性的道路上。其实施时间应根据全天的车流量及方向分布系数确定，一般当 $K_D > 3/4$ 时，即可实行可逆性单向交通。同样，应注意给非重交通流方向的车流以出路。

（4）车种性单向交通。车种性单向交通是指仅对某一类型的车辆实行单向交通的交通组织。这种单向交通常应用于具有明显的方向性及对社会秩序、人们生活影响不大的车种，如货车。实行这类单向交通的同时，仍可对公共汽车和自行车维持双向通行，目的是充分利用现有道路的通行能力。

（5）混合型单向交通。在实际交通管理中，可以根据道路及车流特点，一条道路上可以同时实行几种行驶的单向交通。例如，一条南北向的城市道路上，上午 7:00～9:00 只允许社会车辆由南向北单向通行，公交车辆双向通行，大型货车禁止通行；晚上 5:00～7:00 只允许社会车辆由北向南单向通行，公交车辆双向通行，大型货车禁止通行；其他时间社会车辆双向和公交车辆双向通行，货车由南向北单行。上述通行方式包括了定时式、车种性、可逆性几种单行方式，是一种混合型单向交通方式。

2）单向交通的优点

单向交通在路段上减少了与对向行车的可能冲突，在交叉口上大量减少了冲突点，故单向交通在改善交通方面具有以下较为突出的优点。

（1）提高道路通行能力。由于单向交通减少了与对向行车的可能冲突及减轻了快慢车之间的干扰，故道路通行能力将会明显提高。根据有关统计资料表明，国外单行道可提高通行能力达 20%～80%，国内单行道提高通行能力也可达 15%～50%。

（2）减少交叉口的冲突点。实施单向交通后，可以大大减少在交叉口的冲突点数和交织点数。例如，两条双向两车道的交叉口，实行单向交通后其冲突点数从 16 降到 4 个，仅为双向时的 25%，机动车与机动车、机动车与非机动车之间的干扰也明显减少。

（3）提高行车安全性，减少道路交通事故。冲突点是导致交通事故的重要因素。由于单向交通能大量减少冲突点数目，因此行车的安全性将会明显提高。单向交通所发生的事故多为追尾事故，故恶性事故率也将下降。此外，双向交通改成单向交通后，可消除对向车辆的眩光影响，行人过街只需注意一个方向，事故率也会有所下降。

（4）提高了车辆的行车速度，减少了延误。单行线上车辆只能按规定路线行驶，没有左转弯和对向行驶车辆的干扰，所以冲突点和交叉口的延误时间减少，车速得到提高，交织和超车也比较容易。实行单行还能提高行车速度的均匀性和稳定性，当双向交通改为单向交通后，由于方向一致，车流波动小，行车速度较为稳定。例如，英国伦敦的一些街道实行单向交通后，平均行驶车速从 13～16km/h 提高到了 26～32km/h；原苏联 20 个城市的单向交通调查资料表明，实行单向交通后，车速提高了 10%～20%。

（5）其他优点。单向交通有利于路边停车规划和公交专用道规划。例如，双向通行的狭窄道路，如有车辆因故障等原因停车，就会引起交通阻塞，若将其改为单向交通，则能有效地解决交通阻塞及停车困难等问题。单向交通还有利于信号灯配置和管理，单向交通采用线控具有优越条件，其绿灯利用率比双向交通可提高 50%。此外，单向交通可充分利用狭窄的街巷，弱化主干道上的交通负荷，在一定程度上避免了旧城道路的改建，能带来较大的经济效益。

3）单向交通的缺点

（1）增加了车辆绕道行驶的距离和时间，给驾驶人增加了工作量。

（2）由于车辆绕行，增加了路网上无效的交通量。

(3) 给公交车辆乘客带来不便，增加步行距离。
(4) 容易导致迷路，特别是对不熟悉情况的外地驾驶人。
(5) 增加了为单向管制所需的道路公用设施。
(6) 给道路两侧商业活动带来影响，人们不便去单行道两侧进行商业活动，从而影响商家的经济效益。

2. 变向交通管理

变向交通（或称潮汐交通）是指在不同的时段内，变换某些车道上行车方向或行车种类的交通。变向交通按其作用可以分为方向性变向交通和非方向性变向交通。

方向性变向交通指在不同时间内，变换某些车道上行车方向的交通。方向性变向交通可以使车流量方向性分布不均匀现象得以缓解，从而提高道路的利用率。它适用于车流方向在不同时段分布不均匀的情况，如早高峰时一条道路上所有车道均为城市外围进入中心区方向通行，晚高峰时所有车道为中心区向城市外围方向通行。

非方向性变向交通指在不同时间内，变换某些车道上行车种类的交通。非方向性变向交通对缓解各种不同类型的交通在时间分布上的不均匀性矛盾有较好的效果。它可分为车辆与行人、机动车与非机动车之间相互变换使用的变向车道。例如，在早晨自行车高峰时间，变换机动车外侧车道为自行车道，到了机动车高峰时间，则变换非机动车道为机动车道。另外，在中心商业区变换车行道为人行道及设置定时步行街等，这些都是非方向性的变向交通。

变向交通的缺点是增加了交通管制的工作量和相应的设施，且要求驾驶人有较好的素质，集中注意力，特别是在过渡地段。

3. 专用车道管理

规划设计专用车道是缓解城市交通问题的途径之一，它主要是指公共交通车辆专用车道和自行车专用车道。

1）公共交通车辆专用车道

公共交通车辆是指公共汽车、电车、轻轨、地铁及城市铁路列车等。此外，出租车也属于公共交通车辆。公共交通车辆载客量大，人均占用道路面积小，且可有效地利用道路，故可采用公共交通车辆专用车道来提高公共车辆的服务水平，吸引公众，达到减少小汽车交通量的目的，使整个城市的交通服务质量得到改善，带来较大的社会、经济效益。例如，开辟公交专用道、公交专用街，投资发展轻轨和地铁等。

公交专用道的开辟，可在双向六车道及其以上道路上画出一条车道，用路面标示或交通岛同其他车道分隔，专供公交车辆通行，这可避免公交车辆同其他车辆的相互干扰。再有，在单向交通的多车道街道上，若车道有余时，可画出一条靠边车道，专供对向公交车辆行驶，称为逆向公交专用道，即在单向交通街道上，只允许公交车辆双向通行。

公交专用街是只允许公交车辆和行人通行的街道。对于较宽的街道上也可允许自行车通行。

城市的中心商业区或只有两条车道而又必须行驶公交车辆的窄街道，特别适宜划为公交专用街。通过设置公交专用道和公交专用街可以提高公交车辆的运行效率和服务质量，达到减少城市交通总量的目的，改善整个城市的交通服务质量。

2) 自行车专用道

根据自行车交通早高峰流量最大的特点,将自行车和公共流量大的路线、路段开辟成自行车和公共汽车专用线路段,定时将自行车与公共汽车及其他车辆分开,还可以开辟某些街巷作为自行车专用道。

7.6.2 禁行交通管理

为了均衡道路上的交通负荷,根据道路条件和交通条件,将一部分交通流量分配到负荷较低的道路上去,或机动车和非机动车实行某种限制性管理,称为禁行管理。禁行管理通常有以下几种情况。

1. 时段禁行

根据机动车和非机动车的不同高峰时段,安排不同的通行时间,如上午 9:00 至下午 5:00 禁止自行车进入规定的主要道路。

2. 错日禁行

在某些主要道路上规定某些车辆单日通行,某些车辆双日通行;或规定牌照号为单数的货车单日通行,双数的双日通行。

3. 车种禁行

禁止某几种车(载货汽车和各类拖拉机)进入某些道路。

4. 转弯禁行

在某些交通拥挤的交叉口,禁止机动车和非机动车左(右)转弯,或禁止自行车左转弯。应注意在禁止左转弯交叉口的邻近路口必须允许左转弯。

5. 超限禁行

禁止机动车和非机动车超吨位(高度、速度)通行。

本 章 小 结

建立完善的交通法规、交通管理设施,增强交通参与者的秩序意识、安全意识和法规意识,是综合解决交通问题的有效办法。本章主要从管理法规、交通标志标线、交叉口的管理及信号控制几个方面来展开讨论。通过本章的学习,应该掌握交通标志、标线的涵义;熟悉交叉口信号控制的方法;熟悉交通组织管理的方法。

思 考 题

1. 交通标志有哪些种类?各有何用途?设置道路交通标志需考虑哪些因素?

2. 平面交叉口的交通管制有哪几种类型？如何选择？
3. 组织单向交通的优缺点是什么？
4. 解决我国城市混合交通问题的主要途径有哪些？

习　　题

1. 一个两相位交叉口，各进口道流量与饱和流量见表 7-2，绿灯损失时间为 5s，黄灯 3s，启动损失为 4s，试给该交叉口进行信号配时。

表 7-2　进口道流量与饱和流量

项目	北	南	东	西
进口道流量	720	850	400	520
饱和流量	2400	2400	1000	1000

2. 某市区一平面交叉口为主、次干路相交，并均为双车队进口，主干路两个方向的高峰小时交通量分别为 723 辆/h 及 650 辆/h，次干路两个方向高峰小时交通流量分别为 180 辆/h 和 160 辆/h，若采用二相位信号机控制，主次干路在进口处均有 8% 的左转车、5% 的货车及 5% 的公共汽车，试设计该信号交叉口的周期，主次干路绿灯时间及绿信比。

第 8 章

城市交通系统

 教学要点

知识要点	掌握程度	相关知识
基本概念	(1) 准确理解城市客运交通系统 (2) 掌握公共交通的组成和特性	(1) 公共交通、自行车交通、小汽车交通、行人交通 (2) 常规公交、地铁、轻轨等 (3) 快速公交
城市交通系统发展策略	(1) 掌握小汽车交通发展策略 (2) 掌握公共交通发展策略	(1) 限制引导小汽车交通发展 (2) 优先发展公共交通

 基本概念

城市客运交通、公共交通、自行车交通、小汽车交通、行人交通、常规公交、地铁、轻轨、市郊铁路、快速公交。

 **引例**

城市交通系统是社会经济的动脉，是推动经济发展的重要因素之一。若交通出现问题，则会引发一系列的社会问题。

郑州出租车"集体休假"风波。从 2007 年 7 月 30 日至 8 月 1 日，为了维护自身合法权益，全城 10000 余辆出租车的"的哥的姐"们，集体停止运营，市内交通陷入有车不能坐的瘫痪状态。不仅带来了经济损失，同时给广大居民的正常生活造成了极大影响，也给城市形象带来一定的负面影响。

8.1 概述

城市的形成和演变取决于交通，城市的布局结构、规模大小、生活方式都需要城市交通系统支撑，城市的发展反过来又促进了交通的发展。随着人口的增长、国民经济的高速发展及城市化进程的推进，城市交通需求量急剧增长，交通日趋拥挤，事故频繁，使城市交通问题成为全球范围的问题。因此，把握城市交通的发展和演变机理，缓解日趋严重的交通问题，对城市经济发展和人们生活水平的提高起着极其重要的作用。

8.1.1 城市客运交通

城市客运交通从交通方式的角度划分，可以分为行人交通、自行车交通、摩托车交通、小汽车交通、公共汽车交通、轨道交通、出租汽车交通及作为公共交通补充的各类班车交通等，以上各种交通方式又可以概括成公共交通及私人交通两大体系，如图 8.1 所示。

1. 城市公共交通

公共交通体系是指按规定路线、一定站距及一定发车频率行驶的公共汽车、无轨电车、有轨电车、地铁、轻轨交通等；也有按固定路线和不固定路线行驶、随上随下的小公共汽车及出租车交通等；有水域交通的城市，旅客轮渡与城市短程客航，也属于城市公共交通范畴。各种公共交通方式之间相互配合，为乘客在速度、价格、舒适程度等方面提供更多的选择，更好地满足城市社会经济活动的交通需求。

图 8.1 城市客运交通体系

城市公共交通是城市客运交通系统的主体，沟通着社会生产的各个环节，它维系着千家万户的日常生活，担负着每日大量的上下班出行客流运送任务和生活游憩出行的客运任务，给城市居民提供优质、高效的出行条件，是城市建设和发展的重要基础之一。政府在制定国民经济和城市建设发展规划时，都必须包括城市公共交通运输的发展规划，以便城市公共交通与城市建设同步、协调发展。

城市公共交通规划，应根据城市发展规模、用地布局和路网规划，在客流预测的基础上，合理确定公共交通方式的地位、车辆数、线路网、换乘枢纽和场站设施用地等，并应使公共交通的客运能力满足高峰客流的需求。

2. 自行车交通

自行车交通属于个体交通。自行车交通的特点是行动灵活，路线可随个人意愿任意选择，平均出行距离不太大，按骑行时间来看以 20～30min 为宜，它的一般速度（在人的体力能胜任的条件下）为 10～18km/h。因为可以实现门到门服务，是一种比较理想的近距离的代步交通工具，或作为公共交通的辅助交通工具。在我国城市，大部分用做上下班出行工具或换乘工具，平时或假日也用做生活或游憩出行活动的交通工具。

3. 小汽车交通

小汽车交通的优点是快速、舒适，是现代城市优越而能自由行动的一种交通手段。国外一些工业发达国家，尤其在美国以私人小汽车作为个体交通工具是极为普遍的。如果拿它和我国的自行车交通相比，虽同属个体私人交通，但在速度、舒适性等方面则优于后者。但是在城市的有限空间内行驶这种无限增长着的个体交通工具，给城市带来的后果是严重的，主要表现在城市环境的污染，世界能源的消耗。再者小汽车的单位乘客占用车行道（即动态净空）面积多达 $25m^2$/人，也是极大的浪费。在节约城市空间上是低效的。因此，小汽车也只能是有控制的增长，并有规划地纳入以公共交通为主干的综合城市交通结构中去，发挥它的优越性。

4. 行人交通

以下情况都属于行人交通：不具备私人交通工具（指小汽车、自行车）或无能力操纵交通工具、也不愿乘公共交通工具；出行目的地近；节假日购物出游无须也不愿乘公交车辆；乘坐公交车辆总行程两端的先导或后续行程（指家门至公交站点或下车后到达目的地的两段行程）长；换乘行程长等。

5. 社会客运交通

社会客运交通即厂矿、企业、机关学校等大、中、小型客车交通。有的是上述各单位的定时班车（一般为定时、定点、行驶间断），有的厂矿企业在任务空闲时间以收费方式支援城市上、下班高峰客流的运送，也有节假日或旅游季节企业一部分客车以营业方式负担客运。所有这些对于协助城市公共交通解决上下班高峰的客流运送，还是起了一定作用的。还有一些大城市（如北京）接运国内外大型参观团、代表团或全国性大型集会、体育运动集会的客流等都是社会客运交通。行驶路线相对固定，从交通流的角度来看，也增加了城市交通的负担。

8.1.2 城市客运交通结构类型

交通结构随着科技的进步而在不断地变化发展。交通工具从古代社会的马、马车到现代社会的公共汽车、各类电车、小汽车及采用双轨、独轨、导轨、磁悬浮轨道的各类列车，交通网络从地面路网扩展到地下轨道网络、地上高架道路和高架轨道，形成了立体综合客运交通系统。不同城市的客运交通虽然各有不同，但可概括为两大类型。

(1) 第一类是以运量大的公共交通作为主要客运交通工具的类型，公共交通在这类城市客运结构中处于主导地位，这里的公共交通包括公共汽车、无轨道电车、小型公共汽车、地铁、城市铁路、新交通系统等在内的综合客运公共交通系统。这一类型的城市一般都是城市建设密度较大的城市。例如，日本的 8 个主要城市的公交客运量占总客运量的

51.6%，而小汽车只占 12.3%。俄罗斯的莫斯科、新加坡及中国的香港地区，城市客运都是以公交为主体的。

(2) 第二类是以私人小汽车作为城市主要客运交通工具的类型，这一类型的城市建设密度小，公交运营费用昂贵，效率很低。例如，美国的旧金山、洛杉矶、底特律、达拉斯、圣地亚哥等城市公交均不到 10%，而小汽车出行大多占总出行量的 70% 以上。旧金山市的客运交通结构中，小汽车占城市总出行量的 75%，公交则只占 8%，步行占 15%，其他为 2%。

我国是发展中国家，受国民经济基础的制约，城市建设尚在发展中，还没有形成合理的客运交通结构。近年来由于城市化发展进程的加快，人口加速向城市集中，客流量增长迅猛，交通设施明显不足，城市范围不断扩大，出行距离增长，时耗延长，公共交通主要以地面公共汽（电）车为主，受地面交通状况影响严重，难以满足居民的出行需求；而个体交通工具（如自行车、轻骑、摩托车、私人小汽车及单位用车）的数量快速增长，又使城市的交通更加拥挤，乘车难、开车难、交叉口排队长的情况日益加剧，道路与交通服务水平不断下降，多数城市公共交通出行率呈萎缩状态，供给与需求的矛盾日益加大。因此，不同城市根据其自身特点，确定合理的城市客运交通结构，才能解决供需间的矛盾，促进城市经济更好的发展。

我国人口众多，城市多数属于密集型，土地资源缺乏，客运交通结构应大力发展以公共交通为主，其他交通形式为辅的形式。不同城市的公共交通方式结构应根据城市规模、用地形状、客流流量和流向、各种公交方式的运载能力、建成区现状、土地利用规划及资金拥有状况，综合考虑社会、经济、交通、环境效益确定。对于中小城市，城市公共交通方式一般采取公共汽车、无轨电车。而对于大城市，特别是带状大城市、特大城市，其客流一般较大，而且集中，则应考虑采用轻轨、地铁等中运量、大运量公交方式。不同规模城市的主要公共交通方式可参考表 8-1。

表 8-1　不同规模城市的主要公共交通方式

城市规划与人口		主要公共交通方式
大城市	>200 万人	大、中运量快速轨道交通、公共汽车、电车
	100~200 万人	中运量快速轨道交通、公共汽车、电车
	<100 万人	公共汽车、电车
中等城市		公共汽车
小城市		公共汽车

近年来，北京、上海、广州等特大城市、大城市，已在加快进行地铁、轻轨等大运量快速交通系统的建设，但由于资金、技术的限制，建成合理的客运交通系统，尚需要时日。

不同的公共交通方式有不同的运载能力，每条线路的公共交通方式应尽可能地考虑采用其运输能力与线路上的客流量相适应的方式。常用的公共交通方式单向客运能力见表 8-2。

表 8-2 常用的公共交通方式单向客运能力

公共交通车种	运送速度 /(km/h)	发车频率 /(车次/h)	单向运载能力 /(万人次/h)
公共汽车	16~25	60~90	0.8~1.2
无轨电车	15~20	50~60	0.8~1.0
有轨电车	14~18	40~60	1.0~1.5
轻轨	20~35	40~60	1.0~3.0
地铁	30~40	20~30	4.0~6.0

8.1.3 不同类型城市交通方式优先发展次序

不同规模城市居民的平均出行距离不同、平均出行时耗不同、客运交通需求量不同，对不同客运交通方式的需求有很大的差异，因此对各种交通方式的合理结构及优先发展次序自然有不同的要求和选择，在表 8-1 中列出了不同规模城市的主要客运方式，但相同规模城市也不一定完全相同的客运结构。下面简要说明三类不同规模城市的客运交通优先发展次序。

1. 规模大于 200 万人口以上的城市

规模大于 200 万人口以上的城市，应以大运量的轨道运输方式为骨干（包括地面快速轨道运输、地下轨道、高架道路与轻轨等），同地面公共汽车、无轨电车、小公共汽车、出租汽车、小汽车及各类班车等组成高速的立体化的综合城市客运交通体系，对自行车出行要适当控制，使其逐步向机动化交通工具转变，同时也要做好步行与自行车交通的统筹规划，使它们能各用其长，各尽其能。在规划时，一般应使公交出行比例占总出行量 50% 以上，其中轨道客运量比例占总运量的 30% 以上，如暂时有困难无法实现时，应预留轨道线路或网络的用地并争取尽快建成。

2. 规模在 50 万～200 万人口的城市

规模在 50 万～200 万人口的城市，应以大运量的轨道运输与地面公共汽车、无轨电车共同组成的公共交通系统为主干，同小公共汽车、出租汽车、小汽车、各类班车及自行车等共同组成城市的快速方便的综合客运交通系统，以满足城市居民的出行需求。在规划时，公共交通系统的比例应占 50% 左右，并优先考虑大运量轨道客运系统，并使其客运量比例占 20% 左右，对于自行车交通方式既要适当控制，又要认真研究做出较长时期的全局规划。

3. 规模在 20 万～50 万人口的中等城市

规模在 20 万～50 万人口的中等城市，近期应充分发挥自行车交通的优势，与公共汽车、无轨电车、出租车、小汽车、各类班车等共同组成客运交通综合系统，以满足居民的各种出行需求。在规划时，尽可能使公共交通的客运量逐步增长，有条件的城市应使公交客运量的比例能达到全市总客运量的 20% 左右，同时对于步行与自行车交通应做好预测和全面规划，既要不脱离近期的交通结构的实际状况，又要能满足远期居民更高的需求。

8.1.4 客运交通结构的影响因素

不同的城市客运交通结构因其交通政策、国民经济发展水平、城市用地布局、交通基础设施及城市自然条件等的影响而各不相同。

1. 交通政策

交通政策对城市客运交通结构有多方面的影响,主要包括国家宏观的交通政策、地方政府的交通政策和经济投资政策的影响。国家制定的交通政策,决定了城市客运交通结构的发展方向;地方政府依据实际的交通状况和经济发展方向所制定的本地区的交通建设发展战略,确保了城市客运交通结构的发展目标,如采取对公共交通的补贴或控制私人小汽车进入市区的收费等政策,以保证公共交通的比例等;政府对某种交通方式的工程建设的投资或贷款予以优惠或限制,会促进或抑制这种交通方式的发展。

2. 国民经济发展水平

建设现代化的城市交通系统,特别是地铁、轻轨等大运量快速交通系统,需要国家投入大量的财力、物力。另外,城市客运交通结构与交通建设投资比例也密切相关。发达国家每年用于道路交通建设的投资额很高,占国民经济经济总产值的1%~3%,而我国用于发展道路交通建设的资金占国民经济总产值的比例不到0.5%。资金不足,很难根据需要达到合理的客运交通结构。

3. 城市用地布局

城市用地规模、形态、功能与用地集中程度都影响城市交通结构。规模方面,随着城市用地规模增大,居民平均出行距离拉长,必然使步行比例减少、公共交通出行比例增加。用地形态方面,我国城市多为单中心中央集团型布局,中心区公交线网密集,人流、车流多,成为交通最复杂、最繁忙的地带,城市中心区的交通量一般占全市总交通量30%~35%;而多中心或带状城市中心区的交通量的比例则低得多。用地功能的划分,对出行量的大小、出行距离长短和空间分布也有明显影响。例如,购物中心与就业岗位集中区、居民居住区相距的远近,不仅影响出行的平均距离,也影响到客运交通结构。在城市功能布局与规划时,如能减少上班、上学的距离,使其尽可能在步行范围之内,可大大减少交通量,减小道路及公共交通的负荷,因为工作出行和学生上学出行要占城市总出行的80%左右,特别是对早晚高峰的影响很大。城市用地集中程度高、人口密度高、房屋紧密、公交发达、出行方便等可以提高公交出行率,降低私人方式出行率。

4. 交通基础设施

轨道交通的有无、线路的多少、公共汽车线路数量、线网密度、人均公共汽车数量、覆盖率、换乘时间、发车频率、运行速度等,都影响公共交通分担的出行率。制定优先发展公共交通的政策,大力加强交通基础设施建设,可为公共汽车或其他大容量交通方式的发展创造良好的条件。

5. 城市自然条件

城市的地形、地势、地理环境、气候条件都对城市客运交通方式产生影响。天然阻隔，如海湾、河流、湖泊、高山等限制城市的形态，阻断了交通线路或改变了网络形态，在一定程度上对客运交通结构产生不同程度的影响；丘陵山地地面坡度很大，不适于自行车运行；极为寒冷地区或海拔很高的高原城市，自行车交通就难以适应。

8.1.5 我国城市交通结构发展方向

我国城市居民的出行结构是多元化的。从居民出行要求分析，居民根据自己的经济情况、交通工具拥有情况、出行目的地的远近等各种条件和要求，从便捷性、快速性、舒适性、经济性、安全性等角度出发，选择合适的出行方式。但由于不同的出行方式有不同的道路利用效率，并产生不同的交通影响，因此各种交通方式的发展不是无限制的，应通过交通发展政策的引导，使交通结构朝着有利于充分利用道路交通设施运输能力的方向发展。我国城市交通结构的发展方向应顺应我国国情（人口大国），考虑交通基础设施的发展规模、土地利用及土地资源的约束、居民的承受力等因素，使城市交通的发展符合可持续发展战略。

1. 公共交通占主导地位

城市公共交通是人均道路利用效率最高、消耗资源最少、环境污染程度最轻的大众交通方式。在城市交通系统中，公共交通应该得到优先发展。我国城市的结构多属于密集型，因此，以公共交通系统为主，其他交通形式为辅的形式是我国城市客运交通结构必然的发展方向。提高公共交通方式在交通结构中所占的比例，能提高运营效率，节约能源，减少道路与交叉口的交通负荷和车辆拥挤，改善环境，减少污染。

要保障公共交通的主导地位，必须首先从政策上给予保障，即优先发展公共交通的政策。公交优先的发展政策中，一是优先发展公共汽车交通，从方便、快捷、舒适、经济、安全的角度提高公共汽车综合服务水平，提高公共汽车交通的吸引力。在政策上采取灵活政策，建立多种服务与多种票价相结合的服务体制，采取增加公交路线，延长线路，缩短发车间隔等措施方便居民出行、提高可达性、减少换乘时间；采取增加各类空调车、小区间班车，提高舒适度与直达率。在技术上采取公交专用线、专用道、交叉口专用相位等措施，提高运行速度；通过优化公交网络、优化站点布设及优化车辆调度等提高效率，方便居民乘车等。

公共交通的优先发展中另一重点是有计划发展轨道交通，特大城市、大城市在条件允许情况下，应开辟大运量的轨道交通。轨道交通运量大，能较大节省土地资源，不产生环境污染，并且为乘客提供舒适、快速、准时的服务，是最优的公共交通方式，符合可持续发展战略。

2. 自行车交通占辅助地位

我国是发展中国家，且因人口众多，道路资源有限，虽然大城市私人小汽车的发展已呈快速增长趋势，但自行车仍是我国城市居民个体出行的主要交通工具，并且我国在今后相当长时间内仍将保留自行车这一特色交通方式。但我国的许多城市自行车发展有些失控，自行车出行占总出行的50%以上，而公共交通大大萎缩，造成了道路交通紧张局面。因此，引导自行车出行量向公共交通转移，能大大减轻城市道路交通压力。

3. 协调发展私人小汽车

进入 21 世纪，无论是从我国居民的购买能力还是从我国经济发展（特别是汽车工业的发展）的需要来看，私人小汽车进入寻常百姓家庭都是必然趋势。但我国是人口大国，不能像发达国家那样大规模地发展，我国的私人小汽车发展必须遵循协调发展原则。应做好以下几个方面的协调。

（1）与道路交通基础设施建设水平相协调。根据各城市的道路交通设施水平，确定城市的机动车发展规模，避免出现道路交通拥挤及停车难问题。

（2）与环境保护相协调。

（3）与能源开发相协调。

（4）与我国居民素质水平的提高相协调。

8.2 行人交通

8.2.1 概述

步行是人的一种活动方式，也是最古老、最基本的交通方式。在现代城市交通系统中，步行交通无论是作为一种独立的交通方式，还是作为其他各种交通方式的衔接，都是其他交通方式无法取代的辅助系统。

我国是一个人口大国，在我国居民出行中，步行出行和机动车出行一样占有很大的比例。已有的观测资料表明，我国城市步行交通在大城市的总出行量中约占 40%，中等城市约占 50% 以上，而小城市则可达到 60% 以上。然而，一直以来存在的重视车、忽视人的思想使得许多城市不少街道没有合格的人行道。实际上，忽视步行交通，没有足够的人行道或人行道被占用，人们只得走上车行道，这是造成交通混乱与交通事故的重要因素之一。

因此，从以人为本的交通规划的基本出发点考虑，应该对步行交通给予充分的重视，其基本目标应该是保障行人的安全。从交通工程的观点看，还考虑如何同其他的交通要求取得协调。

8.2.2 行人设施

1. 人行横道

人行横道作为一种过街设施，用来保证行人过街的安全，同时也减少行人过街对车流的干扰和减轻驾驶员的心理负担。实践证明，在人行横道处过街要比非人行横道处过街安全，人过街管理设施越完善处相对越安全。重视人行横道的设置对于保障交通安全及改善交通秩序都有着重大的作用。

人行横道的设置既要保障行人过街的安全性和便捷性，又要尽量减少行人过街对车辆通行的干扰。一般在交叉口应设置人行横道，然后根据交叉口的间距、道路性质、车流量、沿路两侧大型集散点及公共交通停靠站的位置等情况，考虑路段中间是否必须且可能增设行人过街横道。为确保行人过街安全，以下地段不宜设置行人横道。

(1) 弯道或纵坡变化路段，视距不足的地方。

(2) 在转弯车辆较多而又不能禁行的地方。

(3) 瓶颈路段。

人行横道的最小宽度不宜小于3m，在此基础上，根据行人过街需求和行人过街横道通行能力适当增加，增加幅度以1m为单位。行人过街横道可能通行能力为2700人/（绿灯时间·m）。

2. 人行过街立交

人行过街立交包括人行天桥和人行地道，它的优点是可彻底实现人车分离，尽量减少行人对路段交通流的影响。然而人行立交的投资较大，行人过街必须上下天桥或进出地道，从而增加了许多不便。而且天桥对周围环境也会产生诸如不协调等影响。因此在确实需要设置的地方，才能设置并使投资见到交通效益，不然，反而会引起行人天桥或地道之前乱穿道路，诱发交通事故。设置依据如下。

(1) 在路段上具备以下情况之一者可修建人行天桥或人行地道。

① 过街行人密集、影响车辆交通、造成交通严重阻塞处。

② 车流量很大、车头间距不能满足过街行人安全穿行需要，或车辆严重危及过街行人安全的路段。

③ 人流集中、火车车次频繁的铁路道口，行人穿过铁路易发生事故处。

(2) 在交叉口处过街行人严重影响通行能力时，可根据实际交通情况修建人行天桥或人行地道。

(3) 结合其他地下设施的修建，考虑修建人行地道。

8.3 自行车交通

8.3.1 概述

1. 自行车分担比例

我国号称"自行车王国"，自行车拥有量居世界首位，城市里几乎每个成人都有一辆自行车。自行车交通是当前我国客运交通的重要组成部分，是近距离交通的有效方式，在城市客运出行结构中占有重要的地位。有关资料表明，自行车出行量占城市总出行量的比例约为36%，大大超过公交客运量；100万～200万人口的城市，自行车出行比例平均为40%左右，自行车与公交车出行量平均值之比为72∶28；不足100万人口的城市，自行车出行比例为40%～75%，平均为公共交通客运量的13倍。

2. 自行车交通特点

从城市可持续发展的角度来看，自行车交通是一种"绿色交通"，具有诸多优点。

1) 灵活方便

在所有交通工具中,自行车是最简单灵活的。它服务于个人,属于个人交通,自主性强,能深入到城市的任何地方,可真正实现门到门的服务。尤其是在近距离交通中,由于在时间、空间上比公共交通更具灵活性,因而对市民的吸引力非常大。

2) 行驶和停放占用空间小

自行车是占用道路面积较小的交通工具。据研究,3.5m宽的行车道,机动车的通行能力约为1000辆/h,而自行车的通过量约为3000辆/h,大约为小汽车的3倍,停放一辆小汽车的用地可以停放约10辆自行车。表8-3是各种客运方式对道路资源的占用情况。

表8-3 不同客运方式人均占用道路面积比较 单位:m²/人

客运方式	公共交通	小汽车	自行车
占用道路面积(动态)	1~2	15~20	6~10
占用停车面积(静态)	1.5~2	4~6	1~1.5

注:各种交通方式均以满载情况计算。

3) 绿色环保

自行车是一种对环境无污染的"绿色"交通工具,而机动车交通方式都不可避免地会产生废气、噪声和振动,其中汽车尾气还是城市大气污染的主要来源之一。自行车基本上不带来任何污染,这是国外提倡自行车的重要原因,也是国内支持自行车继续发展的重要根据。

4) 低能耗性

自行车由人力驱动,不消耗任何非再生性能源,因此在城市交通系统中具有独特的优势。

5) 经济廉价

在目前城市交通中,经济性和快捷性是乘客选择出行交通工具的最主要因素。普通自行车一般价值几百元,能为广大普通市民、学生等阶层接受。不仅如此,自行车的维修费用和停车费用也要大大低于汽车相应的费用,而且自行车不需要燃料费,也不用向交通管理部门交纳费用。

6) 骑自行车有利于健康

正是自行车具有灵活、方便、经济、污染小等优点,作为"自行车王国",我国具有发展自行车的良好基础,充分利用现有的这一交通资源,建立合理的自行车交通网络,对解决城市高速发展带来的交通拥挤和城市环境问题,具有重要的现实意义。

但是,自行车交通也有它的不足之处。

(1) 自行车交通对时空的消耗远远大于公共交通。搭乘常规公交的出行者的时空消耗仅为自行车出行者的1/10。大容量快速轨道交通的乘客的时空消耗更小。自行车出行者在节约自身出行时间的同时,消耗了更多的公共资源。

(2) 自行车与机动车的混行,增加了环境污染,限制了公共交通的发展。由于道路上机动车和非机动车的混行,造成了路段上的交通拥挤和交叉口范围内的交织点和冲突点的增多。同时,由于非机动车的干扰,使得公交车辆运行车速降低,增加了汽车尾气的排放量和噪声的污染。

因此,我们要认清自行车交通的优势和劣势,以便更好地发展自行车交通,使之更好地为人们服务。

8.3.2 自行车交通发展策略

根据可持续发展的要求，结合自行车的交通特点，自行车应发挥其近距离出行优势，使之逐渐成为公共交通的补充，而不是主导出行方式，使自行车和公共交通有机结合，协调发展，重视在行驶过程中，是人和物的移动，而非车的移动，秉着"以人为本"的观点贯彻始终，更好地适应、支撑城市的发展。具体可以从以下几个方面来发展。

（1）规划合理完善的自行车交通网络系统，设置自行车专用道，机动车和非机动车分离，提高行车安全。

（2）在公共交通车站、商业娱乐中心及居住地和工作地设置完善的自行车停车设施。

（3）加强自行车交通的管理，保障自行车交通的合理路权，在交叉口可以提供自行车专用相位，同时要严格执法，加强对自行车违章的处罚力度，保障交通安全。

（4）完善自行车的车辆管理机制，加大对自行车盗窃团伙和销赃买赃的打击力度，给自行车的发展创造良好的社会环境。

（5）提高社会的公德水准，增强市民的交通法制观念和交通安全意识，形成人人知法守法的良好交通文化环境。

8.4 小汽车交通

8.4.1 概述

随着我国汽车工业的发展，全国机动车保有量以每年10%～15%的速度增长，特别是私人小汽车进入家庭的速度在逐渐加快。调查数据表明，当人均国内生产总值达到1000美元以上时，私人小汽车发展最快，按照我国城市经济发展趋势，私人小汽车将处于快速发展阶段。私人小汽车的出现是居民生活水平提高的标志，从一定程度上提高了人们的生活水平和质量。由于中国城市用地有限，过度发展私人机动车交通，给原本严重不足的城市交通设施雪上加霜，以致带来一系列的城市交通问题。而小汽车交通是城市综合交通体系中不可缺少的组成部分，为了创造良好的生存环境，节约能源，应该合理发展小汽车交通。

8.4.2 小汽车发展的利与弊

小汽车的发展就像一把双刃剑，以其舒适、便捷、准时的运输方式受到了出行者的青睐。但是，它在给人们生活带来便利和促进经济发展的同时，也给城市交通和环境的发展带来各种各样的问题。下面分析一下发展小汽车的利与弊。

1. 发展小汽车的优点

（1）小汽车的发展有利于构建合理的交通结构。随着人们出行需求的快速增长，多样化的交通方式是出行者的迫切需求。不同的城市居民出行的需求不同，出行的时间和空间也不相同，所以单一的交通方式不能满足日益增长的出行需求。由于小汽车可以实现门到门出行，能够满足不同地区不同出行者的需求。

(2) 小汽车的适当发展有利于构建合理的城市结构。拥有小汽车这样的便利交通工具，可以扩大居民的活动范围，使得居民的就业和居住不再受范围的限制，可以缓解因城市中心区开发密度过高，造成环境质量下降、用地紧张、交通拥挤等问题，有利于区域内城镇体系的合理规划和布局。

(3) 小汽车的发展能够促进相关工业的发展。汽车产品涉及众多的工业部门，如冶金、石油、化工、电子、建材等。此外，汽车工业的发展还会带动相关的服务业的迅速发展。汽车工业的发展对于调整产业结构、推动工业与国民经济的发展具有良好的作用。

2. 发展小汽车的弊端

1) 道路负荷严重

小汽车的过度发展将加重城市路网的负荷。小汽车的乘客量一般为2～4人，它的运输效率很低。如果对小汽车的发展不加以控制，将会造成道路网严重饱和，产生交通拥挤堵塞，爆发严重的交通问题。

2) 交通事故增加

从宏观上看汽车保有量的大小对交通事故的多少有着决定性的影响。小汽车的过度发展，加重了道路的负担，使得产生交通事故的概率增大。

3) 环境污染严重

小汽车的过度发展将会使得城市的环境质量急剧下降。小汽车排放的尾气含有大量的有毒气体，可能会诱发呼吸道疾病。此外小汽车的噪声对居民日常生活干扰也很严重。

4) 能源短缺

小汽车的出行要消耗大量的能源。从小汽车完成单位运输消耗的能源方面来看，应该对小汽车的发展加以控制。

8.4.3 小汽车发展策略

我国城市用地紧缺、能源短缺和环境容量对小汽车发展具有相当大的制约。为此，要制定合适的小汽车发展对策，既能充分发挥其优势，又能实现城市交通的可持续发展。

1. 适度限制小汽车拥有，而不影响汽车工业

随着经济的快速发展，小汽车进入家庭是难以避免的趋势，同时小汽车的发展，能够促进汽车工业的发展。建议城市应该制定适度限制小汽车拥有又不危及汽车工业的政策。从小汽车拥有方面限制主要有以下对策。

1) 车辆配额和拥有证制度

车辆配额就是政府通过收税来调控车辆拥有。根据这一原理，购买新车必须持有拥车证，而不同车辆的拥车证价格是由市场动态决定的。政府每年根据当前交通状况、能源供应、道路容量、环境容量公布本年度车辆增长率，即车辆配额。每年的年初，根据上年报废车辆的总量，来制定当年发放拥车证的总数。一个拥车证可以注册一辆新车，每个拥车

证都有使用期限。当拥车证过了使用期限,车主如果要继续使用原来的汽车,必须根据最近几个月拥车证的平均价格购买下一个使用期限的拥车证。通过车辆配额制度可以适度地抑制长期范围内小汽车保有量的增加。

2) 增加小汽车购置税

研究表明,城市居民购买小汽车的需求与汽车价格呈弹性关系。即汽车价格上升,居民购车需求下降;而居民收入增加,居民购车需求增加。通过增加小汽车购置税,可以适当抑制小汽车拥有量。

2. 合理引导小汽车使用的限制措施

在适度限制小汽车拥有的同时,要进一步运用经济杠杆的调控作用来引导小汽车的合理使用。引导小汽车使用限制主要有以下对策。

(1) 通过道路拥挤收费,来减少小汽车的使用。道路拥挤收费是指在特定时段和路段对车辆实行收费,从时间和空间上来调节交通量,减少繁忙时段和繁忙路段道路上的交通负荷,同时还将促使客流向高容量的公交系统转移,达到缓解交通拥挤的目的。换句话说,拥挤收费就是将由于交通拥挤而产生的外部负效应通过收费形式内部化,纠正过度地使用道路的状况。拥挤收费带来的财政收入还可以作为交通基础设施建设的资金来源和改善公交系统的补助,使交通系统处于良性循环。

(2) 提高小汽车的停车费,来减少小汽车的使用。小汽车的快速发展,使得城市的停车设施规模相对短缺。对城区小汽车停车可以收取高的停车费,来控制城区小汽车的使用规模,使得小汽车的使用适合城市道路交通设施的容量。

(3) 征收燃油税,鼓励经济型小汽车的发展。我国是一个能源消费大国,近几年来,经常有城市出现能源短缺现象。通过征收燃油税适当控制大功率小汽车使用,对于污染小、小排量、节能型小汽车应予以适当鼓励。

(4) 合理控制出租车数量,降低出租车空驶率。目前很多城市出租车空驶率高,大大增加了无效交通量。可以通过开发预约合用出租车,对相近地点要到达顺路线目的地的乘客可提供预约合用出租。

(5) 适度限制公车的使用。目前在城市小汽车中,公车占有很大的比例。据 2003 年 10 月《新闻周刊》报道,除出租车外,在北京市的行驶车辆中,公车与私车的比例是 4:1,占机动车总量 36% 的公车却占用了道路资源的 80%,公车在市区交通中的利用率远高于私车,因此在交通拥堵中的"贡献"应远甚于私车。为此,政府有必要对公车的使用进行必要的改革,采取必要的限制措施。

3. 合理引导小汽车使用的鼓励措施

1) 鼓励"停车-换乘"

建立城市停车-换乘系统,引导来自中心区以外的小汽车交通转换为公共交通,在市中心区的路口及公共交通换乘枢纽修建收费较低的小汽车停车场,鼓励在郊区及市中心往来的小汽车乘客停车,换乘公共交通工具进入市区,减少对中心城区的交通压力。例如,在荷兰,上班族可将小汽车停放在城市边缘而转乘地铁,地铁票甚至是免费的。

2) 鼓励"合乘"

在私车拥有量较高的住宅区,鼓励社区组织自愿合乘车辆出行,在使用费、停车费等收费政策上给予优惠。鼓励小汽车乘满人数（4人），乘客少于3人的小汽车要受到交通限制。在美国，有许多地方鼓励多人合乘小汽车。他们规定道路最靠近中心分隔线的车道只允许多人合乘的小汽车通行，在一些收费的桥梁和道路，多人合乘的小汽车可以免费通过。新加坡也实行鼓励多人乘车的政策。

8.5 城市公共交通

8.5.1 概述

城市公共交通是与人民群众生产生活息息相关的重要基础设施，是城市交通结构中的重要组成部分，是改善投资环境，发挥城市功能的物质条件，也是城市社会和经济赖以生存、发展的基础。

改革开放以来，我国城市公共交通有了较快的发展，但随着经济社会发展和城镇化进程的加快，一些城市交通拥堵、群众出行不便等问题日益突出，严重影响了城市发展和人民群众生活水平的提高。而优先发展城市公共交通是提高交通资源利用效率，缓解交通拥堵的重要手段，也是改善城市人居环境，促进城市可持续发展的必然要求。

1. 公交发展优势

（1）运载量大，运送效率高，占地面积少。相对于私人交通工具而言，公共交通有着更高的效率。一辆4座小汽车，占用的道路空间相当于一辆乘坐40名乘客的公交车或者12辆自行车的道路面积；6节车厢组成的地铁，相当于10km长的小汽车的载客量。从占用道路空间资源的角度看，公共交通具有明显的优越性。

（2）投资相对少，能源消耗低，运输成本低，尾气污染相对少。有资料证明，运载同样数量乘客，公共交通〔包括公共汽（电）车、地铁、轻轨等〕与私人小汽车相比，分别节省土地资源3/4、建筑材料4/5，投资5/6；私人小汽车产生的废气是公共汽车的10倍；耗油量是公共汽车的2～3倍。2007年9月16～22日，110个城市共同开展了首届中国城市公共交通周及无车日活动。据测算，开展无车日活动一天，可节省燃油3300万升，减少有害气体排放约3000吨。大力发展公共交通，有利于控制污染，改善城市环境，对提高能源利用也有较大作用。

（3）公共交通有利于出行安全。公交车速相对慢，行驶平稳，一般不易发生交通事故，特别是重大事故更少。有资料表明，小汽车的交通事故率为公共汽车的7.3倍，地铁、轻轨等公共交通工具的事故率更低。所以，广大市民对公共交通的安全性是认可的。

（4）交通方式灵活，适应性强。不同车型为不同地区、不同客流量服务的适应性很强。在客流量大的地方布置大型的公交车，而在客流量不能确定的地方则采用灵活的交通方式，如城市公共交通中的出租车可响应需求服务及自取自用。

（5）能利用技术手段把公共交通资源进行较好配置，这是其他交通方式无法比拟的。

2. 我国公交发展的现状

改革开放以来，特别是 20 世纪 90 年代以来，随着城市化进程的加快，我国城市交通建设尤其是城市公共交通建设取得了前所未有的成绩。但在许多大中城市，交通问题仍困扰着广大市民的工作和生活，已引起了社会各界的广泛关注。建设部的一组数据显示，目前我国公交出行的分担率不足 10%，特大城市也仅有 20% 左右，公交车速已越来越低，高峰时平均车速只有 10km/h 左右，比自行车还慢……出行难、行路难、交通时间成本不断增加等成为各地政府不得不面对的问题。

(1) 管理体制不合理，公共交通发展缺乏系统完善的政策支撑体系和法规保障。一是在市场化进程中，对公交企业还没有形成一套科学合理的财政补贴补偿机制，只注重经济效益，公共交通的公益性难以体现。在 2006 年调查的 117 家公交企业中，没有得到政府财政补贴的多达 42 家，占 35.9%。据统计，我国大中城市政府对公交企业的财政补贴占其运营成本的比例不到 10%，而在柏林，政府对公交企业的财政补贴占到其运营成本的 57%，巴黎为 57.5%，华盛顿为 66.1%。二是城市公交行业分属不同的政府部门，缺乏统一的规划协调，导致轨道交通、公共汽（电）车、出租车等公共交通组成部分难以发挥城市公共交通系统的整体性。而在法律法规尚不健全的情况下，公共交通的发展在一定程度上仍依赖于政府行政手段的协调和干预。三是政府对市场的监管缺乏必要的法律支持，主体不明，权责不清，行为不规范，监管不到位，无法可依的现象影响了城市公共交通事业的发展。

(2) 投入普遍不足，公交优先战略落实不到位。来自建设部门的资料显示，在 2006 年调查的 117 个城市中，66 个城市在公交场站建设及车辆、设施装备和配置更新方面得不到政府资金支持，占被调查城市的 56.4%。投资结构不合理，资金不足，已经成为阻碍城市公交发展的根本性问题。许多城市公交场地建设严重不足，公交停车场规模偏小，中途站和枢纽站没有系统的优化布设，公交专用道建设步伐缓慢，道路交通环境不良，缺乏广泛的公交优先通行保障措施。此外，大运量公交系统建设缓慢，公交运力结构失衡，没有真正发挥大运量城市公共交通方式在城市交通出行中的主力军作用。

(3) 私家车增长迅猛，公共交通主导地位逐步丧失。近年来，小汽车进入家庭，居民机动车出行率不断提高，与此同时，公交分担率却维持不变。结果是形成以个体交通为主、公共交通为辅的低效率、低通行能力和低运作水平的道路交通综合体系。混合交通严重阻碍了公共交通的运行和发展，而公共交通的落后进一步刺激了个体交通的迅速膨胀，从而形成恶性循环。

(4) 运营效率不高，公共交通服务水平日益低下。我国城市公共交通线路网布局不合理，公交车辆车况较差，营运速度过低，准点率不高，高峰时公交运力紧张，拥挤严重，等车时间长，站点不足，准点率差几乎是城市公共交通的通病，据调查，城市居民对公共交通服务的不满意率高达 70%。上海公交在民意调查中，一直排在全市服务行业的倒数前列。此外，公交从业人员的素质、职业技能和服务意识等还没有得到很好的完善，服务内容和方式亟须创新，人们对公共交通服务水平的需求明显高于现有的服务水平。

(5) 管理手段落后，公共交通调度方式滞后。公交线路网欠优化，运营调度管理水平落后，现行的调度是以人工管理为主，不能根据客流的变化进行动态的调整。公交的实时控制在路段上也无法进行，几乎对各个中途站点的情况不能得到及时的监控和统一的协调。这种缺乏信息化管理和应变能力的公交调度方式导致公交信誉降低，居民转而采用自我时间控制能力较强的私人交通。

3. 解决我国城市公共交通问题的对策

（1）全面落实公交优先发展政策。优先发展城市公共交通不仅包括路权的优先，还包括公共交通的政策优先、投资优先、规划用地优先、通行时间优先等。为此，要加大政府对公共交通的扶持力度，一是在财政、税收、贷款、价格等方面向公交倾斜，制定经济优惠政策；二是科学合理地设置公共交通优先车道、专用车道、专用街道等，保障公共交通车辆以必要的道路优先使用权；三是在城市规划中要体现优先发展公共交通的思想。路网的建设规划要与城市规划结合起来，根据城市具体情况，确定城市公共交通发展目标和战略。2007年4月11日，国务院法制办公室公布了《城市公共交通条例（草案）（征求意见稿）》，草案也进一步明确了"公交优先"的原则。

（2）构筑多元化的城市公共交通系统。公共汽（电）车承担着城市公共客运的主要任务，因此应在稳步增加线路、延长营运里程、扩大站点覆盖面的基础上，优化线网结构和运力配置，尽量向居住小区、商业区、学校聚集区等城市功能区延伸，达到公共汽（电）车运载能力的更优化。同时，经济条件较好，拥堵问题比较严重的大城市可以有序、健康地发展轨道交通。其最大运行能力可达单向5万人次/h，是常规公共汽（电）车的7～8倍。建设轨道交通有困难的城市可以结合城市路网改造，因地制宜地发展投资少、见效快的大运量快速公共汽（电）车系统（BRT）。总之，现代城市要形成一个以地铁、轻轨或BRT系统为骨架，以普通线路为主体，以多种形式的特色线路为补充，辅以灵活的响应需求的城市交通模式（如出租车）的公共交通系统。

（3）优化公交线路网，改善公交环境，提高服务水平。城市公交线路网运输能力的配置应充分考虑公交流量的不均衡性，保证整体运输效能最优。可以在符合条件的地区修建换乘站或换乘枢纽，并在换乘枢纽修建自行车和轿车停车场，以便于自行车、轿车、公共汽（电）车和地铁等不同交通方式间的换乘，以及与对外交通之间的有效衔接，实现公共交通的网络化。近年来，在西欧、美国和日本，骑自行车换乘公共交通工具去上班的人越来越多，城市相关部门积极采取措施促进这两种交通方式的协调，这很值得我们借鉴。同时，加快公交车辆更新步伐，开展多层次服务，按不同群体的需要提供不同质量的服务。可以选用多种车型，实施切实可行而又有吸引力的票价政策，既能为低收入者提供稳定、可靠而便宜的服务，又可以向高薪阶层提供舒适豪华的服务，从而增加公交出行的吸引力。

（4）推进公交企业改革，提高信息化水平，实现管理的智能化。我国城市公共交通行业应该进一步打破垄断，开放市场，改革公交企业产权结构，促进行业合理竞争。广州市试行私人企业经营公共交通就取得了良好的效果。同时，为了统筹安排城市公共交通资源，需要公交企业不断提高科技管理水平。大力推进公共交通线路运行显示系统、车队管理系统、多媒体综合查询系统、乘客出行信息系统等先进的公共交通管理系统在城市公共交通领域的广泛应用，实现公交企业日常经营管理和办公的自动化、现代化和智能化。

（5）完善公共交通法规，加强行业管理。政府职能部门应从实际出发，建立完善的法规体系和组织机构，制定和推行相关技术标准。世界上许多国家和城市均通过公交立法实践取得了成功的经验，如美国的《城市公共交通法》、法国的《公共交通法》等。我国首部《城市公共交通条例》有望在近期出台，这将为我国城市公共交通的发展带来更大的机遇。同时，加强组织领导，强化法规和标准的指导作用，推进城市公共交通行业的市场化进程，维护正常公共交通市场经营秩序，规范公共交通企业经营行为，监督检查企业服务质量，切实保证乘客利益，促进城市公共交通健康有序发展。

（6）重视公共交通文化建设，培养市民自觉遵守和维护交通法规的意识。一是从小培养交通意识，将城市交通教育融合到学校教学内容体系中。韩国首尔从幼儿园就开始对幼儿进行遵守交通规则的教育，让孩子们扮演交通警察指挥交通；在小学的课程中也设有交通常识科目。首尔还有一个"交通公园"，里面设置了各种交通线路和交通信号，供学校组织学生到此学习和实习，以提高学生的交通意识。这些尝试值得我们学习。二是加强对城市居民交通知识的宣传教育，把文明交通作为市民生活规范的组成部分，依靠城市全体市民共同管理好城市交通，逐渐养成文明交通意识，形成公共交通文化。优先发展城市公共交通是建设资源节约型和环境友好型社会的重要途径。

优先发展城市公共交通，有助于引导私家车辆健康发展，合理利用土地，节约能源，减轻污染排放，促进城市交通和谐发展。

8.5.2　常规公交

1. 技术性能要求

公共汽车以内燃发动机为动力，与其他客运交通工具相比，在线路设置和车辆运行等方面具有高度的机动灵活性。这一点，使其具有不可替代的优越性，是任何种类的轨道交通所不能比拟的，即使是带有双电源、可脱线跨过路口的无轨电车也是力不能及的。但是，公共汽车作为一种常规的街道内地面公共交通方式，不可避免地受到城市道路条件和道路上交通环境的影响，在我国城市机动车与自行车大量交叉混行的条件下更是如此。这一交通特性，恰恰是公共汽车和其他街道内地面公共交通方式的一大弱点，也是促成街道外快速公共客运系统发展的重要原因之一。

公共汽车是城市最常见的一种公共客运交通工具。对它的技术性能要求如下。

1）加速性能好

由于公共交通在城市中时行时停，不可能高速行驶。提高车辆区间行驶速度的主要条件在于车辆的加速性能。公共汽车的加速性能一般用起步距离内的平均加速度作为标志。公共汽车的加速性能主要依靠无级变速或挡位变速技术实现。目前新型公共汽车的平均加速度可达 $12m/s^2$ 左右。

2）机动性能好

公共汽车机动性能好，表现为转向灵活。目前公共汽车向大型化发展。铰结型公共汽车采用三轴或四轴结构，有的车长达 20m。设计上采取了前后轴转向装置。针对有轨或无轨电车来说，公共汽车机动性能好，意味着它可以随时超越前车行驶。

3）操纵轻便

随着公共汽车大型化发展，驾驶员的劳动强度增大，为减轻驾驶员体力消耗，采取可调高度驾驶坐椅、转向器和制动器的加力装置。一些先进国家还在公共汽车上采用微型计算机以提高汽车驾驶的自动化程度等。

4）乘坐舒适方便

随着城市公共交通客运的发展，为满足乘客对城市公共汽车乘坐舒适性和方便乘客上、下车的要求，开发出采用独立悬架式的专用公共汽车底盘的低地板城市公共汽车，使公交车的踏板和通道的离地高度大大降低，极大地方便了乘客的上、下车，并满足了乘坐舒适的要求。

2. 交通特性

1）适应性广

从公共交通设线的适宜断面客流量来看，其适应性很广。在轨道交通发达的地区，作为轨道交通客流的集散使用；在人口密度较低的大城市边缘地区或旧城区的支路上，或大、中型城市的新建居住区或小城市的客流主要方向，都可以优先考虑设置公共汽车线路。

2）线路设置灵活

在公共交通运行空间所需条件方面，公共汽车、无轨电车和常规有轨电车这三种公共客运方式，虽然都属于街道内公共客运系统的范畴，而且它们设线的适宜断面客流量和设站条件也基本上相同或相似。但设置公共汽车线路时，不存在架设动力线和铺设轨道的问题，以及由此带来的线路固定化所出现的种种矛盾，如不能超车行驶，对路口信号灯配时和街道景观的影响等。公共汽车车辆运行灵活自由，设线的适用范围最大，可包括在旧城区狭窄街道所覆盖的街区。

3）车站设置灵活

不同的公共交通在线路走向和设站要求确定之后，它们在设站所需空间、工程设施、乘客进出站时的空间联系和为其乘客服务的设施等方面所需要的条件及相应的资金投入量各不相同，而公共汽车和无轨电车车站的设置要求较低，可灵活设置。

4）行车组织灵活

从营运组织上看，它可以根据客流的变化和具体的营运条件及其他条件，安排不同车型的车辆和行车的组织方案，如在高峰小时客流集中的干线上用大容量的车辆组织大站距快车或区间车，在街道狭窄、转弯半径小而客流量又较大的旧城区使用短车身双层公共汽车等。定线和不定线行驶、招手上车和就近下车的小型公共汽车，既可以对常规的公共汽（电）车的乘客进行部分分流，为这部分乘客提供便捷、舒适的出行条件，又可以填补常规公共汽（电）车线路网难以覆盖的"空白区"。

总之，公共汽车所具有的适应性强、灵活性大的交通特性，是其他公共客运方式特别是轨道交通所不及的。这一点，是其经久不衰的生命力之所在。

3. 道路交通条件对公交的影响

由于大城市人口众多，当经济发展到一定的规模，而尚未建立街道外快速公共客运系统时，在交通量与日俱增的条件下，由交通密度不断增加而导致的道路拥挤和阻塞，将对地面常规公共汽（电）车交通的正常运行产生明显的不利影响。

影响地面公共交通车辆正常运行的因素，除了雨、雪天气等自然条件之外，主要还有如下因素。

(1) 在未设公共交通专用车道的道路上，公共汽车的运行效率，在很大程度上取决于其他机动车辆的数量、运行速度和自行车、过街行人的干扰程度，在交通密集的商业区更为明显。

(2) 在路口不实行公共汽车优先通过的情况下，公共汽车常常被抢先通过路口的自行车和加速性能好的小汽车所阻挡，而不能及时地通过路口。

(3) 在没有公共汽车专用道又无港湾式停靠站的情况下，公共汽车进入驶出停靠站时，一方面受到行驶中的其他机动车和自行车的干扰，同时在停靠、启动时也会影响到其他车辆。这些影响公共汽车正常和有效运行的因素共同作用的结果，集中表现在输送乘客的效率和正点率的降低。例如，北京、天津、广州三市20世纪90年代末期的公共交通车辆的运行速度分别是16.5km/h、14.4km/h和13.3km/h，全日行车正点率分别为76%、83.9%和77.8%，比70年代中期的运行速度和正点率都有所降低。

4. 改善对策

为了发挥公共汽车高度机动灵活的优势，克服或者减少道路交通环境对其正常运行的不利影响，减少对环境的影响，需要采取政策、规划、工程技术和管理的综合对策。

1) 车辆技术的改进措施

在车辆底盘技术上，德国首先开发出低地板城市公共汽车。由于长期以来城市公共汽车都是在载重货运汽车底盘的基础上进行装配的，没有自己的专用底盘。大部分的城市公共交通车辆（包括城市公共汽车、城市无轨电车、小城市公共汽车、双层城市公共汽车等）的地板高度离地面距离比较高，通常地板高度为700～900mm，乘客感到上、下车很不方便，尤其是老年人、儿童、孕妇和残疾人。严重地制约了城市公共交通客运的发展，同时难以满足乘客对城市公共汽车乘坐舒适性和方便乘客上、下车的要求。低地板城市公共汽车采用独立悬架式的专用公共汽车底盘，使得城市公共汽车地板离地高度大大降低，保持在320～350mm，极大地满足了乘客方便地上、下车及乘坐舒适的要求。

在环保方面，德国又研制成功了低地板导向式轨道的城市公共大客车，瑞典沃尔沃客车公司研制成功了环保概念型低地板城市公共汽车，其动力为蓄电池和燃气轮机发电机组，使城市客车乘客室内地板完全平坦又降至最低，地板离地高度仅为320mm，蓄电池放置在城市客车车顶。另外以液化石油气（LPG）和天然气（CNG）为燃料的低地板城市公共汽车也投入了批量生产。

2) 公共汽车交通优先管理技术与策略

在交通管理上，在道路条件允许、断面客流量较大的线路，尽量修建港湾式公共汽车停靠站；在过街人流量大的商业街、路口和公共交通枢纽站等地修建行人过街天桥或地道；在重要路段或交叉口实行公交优先管理。

城市路网由路段和交叉口组成，是公交车辆运行的载体。公交优先通行系统设计就是要在公交车经过的路网上采取相应的措施，使公交车运行时少受干扰、优先通行。其基本出发点是将公共汽车与其他交通方式在时间或空间上相分隔。公交优先通行设计在欧洲国家十分普遍。常用的公交优先方式有两类。

（1）路段优先。根据实际情况设置公共汽车专用车道或公交专用道路等。

（2）交叉口优先。交叉口上的公交优先措施主要有设置专门的公交相位，设置专门的公交车入口车道及其他一些特殊的公交车优先排队与通行措施等。

8.5.3 轨道交通

1. 轨道交通介绍

轨道交通是一种运量大、快捷、安全、节能、舒适、低污染的城市公共客运方式，具有以下交通特点。

1）运输能力大

连续通行的城市快速路，每条车道每小时大约可通过 1600 辆小汽车，以每辆车 1.5 人计，则可运送 2400 人；在快速道路上开辟公交专用道每小时运送 4200 人；地铁每小时单向可输送 3 万～5 万人。可见，它们的差异高达 6～20 倍。

2）运送速度快

地铁运送速度可达到 35～40km/h，轻轨则为 25～35km/h，而常规公交的运送速度仅为 12～20km/h。

3）能耗低

按每单位运量（以人·km 计）所消耗的能量作对比，轨道交通系统是小汽车的 1/5，是公共汽车的 1/2.5。

4）污染小

小汽车完成单位运量所产生的污染是最高的，公共汽车则要好很多，而地铁和轻轨除噪声及电磁污染之外，几乎对大气没有污染。据测算，中国的大城市轨道交通承担客运量的份额若达到 50％左右，CO 和 NO_x 排放量可分别降低 92％和 86％。

5）占用空间少

轨道交通与地面道路相比，完成相同运输量，前者占用土地面积仅为后者的 1/8～1/3，而且采用电能驱动的地铁或轻轨可以完全不占用地上空间，而道路则很难完全布置在地下。

2. 轨道交通的分类

基本类型包括：地铁系统、轻轨系统、市郊铁路、单轨系统、新交通系统、有轨电车。

1）按交通容量分类

交通容量：即运送能力，指单方向每小时的断面乘客通过量。按不同的交通容量范围划分，轨道交通分为特大、大、中、小容量 4 种系统。

2）按敷设方式分类

按敷设方式分为隧道（包括地下、水下）、高架和地面三种形式。特大、大容量轨道交通在交通较为繁忙的地区多采用隧道和高架形式，在市郊则可采用全封闭的地面形式；中容量也可兼有三种敷设形式，且通常不与机动车混行；小容量轨道交通系统一般采用地面形式，可与机动车混行，运输效率低，相对于普通公交优势并不明显。

3) 按路权分类

路权是指轨道交通系统运行线路与其他交通的隔离程度。以此为依据，轨道交通系统可分为 A、B、C 三种类型。

（1）A 类即全封闭系统，与其他交通完全隔离，不受平交道和人车的干扰，一般用于大容量及 1.6 万人/h 以上的中等容量轨道交通系统。

（2）B 类即半封闭系统，沿行车方向采用缘石、隔离栅栏、高差等措施与其他交通实体隔离，但在交叉路口仍与横向的人车平交混行，受信号系统控制，一般用于 1.6 万人/h 以下的中等容量轨道交通系统。

（3）C 类即开放式系统，代表地面混合交通，不具有实体分隔，轨道交通与其他交通混合出行，在路口按照信号规定停驶，也可享有一定的优先权，如用道路标线或特殊信号等保留车道，有轨电车通常使用此形式。

4) 按导向方式分类

按导向方式分为轮轨导向及导向轮导向，一般钢轨钢轮系统（地铁、轻轨、有轨电车）属前一类型，启动较快；单轨及新交通系统等胶轮车辆属后一类型。

5) 按轮轨支撑形式分类

轮轨支撑形式，即车辆与转移车重的行驶表面之间的垂直接触与运行方式，从这一标准出发，轨道交通可分为钢轮钢轨系统、胶轮混凝土轨系统及特殊系统。钢轮钢轨系统包括市郊铁路、地铁、轻轨、有轨电车，胶轮混凝土轨系统主要指单轨及新交通系统，而特殊系统则包括支撑面置于车辆之上的悬挂式单轨系统、磁悬浮式轨道系统等。

3. 轨道交通的发展

1) 地铁

（1）常规地铁。常规地铁多用于超大城市或特大城市市区内部高密度地区间的交通出行，车辆制式和线路特征依各国标准不同，运营速度一般为 35~40km/h，而最大车速可达 80km/h。就容量指标而言，单向高峰小时断面流量可达到 4 万人次以上，属于大容量快速轨道交通系统。

图 8.2 地铁

高运量和快速准时的目标要求常规地铁具有专用的运行空间，当地面交通较为繁忙时多采用地下交通，当条件许可时也可以采用路堤或高架路方式、实体隔离的平面式或露天置于地下的半降式，但在市区内部仍以地下线居多，如图 8.2 所示。

但是，地铁造价昂贵，建设周期长。在目前的情况下，地铁每公里造价高达 7 亿~9 亿元，而建设周期长又导致了投资回收期长，更加重了投资者的疑虑，给建设筹资造成了很大的困难。

（2）小型地铁。由于土木工程费用在快速轨道交通系统的建设费用中占 75%~80%，其中隧道部分更是占了相当大的比例，而隧道工程费用大致与其断面积成正比，因此致力于达成最小的隧道直径成为工程设计的重点，而与牵引设施的相关性又导致了小型车厢的使用,于是便出现了小型地铁。

小型地铁初期建设费用较低,因此可用于经济条件不允许采用常规地铁的大城市或中等城市,以解决市区内部高密度地区间的交通出行,但由于车辆的轻型化,系统的容量也随之降低,从而限制了小型地铁的广泛使用。

小型地铁的车辆设备、线路特征、容量和车速与常规地铁存在着某些相同点和一定的差异,见表 8-4 与表 8-5。

表 8-4　日本大阪常规地铁的车型特征及线路特征

车型特征	长/m	宽/m	高/m	容量/人	最高速度/(km/h)	平均速度/(km/h)	牵引方式
	18	2.890	3.745	130~140	70	35~45	电力
线路特征	最小转弯半径/m		最大坡度/%		小时断面客流量/(人/h)		轨距/m
	正线	支线	正线	支线			
	120	55	3.5	4.5	33000~66000		1.435

表 8-5　日本大阪小型地铁的车型特征及线路特征

车型特征	长/m	宽/m	高/m	容量/人	最高速度/(km/h)	平均速度/(km/h)	牵引方式
	12	2.450	2.950	65~74	70	35~45	电力
线路特征	最小转弯半径/m		最大坡度/%		小时断面客流量/(人/h)		轨距/m
	正线	支线	正线	支线			
	120/55	55	3.5	4.5	12800~25600		1.435/1.067

2) 轻轨

城市轻轨的敷设方式有很大的弹性,可依据不同的城市环境和运营条件进行设计。当路面宽度较大时,在路段上可采用实体隔离的地面轨道;在路口可降至地下或升至空中,而在道路空间有限的条件下则可采用全程高架。并且相对于高架道路而言,高架轻轨占地面积仅为其 1/3~1/2,宽度有限,更易铺设,如图 8.3 所示。

与常规地铁相比,轻轨造价低,工期短。从总投资指标来看,地面∶高架∶地下≈1∶3∶9,

图 8.3　高架轻轨

资金限制大大减少,使人口在 50 万人左右、交通压力不大的中等城市有能力采用;同时建设速度快,工期短,适应城市发展的迫切需要,且交付运营后的资金回收期短,投资风险降低,筹资可能性更大。

从噪声、废气、城市景观三方面综合考虑,轻轨系统对环境影响较小。高架轻轨产生集中型噪声,由于客运量大,所以人均噪声小;而相同运量的道路交通由于产生分散型噪声,人均噪声大,且不易于治理。

此外,高架轻轨使用电能牵引,不会产生直接的废气污染,同时又吸引了大量的机动车客流,减少机动车废气排放,保护了城市大气环境。而且城市轻轨可采用钢结构,轻巧美观,影响城市景观程度小,可在不破坏原有风格的前提下大幅度提高交通能力。

图 8.4 单轨系统

3）单轨系统

就技术上的定义而言，单轨系统是指以单一轨梁支撑车厢并提供导引作用而运行的轨道交通系统，如图 8.4 所示。

根据支撑方式的不同，可以分为跨座式和悬挂式。

根据车型不同，单轨系统单方向小时运量可达 5000~40000 人，一般用于市区内高峰小时单向断面流量在此区间内的客流运送，或作为市区通往机场、码头等大型对外交通枢纽的客运交通干线。

单轨系统一般利用城市道路中央隔离带设置结构墩柱，由于采用单一轨梁，相对于城市轻轨轨道所占的空间更小，对沿线城市景观的影响程度较轻微。以区间双线轨道结构宽度为代表指标，跨座式单轨约 5m，悬挂式单轨约 7m，而地铁和轻轨分别为 8.5~9.0m 和 8.0~8.5m。

单轨系统作为专为高架类型所发展的快速轨道交通系统，土方工程量不大，建设成本较低。单轨交通的车辆和轨道容易检查和维修保养，轨道使用寿命又长，因此运营管理费用相对较低。而且单轨交通轨道结构比较简单，标准轨道梁可在工厂预制，现场拼装，既保证了精度又便于施工，从而可缩短建设工期。

就环境影响而言，单轨车辆采用了橡胶轮胎和空气弹簧转向架，在运行中振动小、噪声低，而电力牵引方式则保证了没有污染空气的废气排出，因此有利于保持清洁安静的城市环境。

但是由于单轨系统属于胶轮胶轨体系，轮轨间摩擦较大，因此能源消耗要比地铁高约 50%。此外单轨系统还存在着稳定性问题，跨座式单轨系统需设置辅助车轮，而悬挂式单轨的摆动则随车速的提高而加剧，目前还难以有效地解决，从而影响了其广泛应用。

4）市郊铁路

现代城市发展呈现聚散双向运动的特征，"散"表现在城市居住人口为了追求更好的生活环境向郊区扩散，"聚"表现在市中心集约开发和高强度利用使城市工作人口向市中心凝聚，造成了大量人口在郊区居住，在市中心工作，产生流向集中且时间性差异明显的大量客流，于是运

图 8.5 市郊铁路

能大、速度快、污染轻的市郊铁路应运而生，把市区和郊区连成一体，提供郊区副中心与市区间、卫星城与城市间的通勤服务，如图 8.5 所示。

随着郊区副中心的形成和扩展，市郊铁路也可不限于市区、郊区的连接，而以市中心为核心，覆盖周围地区，承担市中心与郊区及郊区与郊区间长距离、大运量的运输，成为城市快速铁路。

市郊铁路编组灵活，可适应通勤出行的时间集中性和方向性，根据客流大小，调整编车组数及发车间隔，有较高的加减性能和较好的运行秩序，能实现高效运输。在高峰期，市郊铁路可按 10~12 辆编组，单向每小时最大运送能力可达 6 万~8 万人，属于城市轨道

交通中的高容量系统。

与地铁、轻轨等轨道交通形式相比，市郊铁路具有大站高速的特点，市区内站间距 1.5~3km，郊区 5~10km，运营速度可达到 80km/h 以上，因而可大大缩短中远途出行时间。

市郊铁路多采用电力机车牵引，轮轨导向，启动快，对环境没有毒废气排放，空气污染少，噪声小。同时市郊铁路的能耗也较低，与环境的协调性较好。

市郊铁路的车辆类型、线路特征均接近大铁路，往往与之有便利的联络线或设备共用。在郊区建设时还可以利用既有铁路设施稍加改造成为全封闭的地面轨道，同时站间距长，车站结构简单，因而投资少，工程费用仅为地铁工程费用的 1/5 或高架铁路费用的 1/2。

此外，市郊铁路的建设对城市形态合理发展也具有良好的作用。一方面，市郊铁路运量大、运点长、准点率高，可有效缓解目前城区向外扩展过程中新开发居住区与市中心区的道路交通拥挤，解决卫星城居民的通勤、通学问题，提高新开发居住区、工业区吸引力，刺激市郊进一步开发，有利于卫星城的形成。另一方面，市郊铁路的建设加快了城市中心区向新建城区和郊区疏散，减少市中心区人口，为旧城改造减少拆迁工作量，有利于中心区改建。

5) 新交通系统

都市新交通系统一般是指自动导轨运输系统（AGT），即已完全自动操作的车厢，沿着具有专用路权的固定轨道载运人员的快速轨道交通系统，固定轨道可能为地下或高架方式，也可以敷设于地面，但必须完全与街道中的车辆及人行交通隔离。AGT 车辆多采用电力驱动，污染较小。

根据服务容量及路径形式，AGT 可分为三类，即穿梭或环路交通系统、群体系统及个人系统。穿梭或环路交通系统在两地之间往返或沿环状路径绕圈行驶，除可作两点间直接运输外，还可中途设站停留，这一系统通常是用较大型车厢，单车容量可达 100 人。而群体系统主要服务于具有相同出发点及目的地的群体乘客，通常采用载客量为 12~70 人的中型车厢，故可视为一种自动形式的公共汽车。由于单车容量较小，因此除可以有较密的班次外，还可设置分岔路线，以便选择性地绕行主线，收集支线的乘客，而服务方式则可分定时排班或中途不停留的区间捷运。

但 AGT 轨路两侧需安装导轨以诱导车辆运行，并且车速调整、车门启闭、停靠站台等完全采用自动控制与侦测，技术含量较高，建设成本难以降低，同时 AGT 运量也不大。

8.5.4 快速公交

1. 快速公交内涵

1) 快速公交定义

快速公交系统（Bus Rapid Transit，BRT）是指利用改良型的公交车辆，运营在公共交通专用道路空间上，保持轨道交通特性且具备普通公交灵活性的一种便利、快速的公共交通方式。它是一种高品质、高效率、低能耗、低污染、低成本的公共交通形式，充分体现了以人为本，构建和谐社会的发展理念。

2) 快速公交起源

快速公交系统起源于巴西的库里蒂巴市。在20世纪70年代，库里蒂巴市为缓解城市交通拥堵状况，在缺乏足够资金建设轨道交通的情况下，决策者及城市规划人员大胆开发并实施了一种新兴的公共交通方式。他们的措施就是用投入相当于地铁1/10的资金，来建设具有轨道交通运营特性的公共交通方式。

3) 快速公交的特征

（1）快速公交的车辆运营在专用路权上，运营速度一般为20～35km/h，接近轨道交通的运营速度。

（2）一般可达到单向1.5万～2.5万人次/h，与中运量轨道交通的运输能力相当。高标准的快速公交系统的运输能力可高达4万人次以上，接近和超过大部分的轨道交通的运输能力。

（3）大多数系统采用18～25m长的新型铰接车，单车的载客人数可高达200～250人。

（4）快速公交的车辆一般采用色彩鲜艳、标识统一的车辆，以体现其品牌效应。

2. 快速公交组成系统

1) 快速公交系统运营的道路空间

快速公交系统的车辆运行在专设的公交专用道或道路上，保持快速公交系统的运营速度不受机动车拥堵的影响，如图8.6所示。公交专用车道或道路的设置方式在很大程度上决定着快速公交系统的运送速度与运营能力。

图 8.6　快速公交专用道

2) 快速公交系统的车站与枢纽

快速公交系统的站点通常设置有收费和公交运营信息管理系统；站台的高度设置为与车辆底板等高，以便乘客水平上、下车；车站一般设计为具有明显特征的建筑，便于乘客辨认快速公交系统车站的位置，如图8.7所示。

3) 快速公交的车辆

快速公交系统的车辆一般采用色彩鲜艳及统一的公交车辆，以体现其品牌效应；采用低地板的公交车，以方便乘客上、下车；采用大型铰接车以提高系统的运输能力及降低平均运营成本；许多城市的快速公交系统采用对环境影响比较小的清洁公交车，如图8.8所示。

4) 快速公交的线路

快速公交系统的线路既可以采用与轨道交通类似的单一线路，还可以采用多条组合线路。快速公交线路的组成比轨道交通具有更多的灵活性。因为快速公交系统的线路可以在主干线上互相组合及在主干线的起点或终端向外进一步延伸。

图 8.7　快速公交车站　　　　　　图 8.8　快速公交车辆

5) 快速公交的收费系统

快速公交系统包含与其运营管理体制相一致的收费系统，收费形式包括使用硬币、磁条、票据和智能卡 4 种。为保证快速公交车辆所有车门能够同时上、下乘客，减少上、下乘客延误，进一步提高整个系统的运营能力与效率，收费往往采用与轨道交通相同的理念，即在站点上完成。

6) 快速公交的运营保障体系

快速公交系统的运营保障体系包括运营组织机构和运营保障设施两方面。运营组织机构包含项目前期规划与实施的管理机构和快速公交系统运营期的管理与运营机构。运营保障设施一般包括智能化的交通管理手段，如道路交叉口的交通信号灯系统、公交车辆全球定位系统和公交运营车站信息管理系统等。

3. 快速公交的发展优势

1) 最有效地利用道路资源

快速公交人均占用道路资源仅为小汽车的 1/20，如图 8.9 所示。

图 8.9　运送 300 名乘客所占用道路空间

2) 低廉的造价与运营费用

快速公交系统的建设、运营和维护成本很低，建设一个快速公交系统的成本仅相当于建设同样运输能力地铁的 1/10，如图 8.10 所示。

3) 低能耗和低污染

不同交通方式对环境的影响如表 8-6 和图 8.11 所示。

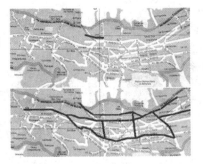

图 8.10　相同投资下地铁系统和快速公交系统建设范围

表 8-6　不同运输方式每 100 万人·km 污染与耗能情况

方式污染物	私家车	出租车	普通公交	快速公交	轨道	摩托车
CO_2/t	140.2	116.9	19.8	4.7	7.5	62.0
NO_x/kg	746.0	662.0	168.4	42.0	17.5	90.0
油耗/t	49.2	41.0	6.9	1.6	2.6	21.8

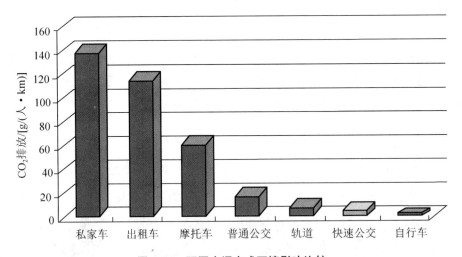

图 8.11　不同交通方式环境影响比较

4）见效快、建设周期短

单条线路从立项到完工的时间，快速公交可在 1～2 年完成，轻轨系统需要 4～6 年，地铁系统需要 8～10 年。

5）速度快、可靠性强

快速公交系统运营在公交专用道上，因此受其他交通方式的干扰较小，车辆速度高，易于和计划时间表保持一致。此外水平上、下车和车外售票系统使公交车辆在车站内的等待时间减少，行程时间缩短，车辆的平均速度得以进一步提高。

6）有利于城市土地开发

快速公交系统可以促进以公交为轴心的城市土地发展模式发展，在快速公交系统沿线修建高密度的建筑，可以缩短乘客步行至公交车站的距离，增加公交出行方式的吸引力，为快速公交系统提供充足的客源，形成土地发展和交通系统的良好结合。

4. 快速公交的发展形势

1）成为整个公交的主体

快速公交发展模式是建立完整覆盖大部分城市的快速公交网络。快速公交网络包括公交专用道系统及公交换乘设施。同时公交票价政策可采用与地铁类似的收费办法，即在整个系统中采用统一的收费标准。

2）应用于地铁或轻轨的延伸

有些城市在建设轨道交通时盲目地将线路延伸到城市边缘，从城市用地、客流需求和道路交通状况等方面来说可能建设轨道交通是不经济的。由于是城市边缘或城市新开发区，建设快速公交所需要的道路条件较成熟。因此可以使用快速公交作为轨道交通的延伸来降低投资与公交运营成本。快速公交的终点与轨道交通的起点紧密地结合在一起。

3）作为建设地铁或轻轨的过渡交通方式

巴西大多数城市建设快速公交的初衷是希望为今后建设轨道交通保留必要的道路用地。他们将公交专用道建设在道路中央，为今后建设高架轨道交通保留空间。选用地面快速公交作为建设轨道交通的过渡方式以减低建设的初期投资与运营成本。

4）与地铁和轻轨混合使用

地面快速公交与轨道交通共同组成城市公共交通系统的网络。这一发展战略已被世界上许多大型城市广泛应用。中国香港是采用这种发展模式的典范城市之一。这些城市在规划与建设轨道交通的同时大力推广地面快速公交系统的建设。快速公交线路的布置及与轨道交通的换乘都是紧密结合在一起的。实施这一发展模式既可以充分发挥轨道交通的优势，同时也可以充分发挥地面快速公交的优势，并且可以减低建设公共交通系统的建设成本与运营维修费用。

5）独立式的快速公交系统

独立式的快速公交系统指的是建设一条或多条互不关联的快速公交走廊。这种系统往往在快速公交建设初期被广泛使用。我国目前大部分的快速公交系统采用这种形式。随着快速公交系统的逐步发展与健全，独立式的快速公交可以改变成快速公交网络。

本 章 小 结

本章主要介绍了各种客运方式（步行、自行车、小汽车、公交）的特点及其适用性。重点阐述了常规公交、轨道交通、快速公交等公共交通的发展优势及发展方向。

思 考 题

1. 快速公交的发展优势与发展方向如何？
2. 谈谈你对小汽车交通发展的想法。

第9章 道路公用设施

教学要点

知识要点	掌握程度	相关知识
公交停靠站	掌握公交站点的间距和布置形式	(1) 终点站、枢纽站和中间停靠站 (2) 停靠站位置及设置形式
停车场设计	(1) 掌握汽车停车场设计 (2) 理解自行车停车场设计	(1) 车辆停放方式 (2) 停车带和通道宽度、单位停车面积
道路照明设计	掌握照明系统布局设计	(1) 照度、不均匀度 (2) 照明器的平面、横向和纵向布置
道路绿化设计	掌握道路绿化布局设计	人行道绿化、分隔带绿化设计
人行天桥和人行地道	(1) 理解人行天桥和人行地道设置地点的选择 (2) 掌握人行天桥和人行地道的设计	人行天桥设计，阶梯设计，净空及行人护栏

 **基本概念**

公交停靠站、停车场、人行天桥、人行地道、终点站、枢纽站、中间停靠站、照度、不均匀度。

第9章 道路公用设施

引例

道路绿化在我国具有悠久的历史，我们的祖先在很早就开始在路边种树，有了进行道路绿化的意识。秦始皇统一天下后，就命令在所有街道旁都要种上树，地方官吏就遵旨在他出巡行进的道路上，清水泼街，黄土垫道，在道路两侧种植树木。北京作为六朝古都，早在元朝建大都之时，就在"市"的道路两旁种植树木；随着"三海"水系的形成，在河岸路旁也植了树，初步有了绿化与湖光山色相辉映，游乐与园林景观相交融的景色。栽植树木给道路增加了艺术感染力，丰富了道路的园林景观。

按道路的性质和道路使用者的各种需要，在道路上均需设置相应的公用设施。道路公用设施的种类很多，包括交通安全及管理设施和服务设施等。道路公用设施是保证行车安全、方便人们生活和保护环境的重要措施。因此，在道路设计中应予以足够的重视。

9.1 公共交通站点的布置

城市公共交通站点分为终点站、枢纽站和中间停靠站。

合理规划布置站点需要对客流的流量、流向进行调查分析。有些站点通过使用，发现问题，应予以改善调整。

终点站的布置要注意安排调头的场地，还要考虑部分车辆停歇、加水、清洁、保养及小修工作的用地。

枢纽站一般设有几条公交线路，上、下车和换车的乘客多，其布置应注意保护乘客、行人和车辆的安全，尽量不让换车乘客穿越车行道，且步行距离最短。

停靠站是为沿线公共汽车乘客安全上、下车而设的一种道路设施，主要指公交车辆在中途停靠的位置。

停靠站主要布置在客流集散地点，如火车站、码头、大型商场、重要机关单位、大专院校和干道交叉口等。具体布设时应考虑以下问题。

1. 停靠站的间距

停靠站间距小，道路上过多设站，会增加乘客的乘车时间，车辆速度不高，且频繁制动、启动，轮胎与燃料消耗大。如果停靠站间距过大，虽然车辆运行速度提高，乘客的乘车时间减少，但增加了乘客的步行时间，于乘客不便。公交车辆中途停靠站比较合理的间距，市区一般以500~800m为宜，郊区为1000m左右。在交叉口附近设站时，为了不影响交叉口的交通组织和通行能力，一般应离开交叉口50m左右。在交通量较小的道路，站位距交叉口不得小于30m。

2. 停靠站台的布置方式

停靠站台在道路平面上的布置方式主要有沿人行道边设置和沿行车道分隔带上设置两种。

1) 沿人行道边设置

沿人行道边设置的布置方式构造简单，一般只需在人行道上辟出一段用地作为站台，以供乘客候车和上、下车，如图 9.1 所示。站台高度以 30cm 为宜，并避免有杆柱阻碍，以方便乘客上、下车。这种布置方式对乘客上、下车最安全，但停靠的车辆对非机动车交通影响较大，多适用于单幅式道路。

2) 沿行车道分隔带设置

沿行车道分隔带设置的布置方式，停靠的公交车辆对非机动车影响较小，但上、下车乘客需横穿非机动车道，影响非机动车道的交通，适用于三幅式道路，如图 9.2（a）所示。采用这种方式，布置站台的分隔带宽度应不小于 2m，站台长度视停靠的车辆数而定。

当分隔带较宽时（大于 4m），可以减窄一段绿带宽度改为路面。作成港湾式停靠站，以减少停靠车辆所占的车道

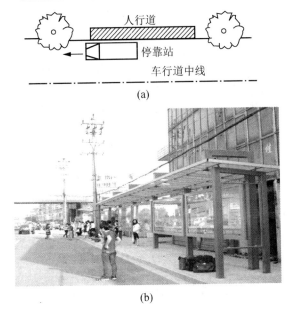

图 9.1 沿人行道边设置的停靠站

宽度，保证正线上的交通畅通，如图 9.2（b）所示。港湾的宽度和长度根据停靠车辆类型而定，一般以能容纳两辆车为宜。这种做法对机动道较窄的路段尤为适用。

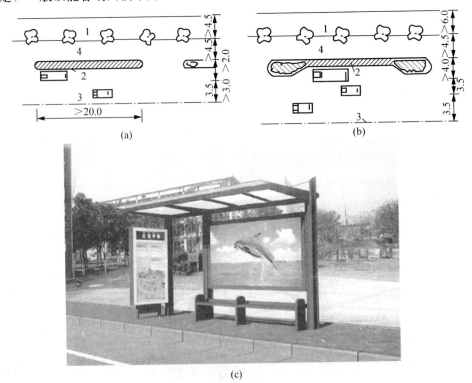

图 9.2 沿行车道分隔带设置的停靠站（单位：m）
1—人行道；2—停靠站；3—路中线；4—非机动车车道

9.2 停车场设计

9.2.1 汽车停车场的设计

1. 停车场的布局与规模

合理规划停车场的分布地点,一般应考虑以下几个方面。

(1) 为了减轻外地进城车辆对市区交通的压力,应在城市边缘地带设置专用停车场,如进出城的几个主要方向的道路附近。

(2) 对外交通枢纽所在地应设置停车场,如车站、码头、机场等。

(3) 在人流大量集中的大型公共建筑物附近应设置停车场,如大型体育场、剧场、大型商场等。

整个城市的停车场总面积可按下式计算:

$$F = A \times n \times a \tag{9.1}$$

式中:F——停车需要的总面积;
A——城市内汽车总数;
n——使用停车场汽车的百分比;
a——每辆汽车占用的面积,与车辆类型和停车方式有关。

2. 停车场的设计原则

(1) 停车场的设置应符合城市规划与道路交通组织的要求,同时还应便于各种不同性质车辆的使用。

(2) 公用停车场在城市尽量均衡分布,专用停车场应紧靠使用单位布置。

(3) 停车场出入口宜分开设置。重要建筑物前的停车场的出入口应设置在次干道上,若设置在主干道旁时,应尽量远离交叉口。出入口宽度为 7~10m。

(4) 为保证车辆在停车场内不发生滑溜和满足场地排水要求,在平原区,场内纵坡一般为 0.3%~0.5%;在山区或丘陵区可根据实际情况而定。

(5) 停车场内交通路线必须明确,宜采用单向行驶路线,避免互相交叉,并应与进出口行驶方向一致。

3. 设计步骤

1) 选定设计车辆

停车场应以高峰时所占比例大的车型作为设计车型,可不考虑将来车辆尺寸的变化。设计车辆划分为三种类则。

(1) 小型车:包括小轿车、小吉普车、小型客车、2t 以下货车。

(2) 大型车:包括普通载重汽车、大客车。

(3) 特殊大型车:包括拖挂车、铰接公共汽车、平板车。

2）选定车辆停放方式

停车场内车辆的停放方式，与停车面积的计算、车位的组合及停车场的计算等都有关系。

车辆的停放方式按汽车纵轴线与通道的夹角关系可分为三种类型：平行式、垂直式和斜放式。

(1) 平行式：车辆平行于通道方向停放，如图9.3所示，这种方式所需停车带较窄，驶出车辆方便、迅速，但占地较长。

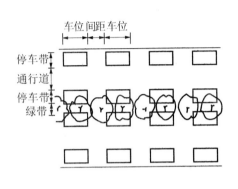

图9.3 平行式停车方式

(2) 垂直式：车辆垂直于通道方向停放，如图9.4所示，这种方式单位长度内停放的车辆数较多，用地紧凑，但停车带占地较宽，进出停车时需要倒车一次，要求通道至少有两个车道宽。

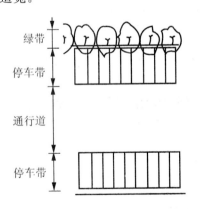

图9.4 垂直式停车方式

(3) 斜放式：车辆与通道成角度停放，一般按30°、45°、60°三种角度停放，如图9.5所示，因停放不易排列整齐，且占地面积不经济，故较少采用。

3）确定停车带和通道宽度

停车带和通道是停车场的主要组成部分，其宽度确定主要应考虑以下因素：①设计车型，如车长、车宽和车门宽等；②车辆的最小转弯半径；③停车方式和车辆之间的安全净距；④司机的驾驶熟练程度等。

宽度的具体确定多采用调查与车辆试验相结合的方法进行。

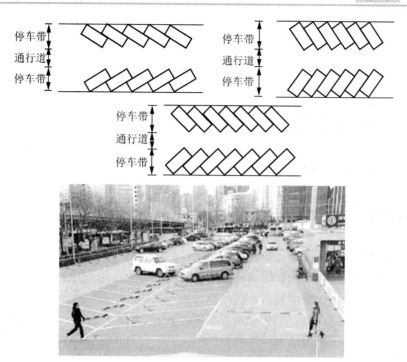

图 9.5 斜放式停车方式

4) 确定单位停车面积

单位停车面积即停放一辆汽车所需的用地面积，它与车辆尺寸和停放方式、通道条数、车辆集散要求及绿化面积等因素有关。

(1) 平行于通道停放时 [图 9.6 (a)]，单位停车面积 A_1 按下式计算：

$$A_1=(L+C_1)\times(B+1.0)+(L+C_1)\times\frac{S_1}{2}(\mathrm{m}^2) \tag{9.2}$$

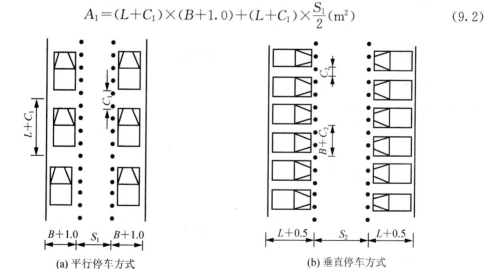

(a) 平行停车方式　　　　　　　　　　(b) 垂直停车方式

图 9.6 单位停车面积计算图（单位：m^2）

(2) 垂直于通道停放时 [图 9.6 (b)]，单位停车面积 A_2 按下式计算：

$$A_2=(L+0.5)\times(B+C_2)+(B+C_2)\times\frac{S_2}{2}(\mathrm{m}^2) \tag{9.3}$$

式中：L——车身长度，m；

B——车身宽度，m；

C_1——平行停放时两车前后之间的净距，m；

C_2——垂直停放时两车前后之间的净距，m；

S_1——平行式停车通道宽度，m；

S_2——垂直式停车通道宽度，m。

此外，停车场的设置还应综合考虑场内路面结构、绿化、照明、排水，以及根据不同性质的停车场设置相应的附属设施。

9.2.2 自行车停车场设计

在自行车大量聚集的地点，如体育场、电影院、公园、风景点等处均应设置多处自行车停车场，并尽量利用人流较少的街巷或附近空地，避免占用人行道。

由于自行车体积小，使用灵活，对停车场的形状和大小要求比较自由，布置设计也较简单。设计时可按每辆占地（包括通道）$1.4 \sim 1.8 \text{m}^2$ 计算。停放方式多为垂直停放和成角度斜放，按场地条件可单排和双排两种排列。其中垂直设支架固定的形式为常见的停放方式，如图 9.7 所示。

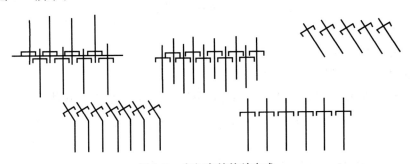

图 9.7 自行车的停放方式

自行车停车场出入口的宽度，一般至少有 $2.5 \sim 3.5 \text{m}$，以保证每个出入口能满足一对相向车辆进出时的需要。

对于公路，为了方便旅客和保障行车安全，应于适当地点设置停车场。在车站、渡口、食宿站、服务区、游览区、城镇附近等处，应各负其责，自行设置各自的停车设施，不得占用行车道作为停车场。

9.3 道路照明设计

9.3.1 照明标准

照明标准通常用水平照度和不均匀度来表示。水平照度是指受光面为水平面的照度，照度的单位是 lx（勒克斯），一个 lx 就是在一平方米照射面上，均匀分布 1lm 的光通量（引起视觉作用的光能强度）。

不均匀度是表示受光物体表面照度的均匀性系数，即

$$不均匀度 = \frac{最高水平照度}{最低水平照度}$$

照明标准的选定与道路等级、交通量大小、路面的反光性质、路灯的悬吊方式和高度有关。

9.3.2 照明系统的布置

照明布局应尽量发挥照明器的配光特性，以取得较高的路面亮度和满意的均匀度，并注意尽量限制产生眩光。

1. 平面布置

1）照明器在道路上的布置

（1）沿道路两侧对称布置，如图 9.8（a）所示，适用于宽度超过 20m，行人和车辆多的道路上，一般可获得良好的路面亮度。

（2）沿道路两侧交错布置，如图 9.8（b）所示，适用于宽度超过 20m 的主要道路上。这种布置无论在照度及均匀性方面，都比较理想。

（3）沿道路中心线布置，如图 9.8（c）所示，适用于道路两侧行道树分叉点较低，遮光较严重的街道。这种布置经济简单，照度比较均匀，但易产生眩光，维修麻烦。

（4）沿道路单侧布置，如图 9.8（d）所示，一般适用于宽度在 15m 以下的道路上。其特点是经济简单，但照度不均匀。

（5）弯道上布置照明器，在曲线外侧或两侧对称布置。在曲线半径小的弯道上应缩短灯距。

（6）坡道上照明器的布置应适当缩小间距。

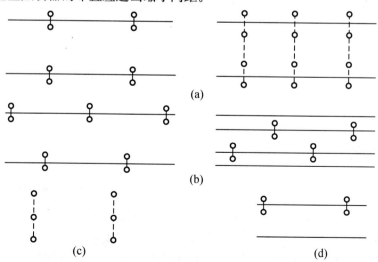

图 9.8 道路照明一般的布置方式

2) 照明器在交叉口的布置

(1) T字形交叉口，照明器多安装在道路尽头的对面，既能有效地照亮交叉口，又有利于驾驶员识别道路。十字形交叉口，照明器安装在交叉口前进方向右侧。

(2) 铁路平交口，照明器安装在前进方向右侧。

2. 横向布置

照明器一般布置在人行道的绿带或分隔带的边上，灯杆竖立在侧石外 0.5~1.0m 处。照明器通过支架悬臂挑出在道路的上空，悬挑长度为 2~4m，如图 9.9 所示。

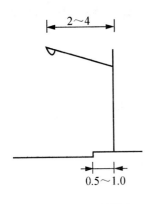

图 9.9 照明器的横向布置（单位：m）

3. 照明器的安装高度和纵向间距

照明器的安装高度 h、纵向间距 L 和配光特性三者之间的关系见式（9.4），如图 9.10 所示。

$$E_A = \frac{I_a \cos\alpha}{r^2} = \frac{I_a \cos^3\alpha}{h^2} \tag{9.4}$$

式中：E_A——路面上任意点 A 的水平照度，lx；

I_a——光源 O 在 a 方向的发光强度；

r——O 至 A 点的距离，m；

h——光源 O 的高度，m；

α——O~A 的连线与路面垂直方向的夹角，（°）。

照明器纵向间距一般为 30~50m，高度为 6~8m。

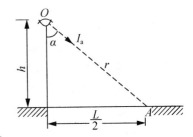

图 9.10 照明布置关系

照明影响着道路安全和行驶流畅与舒适。在行人比较集中和存在路侧干扰及交叉干扰的市区和郊区，安装固定的照明设备是必要的。对于乡区公路也可能需要，但其需要程度较城市街道和靠近市区的道路要小得多。一般认为乡区公路很少需要照明，在运输特别繁忙和重要路段，可配置路灯；在有条件的交叉道口、人行横道等处可采用局部照明。一般情况由车辆本身的车灯照明。

9.4 道路绿化

9.4.1 道路绿化的作用

道路绿化对保持生态平衡，保护、美化环境等都有重要的意义和作用。对公路交通而言，道路绿化既能稳固路基、美化路容、诱导视线、增加乘客的舒适感和安全感，又能积累木材增加收益。积雪、风沙地区还能起防雪、防沙的作用。城市道路绿化是整个城市点、线、面整体绿化的重要组成部分，除了具有改善城市环境和美化城市街景的作用外，还可以起到城市备用地带的作用；绿带下埋设管线，可减少管线维修对路面破坏造成的损失。

9.4.2 道路绿化的布置

公路两侧种植行道树是公路绿化的常见方式。但要注意以下问题：在公路路肩上不得植树，在交叉口范围内和弯道内侧种树，必须达到不妨碍行车视距的要求。市郊、风景区、疗养区等路段应尽量选用常绿树种栽植风景林。行道树及风景林经过农田或经济作物区时，可种植在护坡道或路堤边坡上，以减少占地。

城市道路绿化应因地制宜地将乔木、灌木、草皮、花卉等组合成各种绿化形式。绿化种植一般需要的宽度见表9-1。

表9-1 绿化种植一般需要的宽度

植物	宽度/m	植物	宽度/m
低灌丛	0.8	单行乔木	1.25～2.0m
中灌丛	1.0	双行乔木平列	2.5～5.0，错列 2.0～4.0
高灌丛	1.2	草皮与花卉	1.0～1.5

绿带宽度占道路总宽度的比例，从我国一些城市的实际绿化情况看，40m以上干道中绿化带占道路总宽度的27%左右，在40m以下道路中绿化带占道路总宽度的28%左右。

1. 人行道的绿化

人行道较窄时，用方形、圆形树穴绿化，如图9.11所示，可以避免占用较大的交通面积。

树穴的最小尺寸，应以单行乔木种植生长为准，一般不小于1.25m×1.25m或宽与长之比为1:2的长方形，其宽度大于等于1.2m或直径大于等于1.5m。

为了保证车辆在车行道上行驶时，司机的视线不被绿化遮挡，在人行道上的绿化种植必须保证一定的株距，一般取4～5倍的树冠直径。

在道路两侧人行道上的布置，通常采用对称式布置，限于条件时，也可错开布置或只在一侧种植。

若人行道有足够宽度时，可设置绿带，如图9.12所示。绿带宽度一般为每侧1.5～4.5m，长度为50～100m。

图9.11 人行道的树穴绿化

图9.12 人行道的绿带

2. 分车带绿带

分车带的宽度因道路而异，没有固定尺寸。一般在分车带上种植乔木时，要求宽度不小于 2.5m；若分车带宽度大于 6m，可种两行乔木和花灌木；若分车带宽度小于 2m，只能种草皮和灌木，如图 9.13 所示。

图 9.13 分隔带上的绿化

9.5 人行天桥和人行地道

9.5.1 人行天桥和人行地道的设置地点

人行天桥宜建在交通量大，行人或自行车需要横过行车带的地段或交叉口上。在城市商业网点集中的繁华地段，建造人行天桥既方便群众也易于诱导人们自觉上桥过街。

在某些城市的旧城区商业街道，虽然人流多，但道路较窄，机动车辆少，在这种情况下，则不一定要建造人行天桥。因为建造人行天桥对改善交通收益不大，行人反而感到不便。

人行地道作为城市公用设施，在使用和美观上较好。但是，其工程和维修费用较高，因此，在下列情况下，才考虑修建人行地道。

(1) 重要建筑物及风景区附近，修人行天桥会破坏风景或城市美观。
(2) 横跨的行人特别多的站前道路等。
(3) 修建人行地道比修建人行天桥在工程费用和施工方法上有利。
(4) 有障碍物影响，修建人行天桥需显著提高桥下净空。

总之，选择人行天桥或人行地道时，要充分考虑设置地点的交通状况、道路状况及费用等问题。

9.5.2 人行天桥和人行地道的设计

1. 人行天桥和人行地道的宽度

人行天桥的桥宽和人行地道的宽度主要取决于高峰小时的人流量和设计通行能力。设计时人行天桥和人行地道的通行能力按 2000～2300 人/(h·m) 计算。此外还应考虑到桥宽与道路宽度、交叉口大小比例协调。我国已建的人行天桥和人行地道的宽度一般为 3.0～5.0m。如图 9.14 所示为艺术人行天桥，如图 9.15 所示为充满生机的人行地道。

图 9.14　艺术人行天桥

图 9.15　充满生机的人行地道

2. 阶梯的设计

由于人流通过桥梯的速度低于通过桥面的速度，因此，人行天桥的通行能力往往受桥梯宽度的影响。为了使人流通过桥梯和桥面的速度一致，一般桥梯宽度应略大于桥面宽度。梯宽可根据人流量、通行能力按 1800 人/(h·m) 计算决定。桥梯布置和结构应同建桥点景观协调。

桥梯步级的宽度和高度之和等于 45cm 左右为好。一般常用步级宽为 30cm、高为 15cm，或宽为 28cm、高为 16cm。

在用地紧张的情况下，也可采用螺旋梯。

3. 人行天桥的净空

为满足大型集装箱车和无轨电车行驶，人行天桥的最小净空为 5m。

4. 行人护栏的设置

为引导行人上桥过街，避免穿越桥底，需沿街桥梯两边 50～100m 设置高栏杆，形式以采用 1.1～1.2m 竖杆为宜。

本 章 小 结

本章主要介绍了各种道路设施（公交停靠站、停车场、照明、绿化、人行过街设施）的功能和设计方法。

思 考 题

1. 汽车停车场布局方式有哪些？
2. 道路照明器的布局方式有哪些？

第 10 章

道路交通安全

教学要点

知识要点	掌握程度	相关知识
基本概念	掌握道路交通安全的基本概念	(1) 道路交通安全定义 (2) 交通事故分类及特点
交通事故调查与成因分析	(1) 掌握交通事故的调查方法 (2) 理解交通事故的成因	(1) 交通事故调查内容与方法 (2) 交通事故的统计分析
交通事故预防及安全评价	了解交通事故预防及安全评价	交通事故的评价与预防

基本概念

道路交通安全、事故率。

引例

据世界卫生组织（WHO）统计，每年全球约有120万人死于交通事故，有2000万～5000万人在交通事故中受伤，其中有相当数量的伤者致残。交通事故是15～29岁年轻人的"最大杀手"。交通事故造成的死亡超过90%发生在中低收入国家，而这些国家的汽车保有量不到世界总量的一半。如果不采取行动，到2020年全世界每年死于交通事故的人数将达到190万人。仅有15%的国家针对影响交通安全的五大因素——超速、酒驾、使用安全带、使用儿童安全椅、摩托车驾驶员佩戴安全帽制定了全面的法律法规。

10.1 概　　述

10.1.1 交通事故的定义

1. 定义

由于国情不同，世界各国的交通规则和交通管理规定也不同，对交通事故的定义也不尽相同。

中国对道路交通事故的定义是根据国情、民情和道路交通状况提出来的，即《中华人民共和国道路交通安全法》给出的定义：车辆在道路上因过错或者意外造成的人身伤亡或者财产损失的事件。它基本上适合中国道路、车辆和人员参与交通行为的状况，得到了国家和社会各方面的肯定。

美国国家安全委员会对道路交通事故的定义：在道路上所发生的意料不到的、有害的或危险的事件。这些有害的或危险的事件妨碍着交通行为的完成，常常是由于不安全的行动、不安全的因素或者二者的结合造成的。

日本对道路交通事故的定义：由于车辆在交通中所引起的人的死伤或物的损坏，在道路交通中称为交通事故。

2. 构成要素

从以上对交通事故的定义中可以看出，构成道路交通事故应具备以下 7 个要素，缺一不可。

1) 车辆

交通事故各方当事人中，必须至少有一方使用车辆，包括机动车和非机动车。车辆是构成交通事故的前提条件，无车辆参与则不认为是交通事故。

2) 在道路上

这里的道路是指公用的道路，即《中华人民共和国道路交通安全法》规定的"公路、城市道路和所在单位管辖范围但允许社会机动车通行的地方，包括广场、公共停车场等用于公众通行的场所"。只供本单位车辆和行人通行的，交通管理部门没有义务对其进行管理的，不能算作道路。此外，还应以事态发生时车辆所在的位置，而不是事故发生后车辆所在的位置，来判断其是否在道路上。

3) 在运动中

在运动中是指在行驶或停放过程中。停放过程应理解为交通单元的停车过程，而交通单元处于静止状态停放时所发生的事故（如停车后装卸货物时发生的伤亡事故）不属于交通事故。停车后溜车所发生的事故，在公路上属于交通事故，在货场里则不算作交通事故。所以关键在于交通事故各当事方中，是否至少有一方车辆处于运动状态。例如，乘车人在车辆行驶时,由车上跳下造成的事故属于交通事故;停在路边的车辆,被过往车辆碰撞发生事故,由于对方车辆处在运动中,因而也是交通事故。

4) 发生事态

发生事态即发生碰撞、碾压、刮擦、翻车、坠车、爆炸、失火等其中的一种或几种现象。若没有发生上述事态,而是行人或乘客因其他原因(如疾病)造成死亡的不属于交通事故。

5) 违章

当事人有违反《中华人民共和国道路交通安全法》和其他道路交通管理法规、规章的行为,这是依法追究其肇事责任、以责论处、予以处罚的必要条件。没有违章行为而出现损害后果的事故不属于交通事故;有违章行为,但违章与损害后果无因果关系的也不属于交通事故。

6) 过失

过失是当事人因疏忽大意没有预见到应该预见的后果或已经预见而轻率地自信可以避免,以致发生损害后果。即造成事态的原因是人为的,而不是因为人力无法抗拒的自然原因,如地震、台风、山崩、泥石流、雪崩等造成的事故,行人自杀或利用交通工具进行其他犯罪,以及精神病患者在发作期间行为不能自控而发生的事故,均不属于交通事故。

7) 有后果

交通事故必定有损害后果,即人、畜伤亡或车、物损坏,这是构成交通事故的本质特征。因当事人违章行为造成了损害后果,才算作交通事故;如果只有违章而没有损害后果则不能算作交通事故。

以上 7 个要素可以作为鉴别道路交通事故的依据和必要条件,在实际工作中应加以运用。

3. 现象

交通事故现象,又称交通事故的形式,即交通参与者之间发生冲突或自身失控造成肇事所表现出来的具体形态,基本上可分为碰撞、碾压、刮擦、翻车、坠车、爆炸和失火 7 种。

10.1.2 交通事故的分类

1. 按事故责任分类

根据交通事故的主要责任方所涉及的车种和人员,在统计工作中可将交通事故分为机动车事故、非机动车事故和行人事故三种。

2. 按事故后果分类

根据人身伤亡或者财产损失的程度或数额,交通事故可分为轻微事故、一般事故、重大事故和特大事故。

3. 按事故原因分类

从原因上可以把交通事故分为主观原因造成的事故和客观原因造成的事故两类。

4. 按事故的对象分类

按事故的对象可将交通事故分为车辆间的交通事故、车辆与行人的交通事故、机动车对非机动车的交通事故、车辆自身事故、车辆对固定物的事故 5 种类型。

5. 按事故发生地点分类

交通事故发生地点一般是指哪一级道路,在我国,公路可分为高速公路和一、二、三、四级公路 5 个等级;城市道路可分为快速路、主干路、次干路、支路 4 个等级。另外,还可按在道路交叉口和路段所发生的交通事故来分类。

10.1.3 交通事故的特点

交通事故具有如下特点:随机性、突发性、频发性、社会性及不可逆性。

1. 随机性

交通工具本身是一个系统,当它在交通系统中运行时则牵涉到一个更大的系统。在交通系统这样的动态大系统中,某个失误就可能引起一系列其他失误,从而引发危及整个系统的大事故,而这些失误绝大多数是随机的,即是纯粹的随机事件。

道路交通事故往往是多种因素共同作用或互相引发的结果,其中有许多因素本身就是随机的(如气候因素),而多种因素正好凑在一起或互相引发则具有更大的随机性,因此道路交通事故的发生必定带有极大随机性。

2. 突发性

道路交通事故的发生通常并没有任何先兆,即具有突发性。驾驶员从感知到危险至交通事故发生这段时间极为短暂,往往短于驾驶员的反应时间与采取相应措施所需的时间之和。或者即使事故发生前驾驶员有足够的反应时间,但由于驾驶员反应不正确、不准确而操作错误或不适宜,从而导致交通事故。

3. 频发性

由于汽车工业的高速发展,车辆急剧增加,交通量增大,造成车辆与道路比例的严重失调,加之交通管理不善等原因,造成道路交通事故频繁,伤亡人数增多,道路交通事故已成为世界性的一大公害。许多国家因道路交通事故造成的经济损失约为其国民生产总值的 1%。因此,人们称道路交通事故是"无休止的交通战争"。

4. 社会性

道路交通是随着社会和经济的发展而发展的客观社会现象,是人们客观需要的一种社会活动,这种活动是人们日常生活和工作必不可少的。在目前现代化的城市中,由于大生产带来的社会分工越来越细,人际协作和交往也越来越密切,使人们在道路上的活动日趋频繁,成为一种社会的客观需求。

道路交通事故是伴随着道路交通的发展而产生的一种现象,无论何时,只要人参与交通,就存在涉及交通事故的危险性。道路交通随着社会的发展不断地进行演变,从步行到马车再到今天的汽车,以至形成今天的规模。这个过程不仅表明人们对道路交通的追求意识和发展意识,也证明了道路交通事故是随着社会发展和经济发展而发展的客观存在的社会现象,即道路交通事故具有社会性。

5. 不可逆性

道路交通事故的不可逆性是指其不可重现性。事故是人、车、路组成的系统内部发展的产物,与该系统的变量有关,并受一些外部因素的影响。尽管事故是人类行为的结果,但却不是人类行为的期望结果。

从行为科学的观点看,社会上没有哪种行为与事故发生时的行为相类似,无论如何研究事故发生的机理和防治措施,也不能预测何时何地何人发生何种事故。因此,道路交通事故是不可重现的,其过程是不可逆的。

10.2 交通事故的调查与处理

事故调查主要是指对交通事故现场的调查。事故调查是分析与处理事故的起点,由现场勘查获得的事故原始资料是开展后续工作的基础。

事故处理是指对一起具体交通事故的结案过程。正确处理交通事故可以保护国家利益和公民的正当权益。此外,处理交通事故也是维护法律尊严、整顿交通秩序、促进交通安全的重要手段。

10.2.1 交通事故调查的内容和方法

1. 调查内容

道路交通事故调查按照调查的先后顺序可分为事故现场勘查和事后调查。事故调查的主要内容如下。

(1) 事故相关人员调查:包括事故当事人的年龄、性别、家庭、工作、驾驶证、驾龄、心理生理状况等。

(2) 事故相关车辆调查:包括车辆的类型、出厂日期、荷载、车辆的技术参数、车身上的碰撞点位置、车身破损变形。

(3) 事故发生道路调查:包括道路的线形、几何尺寸、路面(沥青、水泥、土、砂石等材料状况,雨雪等湿滑状况)。

(4) 事故发生的环境调查:包括天气(风、雪、雨、雾、阴、晴等对视线的影响)、交通流、现场周围建筑、交通管理和控制方式等。

(5) 事故现场痕迹调查:路面痕迹(拖印、凿印、挫印、划痕)、散落物位置、人车损伤痕迹等。

(6) 事故发生过程调查:主要对车辆和行人在整个事故过程中的运动状态进行调查,包括速度大小、速度方向、加速度及在路面上的行驶轨迹、路面碰撞点。

(7) 事故发生原因调查:包括主观原因(人的违法行为或故意行为)和客观原因(道路原因、车辆原因、自然原因等)调查。

(8) 事故后果调查：包括人员伤亡和财产损失调查。

(9) 其他调查：除了上述调查内容之外，还有事故发生的时间、地点、当地民俗及事故目击者、证人等的调查。

2. 调查方法

道路交通事故的调查涉及很多内容，不同内容的调查方法也多种多样，总体来说可以分为以下几类。

（1）人工方法：是通过事故调查人员的观察、询问、讯问、人工测量等进行的调查。

（2）仪器方法：是利用各种仪器进行的调查。

（3）鉴定方法：是鉴定人员运用自己的专门知识和技术，对案件中需要解决的专门性问题做出结论性判断的方法，具有客观性和科学性的特点。

（4）实验方法：多在事故现场进行。例如，现场制动试验就可以在相同的车辆、道路和环境下进行，测试车辆的制动性能或者事发前的车速。

（5）录像方法：是一种事前使用的仪器法，某些交通事故的交叉口或者路段安装有摄像机，因而能够拍摄下事故发生的全过程，这也是一种非常有效的事故调查手段。

10.2.2 事故的处理

道路交通事故处理，是指公安机关交通管理部门依据《中华人民共和国道路交通安全法》及有关行政法规、规章的规定，对发生的交通事故勘查现场、手机证据、认定交通事故、处罚责任人、对损害赔偿进行调解的过程。

1. 事故处理程序

交通事故处理程序是指公安交通管理机关在处理交通事故中必须遵守的法定程序和制度，即处理交通事故的操作规程。交通事故处理程序一般包括从立案、事故调查到善后处理的各个主要环节，具体如下：立案—事故调查—事故认定—处罚执行—损害赔偿—调解。此外，针对人员伤亡和财产损失很小的交通事故，公安部提出了应用"简易程序"的处理方法，可以提高事故处理效率、减少交通拥堵、减小公安交警人员的工作量。

2. 事故责任认定

交通事故责任认定就是对当事人有无违章行为，违章行为与事故后果之间有无因果关系，以及违章行为在事故中的作用所进行的一种定性、定量的描述。责任认定是否准确，直接关系到整个事故处理工作的成败。

1）交通事故责任认定的原则

在查清了事故发生的真实情况后，便可运用交通法规去衡量当事人的行为，进而确定其是否应承担事故责任及责任的大小。

（1）交通事故责任认定定性有以下几条原则。

① 当事人无交通违章行为，不应负事故责任。

② 当事人有交通违章行为但与事故发生无因果关系，不应负事故责任。

③ 当事人有违章行为且与事故发生有因果关系，应负事故责任。

(2) 交通事故责任认定定量有以下几条原则。

① 违章行为扰乱了正常道路交通秩序，破坏了交通法规中有关各行其道和让行的原则，在引发事故方面起着主导的作用，即违章行为是交通事故的主要的、直接的原因时，这个当事人的责任相对要大于对方当事人。

② 违章行为在事故的发生中只是促成因素并且起着被动的或只起加重后果的作用，即违章行为是交通事故次要的、间接的原因时，这个当事人的责任就要小于对方当事人。

2) 交通事故责任分类

根据《中华人民共和国道路交通安全法》规定，交通事故责任分为全部责任、主要责任、同等责任和次要责任4种。

(1) 全部责任。交通事故完全是由一方当事人的违章行为所造成的，另一方当事人无任何违章行为，或者也有违章行为，但和事故没有因果关系，则应由导致事故发生的一方当事人承担该起事故的全部责任，另一方当事人不负事故责任。

(2) 主要责任和次要责任。在交通事故中，双方当事人都有违反交通法规的行为存在，违章行为和交通事故的发生都有因果关系，但程度有区别，情节有轻重，有的违章是造成事故的主要原因，有的违章是造成事故的次要原因。那么，应由违章情节较重，是造成交通事故发生主要原因的一方当事人负该起事故的主要责任，另一方当事人负事故的次要责任。

(3) 同等责任。交通事故的双方当事人都有违反交通法规的行为存在，这些违章行为和交通事故的发生都有直接的因果关系，且违章情节轻重一样，很难分清主次，则由双方当事人负该起交通事故的同等责任。

在交通事故中，如当事人有三方及三方以上的，则可根据各方当事人的行为与交通事故的关系，参照上述责任种类进行认定，各方分担事故的责任。

3. 对当事人的处罚

1) 对当事人刑事责任的追究

对造成交通事故构成交通肇事罪的当事人，应依法追究其刑事责任。我国《刑法》第113条明确规定："从事交通运输的人员违反规章制度，因而发生重大事故，致人重伤、死亡或者是公私财产受重大损失，处三年以下有期徒刑或者拘役；情节特别恶劣的，处三年以上七年以下有期徒刑，非交通运输人员犯前款罪的，依照前款规定处罚。"

2) 对当事人民事责任的追究

交通事故实际上是由于肇事者的侵权行为，而致使他人（包括国家和集体）的财产遭受损失的事件。因此，肇事者应承担侵权行为的民事责任，即交通事故责任者应按照所负交通事故责任承担相应的事故损害赔偿。

3) 对当事人行政责任的追究

行政责任中的行政处分由当事人所在单位主管部门予以追究，不在本书讨论范围；行政责任中的行政处罚是由公安交通管理机关做出的，适用于造成交通事故尚不够刑事处罚的事故当事人。行政处罚的方式有警告、罚款、吊扣驾驶证、吊销驾驶证及行政拘留等。

4. 事故损害赔偿调解

交通事故引起的人员伤亡和公私财产的损失，称为交通事故损害。事故损害赔偿是指事故责任者对事故损害后果应承担的赔偿责任。

损害赔偿的总数额除交通事故造成的直接财产损失折款外,还包括医疗费、误工费、住院伙食补助费、护理费、残疾者生活补助费、残疾用具费、丧葬费、死亡补偿费、被抚养人生活费、交通费及住宿费等。

交通事故的调节作为解决交通事故损害赔偿的形式,不同于法律上的经济赔偿判决。它可以通过会议形式进行,也可以个别协商,取得一致意见,对经济责任及有关事宜达成协议后,形成调解协议书,当事各方签字后生效。

10.3 交通事故分析

10.3.1 交通事故统计分析

1. 交通事故统计调查

交通事故统计调查是收集事故及相关资料的过程,对整个统计分析具有重要意义。如果调查获得的资料不准确、不全面,即使后面的工作做得再好,也不可能得出正确结论。因此,在进行事故统计调查时,一定要确保资料的准确、安全和及时。

交通事故统计资料的汇总,广泛应用的是分类统计方法,有4种常见的分类形式。

1) 按地区分类

按地区分类即按交通事故的发生地区进行分组统计和汇总,全国性的统计资料多按省、市分组;省一级按市(地)、县分组;国际性统计资料则按国别分组。

2) 按时间分类

按时间分类即按交通事故的发生时间进行分组统计和汇总,从按时间分类的统计结果中可明显看到交通事故随时间而变化的情况,所以统计结果具有动态性质。

3) 按质别分类

按质别分类即按交通事故统计对象的属性不同进行分组统计和汇总,如按车辆类型、事故原因、人员伤亡、道路状况、天气条件、事故形态等分组统计和汇总。

4) 按量别分类

按量别分类即按统计对象的数值大小进行分组统计和汇总,如按事故直接经济损失的数额、肇事驾驶员的年龄、车速、道路坡度等分组统计和汇总。

2. 交通事故统计分析指标

1) 绝对指标

绝对指标是用来反映事故总体规模和水平的绝对数量。我国目前在交通安全管理上常采用的绝对指标有交通事故次数、受伤人数、死亡人数和直接经济损失,即交通安全四项指标。

2) 相对指标

相对指标是通过事故总体中的有关指标进行对比而得到的。相对指标可分为结构相对数、比较相对数和强度相对数。

3) 平均指标

平均指标，即平均数，是说明事故总体一般水平的统计指标，通常用以表明某地或某一时间段内的平均事故状况。

4) 动态指标

为进一步认识事故现象在时间上的发展变化规律，需要一些动态分析指标。在交通事故统计分析中，常采用的动态分析指标有动态绝对数、动态相对数和动态平均数。

5) 事故率

道路交通事故率是表示一定时期内，一个国家、某一地区或某一具体道路地点的事故次数、伤亡人数与其人口数、登记机动车辆数、运行里程的相对关系。事故率作为重要的强度相对指标，既可表示综合治理交通的水平，又是交通安全评价的基础指标，应用广泛。根据计算方法和用途的不同，可分为亿车公里事故率、百万辆车事故率、人口事故率、车辆事故率和综合事故率等，具体算法如下。

(1) 亿车公里事故率为

$$R_V = \frac{D}{V} \times 10^8 \tag{10.1}$$

式中：D——全年交通事故次数或伤、亡人数；

V——全年总计运行车公里数。

(2) 百万辆车事故率为

$$R_M = \frac{D}{M} \times 10^6 \tag{10.2}$$

式中：D——全年交通事故次数或伤、亡人数；

M——统计区域机动车保有量。

(3) 人口事故率为

$$R_P = \frac{D}{P} \times 10^6 \tag{10.3}$$

式中：R_P——每 100 万人的事故死亡率；

D——全年或一定时期内的事故死亡人数；

P——统计区域人口数。

(4) 车辆事故率为

$$R_V = \frac{D}{V} \times 10^5 \tag{10.4}$$

式中：R_V——每 10 万辆机动车的事故死亡率；

D——全年或一定期间内事故死亡人数；

V——机动车保有量。

(5) 综合事故率为

$$R = \frac{D}{\sqrt{VP}} \times 10^4 \tag{10.5}$$

式中：R——综合事故率，也称死亡系数，即一年间或一定时期内道路交通事故死亡率；

D——全年或一定时期内事故死亡人数；

V——机动车拥有量；

P——人口数。

3. 统计分析方法

交通事故统计分析的方法主要有统计表法和统计图法。

1）统计表法

根据不同的分析目的，将统计分析的结果编成各种表格，即为统计表。其内容包括各种必要的绝对指标和相对指标，是交通事故统计中常用的一种方式。按照统计数字或统计指标的不同特点，统计表可分为静态统计表和动态统计表。

仅列出同一时期事故统计数的表格称为静态统计表。从时间状态上看，表上的统计数是静止的，从而便于对不同地区或不同性质条件的事故现象进行相互对比。静态表中可同时列出相对数和绝对数。

将不同时间事故统计数字列成表格，就成为动态统计表，可用于反映交通事故随时间变化或分布的情况。

2）统计图法

统计图法是利用一些几何图形或象形图形等，将统计数字或计算出的统计指标形象化，从而反映事故现象的数量关系和发展变化趋势。统计图法的主要作用如下：表明现象之间的对比关系；反映事故现象的发展变化趋势；表明事故总体的内部结构；表明事故的分布情况；揭示事故现象之间的相互依存关系等。作为数字的语言，统计图比统计表更鲜明、更直观、更生动有力。但图形只能起示意作用，数量之间的差距，往往又被抽象化了。因此，在实际工作中，统计图常常与统计表、文字分析结合应用。

常用的统计图有条形图（直方图）、圆形图（扇形图）、散布图、排列图和统计地图等。

10.3.2 交通事故成因分析

交通事故是在特定的交通环境下，由于人、车、路、环境诸要素配合失调而发生的，因此，分析交通事故的成因分布特点最主要的就是分析人、车、路、环境等因素对交通事故形成的影响程度。

国外大量的事故统计分析结果表明，在所有的道路交通事故中，直接因人的原因引发的交通事故约占事故总数的90％，因道路和车辆原因引发的交通事故约占10％。我国各地的交通事故统计结果也表明了这一点。

1. 人的原因

交通活动中的行为人主要有机动车驾驶员、骑车人、行人和车上乘员。据1988—1992年全国道路交通死亡事故的统计分析可知，因驾驶员过错造成的死亡人数约占全部死亡人数的60％以上，加上无证驾驶的约达到70％。从造成事故的违章行为来看，由大到小依次是超速行驶、违章操作、违章超车、逆道行驶、违章装载和酒后驾车。每年非驾驶员开车肇事，约占驾驶人员肇事的10％。

自行车交通是我国道路交通的特色。据统计，在交通死亡事故中，因骑车人原因造成的死亡人数占全部死亡人数的13%。骑车人引发交通事故的主要原因是违章在机动车道内行驶、猛拐和抢行。

据全国交通死亡事故情况分析显示,因行人过失造成的死亡人数约占全部死亡人数的12%。行人违章发生交通事故主要表现在不走人行道、无视交通信号和交警指挥而横穿道路。乘车人违章导致交通事故主要表现为将身体伸到车外及在车辆还没有停稳就上、下车。另外,还可对事故责任者的年龄、驾龄、职业分布及事故受害者的年龄、职业等进行更详细的统计研究。

2. 车辆的原因

车辆作为现代道路交通的主要运载工具,其性能的好坏,是影响道路交通安全的重要因素。虽然因车辆技术性能不良引起的交通事故比例并不大,但这类事故一旦发生,其后果一般是比较严重的。

由车辆原因造成的交通事故通常是制动失灵、灯光失效、机件损坏和车辆装载超高、超宽、超载及货物绑扎不牢等原因所致。另外,由于车辆在行驶过程中,各种机件承受着反复交变荷载,当超过一定数量后也会突然发生疲劳而酿成交通事故。除此以外,一些单位维修制度不完善、不落实,车辆检验方法落后,致使一些车辆常常因带病行驶而肇事,这也是车辆本身造成事故的原因之一。据调查统计,现有运行车辆中50%左右属于机构失调、带病运行的,特别是个体车辆更为严重。

上述因车辆原因引发的交通事故,在排除责任事故后,其他的可统称为车辆机械事故。根据1995年我国道路交通事故的统计资料(图10.1)可知,车辆机械事故主要发生在车辆制动系统和转向系统,其中因制动方面故障而引发的交通事故约占机械故障事故总数的70%。

随着汽车技术的不断发展,因车辆机械故障导致的事故比例越来越小。据近年来统计,发达国家这类事故占事故总数的比例在0.5%以下。我国目前这类事故还比较多,约占事故总数的5%左右。

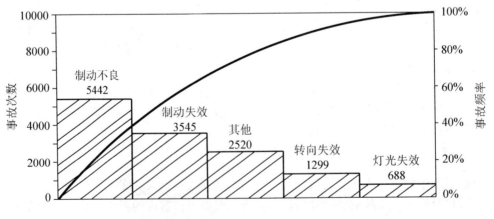

图10.1 我国道路交通机械故障事故排列

3. 道路的原因

我国每年因道路原因造成的交通事故占事故总数的3%~5%。从道路线形上看,死亡事故多发生在平直道路上（图 10.2），这与道路里程中平直路段所占比例大有关。另外，平直路上车速快，也是事故多发的重要原因。急弯陡坡路段事故虽然不多，但是损失严重的群死群伤事故多发生在这些地方。

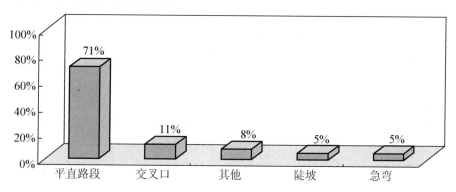

图 10.2　我国道路交通死亡事故的地点分布

4．环境因素

道路周围的环境对交通事故有较大影响。一般来说，城市交通干道两侧商业化程度高的路段和公路通过村镇、街道化程度高路段的事故率高于其他路段。据美国加利福尼亚州交通事故死亡率调查发现，不同地区道路交通事故率的分布有较大差别，市区和野外的高速公路亿车公里事故率分别为 2.43 人/亿车公里和 1.35 人/亿车公里，后者仅为前者的 50%。城市不同区域内道路上的事故率也有较大差异，一般市区商业中心道路上的事故率最高，因此应加强交通复杂地区的交通管理和事故预防工作。

风、雨、雾和冰雪等恶劣天气，严重影响了驾驶员正常驾驶的条件，导致事故多发。尽管不良天气在一年当中所占比例不大，但在此期间的事故率却明显高于正常天气。根据 1988—1992 年全国事故统计资料显示，不良天气的死亡事故次数占总死亡事故次数的 23.5%，死亡人数占 24.3%，因此，应重视不良天气的事故预防工作。

10.4　交通安全评价

交通安全评价是对某一地区、路线、路段或地点（断面）的交通安全程度的评估，是对交通事故发生情况的客观描述，同时也为客观分析道路条件提供了非常重要的依据。交通安全评价可用交通安全度来表征，交通安全度也称交通安全的程度，是用各种统计指标，通过一定的运算方式来评价客观的交通安全状况。

国内外关于城市道路交通安全度的评价方法有很多，如图 10.3 所示。

1．宏观评价

1）绝对数法

用事故次数、死亡人数、受伤人数及直接经济损失四项绝对指标评价安全度，是目前我国用得最普遍的方法。它比较简单直观，但由于不涉及影响交通事故发生的主要因素的差异,而不能揭示交通安全的实质。

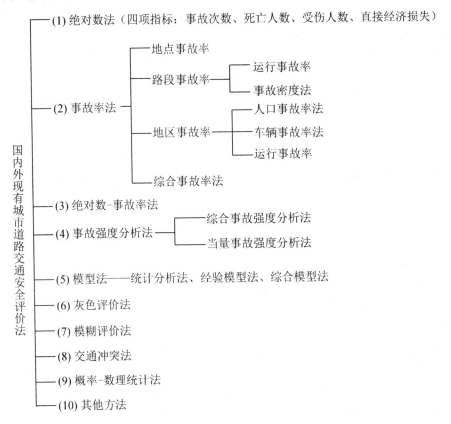

图10.3 交通安全评价方法

2) 事故率法

作为交通安全度的宏观评价方法,常用的有三种事故率法,即人口事故率法、车辆事故率法和运行事故率法,其中,人口事故率法和车辆事故率法能够反映交通安全的不同侧面,运行事故率法较为科学,但目前交通运营量难以及时掌握,一般采用估算值。

(1) 人口事故率为

$$R_P = (F/P) \times 10^5 \tag{10.6}$$

式中:R_P——道路交通事故10万人口死亡率,人/10万人口;
　　　F——道路交通事故死亡人数,人;
　　　P——统计区域的常住人口数,人。

(2) 车辆事故率为

$$R_V = (F/V) \times 10^4 \tag{10.7}$$

式中:R_V——道路交通事故万车死亡率,人/万车;
　　　V——统计区域机动车保有量,辆。

(3) 运行事故率为

$$R_T = (F/T) \times 10^8 \tag{10.8}$$

式中:R_T——道路交通事故亿车公里死亡率,人/亿车公里;

T——统计区域内总运行车公里数。

3) 模型法

现行模型法有两类,一类是统计分析模型,利用多元回归法建模;另一类是经验法建模。前者国外用得多,后者国内用得多。

(1) 统计分析模型。

① 斯密德(R. J. Smeed)模型为

$$D = 0.0003 \sqrt[3]{NP^2} \tag{10.9}$$

式中:D——交通事故死亡人数;

N——机动车登记数,辆;

P——人口数,人。

② 意大利特里波罗斯多元回归模型为

$$y = 58.770 + 30.322x_1 + 4.278x_2 - 0.107x_3 - 0.776x_4 - 2.87x_5 + 0.147x_6 \tag{10.10}$$

式中:y——人口事故率,死亡人数/10万人;

x_1——交通工具机动化程度,km/km²;

x_2——平均每平方公里道路长度;

x_3——居住在大城市中的人口比例,%;

x_4——19岁以下青少年所占人口比例,%;

x_5——65岁以上的老年人口比例,%;

x_6——小客车与出租汽车在车辆中所占的比例,%。

(2) 经验法模型。

经验法常用的安全度评价模式为

$$R = D_d / (365 \times K_1 \times 10^3) \tag{10.11}$$
$$D_d = D_1 + a_1 D_2 + a_2 D_3 + a_3 D_4$$

式中: D_1——交通事故直接死亡人数;

D_2——交通事故轻伤人数;

D_3——交通事故重伤人数;

D_4——交通事故直接经济损失,万元;

K_1——经换算后的辖区道路长度内车辆运行公里数;

a_1、a_2、a_3——轻伤人、重伤人、经济损失与死亡的当量系数。

4) 事故强度法

(1) 综合事故强度分析法。死亡强度指标为

$$K = \frac{M \times 10^4}{\sqrt{RCL}} \tag{10.12}$$

式中:K——死亡强度指标,K越小,安全度越高;

M——当量死亡人数,M=死亡人数+0.33×重伤人数+0.10×轻伤人数+2×直接经济损失(万元);

C——当量汽车数,C=汽车+0.4×摩托车和三轮车+0.3×自行车+0.2×畜力车;

R——人口数,$R=0.7P$(P为人口总数);

L——不同道路条件下的修正系数,见表 10-1。

表 10-1 不同道路条件下的修正系数 L

里程/km 公路等级	<50	50~500	500~2000	2000~10000	10000
一	0.8	0.9	1.0	1.1	1.2
二	0.9	1.0	1.1	1.2	1.3
三	1.0	1.1	1.2	1.3	1.4
四	0.9	1.0	1.1	1.2	1.3
等外	0.8	0.9	1.0	1.1	1.2

(2) 当量事故强度分析法。当量综合死亡率为

$$K_d = 10^3 \times \frac{D_d}{\sqrt[3]{P \cdot N_d \cdot L}} \tag{10.13}$$

式中:K_d——当量综合死亡率;

D_d——当量死亡人数;

N_d——当量车辆数;

P——人口数,人;

L——公路里程,km。

K_d 采用了当量值,且考虑的因素全面,基本概括了人、车、路对交通事故的影响。但当量死亡人数、当量车辆数、道路里程的标准化问题尚需研究。

5) 四项指标相对数法

四项指标相对数法是把不同类型道路交通事故的四项指标的绝对数占总数的百分比作为一个相对指标,利用此相对指标可深入地认识各种道路类型交通事故的对比情况,判断各种道路类型交通事故发生的比例,计算公式为

$$\eta = \frac{A_i}{\sum A_i} \times 100\% \tag{10.14}$$

式中:η——指标的相对数;

A_i——不同道路类型的交通事故各项指标的绝对数;

$\sum A_i$——各种道路类型的交通事故各项指标总数。

应用四项指标相对数法可以从总体上对各种类型道路的交通事故情况进行分析,确定不同类型道路的交通事故分布比例。

2. 微观评价

我们将交通安全微观评价分为路段评价与交叉口评价两方面介绍。

1) 路段评价

(1) 绝对数-事故率法。绝对数-事故率是将绝对数法和事故率法结合起来评价交通安全度的方法。以事故绝对数为横坐标,以每公里事故率为纵坐标,按事故绝对数和事故率的一定值,将绝对数-事故率分析图划出不同的危险级别区,Ⅰ区、Ⅱ区、Ⅲ区分别代表不同的危险级别,Ⅰ区为最危险区,也即是道路交通事故数和事故率均为最高的事故多发道路类型,据此,可以直观地判断不同路段的安全度。如图 10.4 所示。

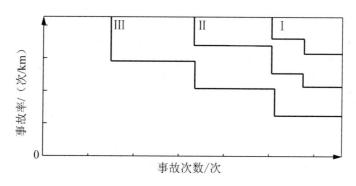

图 10.4 绝对数-事故率分析图

（2）交通事故率法。路段交通事故率指标，以每亿车千米交通事故次数表示，即

$$AH = \frac{N}{Q \cdot L} \times 10^8 \tag{10.15}$$

式中：AH——事故率（次/亿车千米）；
$\quad\quad Q$——路段年交通量，$Q = 365 \times AADT$（年平均日交通量）；
$\quad\quad L$——路段长度，km；
$\quad\quad N$——路段内发生的交通事故次数。

交通事故率表征了某一路段发生交通事故的危险程度。它与交通参与者遵章行驶的状态有关，与交通流量紧密相连，故而是值得推荐的较为科学的路段安全评价指标。

2）交叉口评价

（1）交通事故率法。交叉口事故率用每百万台车发生交通事故的次数表示，即

$$A_I = \frac{N}{M} \times 10^7 \tag{10.16}$$

式中：A_I——交叉口事故率，次/100万台车；
$\quad\quad N$——交叉口范围内发生的事故次数；
$\quad\quad M$——通过交叉口的车辆数。

交叉口事故率是评价路口安全的综合指标。

（2）速度比辅助法。速度比以通过交叉路口的机动车行驶速度与相应路段上的区间车速的比值表示，即

$$R_I = v_I / v_H \tag{10.17}$$

式中：R_I——速度比；
$\quad\quad v_I$——路口速度，km/h；
$\quad\quad v_H$——区间车速，km/h。

一般在交叉路口冲突点多，行车干扰大，车速低，甚至往往造成行车阻滞。因此，速度比能够表征交叉口的行车秩序和交通管理状况。速度比是一项综合指标，并且是一个无量纲的值，它与交通事故率法结合使用，使之更具有可比性。

（3）交通冲突法。

① 交通冲突技术基本概念。交通冲突技术自20世纪60年代在美国开始应用。它的最初目的是为了调查通用汽车公司的车辆在驾驶时是否与其他车辆一样。该法很快被一些交

通安全组织应用于预测评价交叉口潜在事故数和鉴别系统缺陷中。1970年以后，该法被加拿大和一些欧洲国家使用。1979年以后陆续在巴黎、瑞典、联邦德国、比利时等国家举办了国际冲突技术会议，并出版了国际交通冲突会议论文集。目前，交通冲突技术在世界许多国家得到广泛应用，成为国际上用于定量研究多种交通安全（特别是地点安全）问题及其对策的重要方法。

交通冲突是在可观测条件下，两个或两个以上道路使用者在同一时间、空间上相互接近，如果其中一方采取非正常交通行为，如转换方向、改变车速、突然停车等，除非另一方也相应采取避险行为，否则，会处于碰撞的境地。这一现象就是交叉口的交通冲突。

② 交通冲突与交通事故的关系。交通冲突的实质是交通行为不安全因素的表现形式，其发展既可能导致事故发生，也可能因采取的避险行为得当而避免事故发生，因而事故与冲突存在着极为相似的形式，两者的唯一差别在于是否发生了直接的损害性后果。事故与冲突的关系可用冲突的严重性程度进行描述。交通冲突研究的关键在于判定是否为严重冲突，以及确定严重冲突与事故的定量关系。

③ 交通冲突的测定。事故分析方法的研究表明，事故勘察测量主要根据 $T=S/V$（时间 T、距离 S、速度 V）的基本关系式，即分别采用 CS、TA 或 TS 三类测量参数来研究肇事责任者与事故接触点的关系。交通冲突作为未产生损害后果的"准事故"，测量参数可以作如下选择。

a. 冲突距离（TS）：指冲突当事者避险行为生效的瞬间位置距事故接触点的距离（m）。

由经过专门训练的冲突观测员根据定义进行现场测量。

由定点摄像-屏幕监控系统进行遥测记录。

b. 冲突速度（CS）：指冲突当事者避险行为生效时的瞬间速度（m/s）。

由经训练的冲突观测员用雷达测速仪进行现场测量。

由雷达测速仪-自动摄像-计算机接口监控系统进行测量记录。

由车载记录仪-计算机接口监控系统追踪测量记录。

c. 冲突时间（TA）：指冲突当事者避险行为生效的瞬间至事故接触点的时间过程（m）。

由冲突观测员根据目测的 T 值和 C 值，查标准表得到。

由中心监控室计算机编程输入处理。

根据对部分国家的交通冲突技术研究表明，如果选用现场人工观测，则应选择 TS、CS 作为测量参数，并以 TS、CS 观测值导出 TA 值作为冲突严重性判别参数较为合理。目前对冲突严重性的分类方法主要有两类：方法一，选择距离作为度量参数，即空间距离法。该方法在实际应用中十分直观且合乎逻辑，冲突双方之间的距离越小，则相撞的可能性就越大，当趋于无穷小时，即发生事故。方法二，选择时间作为度量参数，即时间距离法，它在一定程度上综合反映了道路使用者避让事故所需要的空间距离、速度、加速度及转向能力。时间距离小可以反映出距相撞点很近、速度很高或两者都有。这也正是部分国家建议采用时间距离法作为严重冲突度量参数的原因。以上两种方法在安全评价中各有优缺点，针对具体情况，可选择不同的度量参数。但无论采用何种参数，其目的只有一个，即迅速准确地判定出严重冲突。

10.5 交通事故的预防

交通事故预防是交通安全的主要任务之一，也是交通工程学研究的重要内容。从交通工程学的角度，认为预防交通事故应从法规、教育和工程三个方面出发；从构成道路交通四要素人、车、路、环境的角度，认为预防交通事故也从这四个方面着手。

10.5.1 健全交通法制

加强道路交通安全法规体系建设是改善道路交通安全整体水平直接、有效的措施。我国目前的道路交通安全法规体系的内容已涵盖在若干不同的法律、法规及其他交通管理的规范性文件之中，并且在我国目前的道路交通运营实践中发挥着积极和重要的作用。随着时代的发展，法律体系也要相应地加以修正和调整。

10.5.2 加强交通安全教育

1. 开展交通安全宣传

交通安全宣传活动是宣传群众、教育群众的重要方法。进行宣传活动应重视取得实际的效果，要把交通安全和每个人的切身利益联系起来，引起他们对交通安全的关注。要采用群众喜闻乐见的宣传形式，寓教于人们日常工作生活之中，于文化娱乐之中。同时，宣传活动必须尽最大可能调动社会的力量，力求宣传的深度和广度，保证宣传质量。

2. 加强交通安全教育

交通安全教育应像其他文化知识一样，从幼儿开始就进行系统的教育。在高中以前的各个教育阶段都列为必修课，使学生从接受教育开始就不断地树立交通法制的观念、交通安全的观念、交通道德的观念和安全通行的观念。对社会面上的教育，要针对不同的对象，采取不同的方式、方法，有的放矢地进行。

10.5.3 提高车辆安全性能，保持良好车况

1. 主动安全措施

（1）改善侧面和前部的视野，安装倒车灯和倒车警报器，以预防因盲区而引起的交通事故。

（2）提高挡风玻璃的透视性能，以预防因雨雪和结霜而引起的交通事故。

（3）采取防眩目措施，提高前照灯的照度，以预防因眩目和前照灯照度不足而引起的交通事故。

（4）在动力性方面，提高超车加速能力，安装驱动防滑系统。

（5）在操作稳定性方面，提高操作稳定性和轻便性。

（6）在制动性方面，安装辅助制动系统、ABS防抱死系统和缓速器、制动系故障的报警系统，提高轮胎的防滑性能等措施，借以保障安全。

（7）在车辆本身预防事故措施方面，还要提高车辆的被视认性能，包括后部、标志、行驶方向的被视认性，以预防事故的发生。

2. 被动安全措施

1）车内措施

车内措施主要包括尽可能提高乘员空间，即车身的强度，以减小碰撞时的变形，采用钢化玻璃或隔层玻璃，以减轻发生事故时玻璃对乘员的伤害；加大方向盘的面积，使之具有一定的弹性，车内的开关、旋钮、把手等要尽量圆滑并柔软，车门和棚顶具有足够的强度，以保护乘员的安全和便于抢救。此外，预防火灾的性能和安全带、安全气囊对乘员安全的防护，均有重要的作用。

2）车外措施

车外措施主要是指碰撞自行车和行人时尽可能地减轻伤害，如保险杠应尽可能的圆滑并有弹性，活动式的后视镜和挡泥板，与挂车连接部分的防护网等，对保护交通弱者都会起到一定的效果。

10.5.4 加强道路及其交通安全设施建设

1. 改善道路条件

从道路线形设计方面考虑，应严格按照设计道路的平曲线和竖曲线，使弯道、坡道符合公路工程技术标准。各种线形组合要充分考虑安全性。

2. 完善道路安全设施

道路安全设施主要包括分隔带、安全护栏、交通标志、标线、视线诱导设施和防眩设施等，对于城市交通还包括行人过街天桥、行人地道、交通安全岛等。

3. 实施交通控制

交通控制可以分为交通信号控制和交通法规控制。交通信号控制是指在道路入口和交叉口处设立交通信号灯，合理控制车辆的行驶。交通法规控制包括设立单向交通路段、变向车道、公交车专用车道等。

4. 建立交通信息系统

交通信息又称交通情报，公安与管理部门为保证行驶于汽车专用道或城市主干道上的车辆的安全、迅速，应及时向司机通报道路交通阻塞情况、天气情况、前方道路或临时交通管制等情况，以便驾驶员及时改变对策。

5. 建立事故紧急救援系统

监视预报体系，根据异常气象等条件估计可能出现事故区域，采取信息收集和联络体制，同时派专人负责监视与做好各项准备工作。事故发生时，应用先进的通信设备与手段，快速可靠地联系有关部门，及时有效地处理事故，确保道路安全畅通。

6. 改善道路交通环境

道路交通环境的改善主要从两方面入手。一方面改善道路环境，使驾驶员具有良好的行车视距和不断变化的视觉效果，改善使驾驶员产生疲劳、烦躁的单调环境。另一方面改善交通流环境，尽量保持良好的稠密程度，且尽量避免混合型交通流。

本 章 小 结

本章主要介绍了交通事故的定义及其分类；交通事故的调查及其成因分析；交通事故的预防及其安全评价。

思 考 题

1. 在交通事故原因分析中要考虑哪些因素？这些因素具体表现在哪些方面？
2. 衡量交通事故的指标有哪些？各有什么优缺点？
3. 交通安全管理措施有哪几种？对于我国目前的交通状况，你认为在道路工程、设施、管理、安全措施等方面应采取哪些必要措施？

第 11 章

智能交通系统

教学要点

知识要点	掌握程度	相关知识
基本概念	掌握智能交通系统的含义	智能交通系统定义
智能交通系统的发展过程、体系结构、关键技术及应用系统	（1）掌握智能交通系统的体系结构、应用系统 （2）了解智能交通系统的发展过程、关键技术	（1）智能交通系统逻辑和物理框架、标准 （2）交通信息系统、交通管理系统

基本概念

智能交通系统、交通信息系统、交通管理系统。

引例

下一辆车何时到站？几分钟后能到站？离这站还有多少米？车上是空还是挤？相信大家都有过这样的焦虑。今后市民乘坐公交车将逐步做到"心中有数"。现在全国多个城市正在推进智能电子公交站牌的应用，能让等车市民很清楚地知道相关公交信息。这种智能化电子站牌，依靠的是各辆公交车上的 GPS 接收器，卫星系统获取公交车载 GPS 系统的实时位置，再通过无线网络将数据传到车站的电子牌上显示出来。

11.1 智能交通系统简介

11.1.1 智能交通系统的含义

智能交通系统（Intelligent Transportation System，ITS）是近 20 年发展起来的新型交通理念，迄今为止，国际上没有公认的定义。在第一届 ITS 世界大会上，大会主席对 ITS 做了如下描述："智能交通系统是较完善的道路基础设施之一，将先进的信息技术、通信技术、控制技术、传感器技术及系统综合技术有效地集成并应用于地面交通系统，从而建立起在大范围内发挥作用的，实时、准确、高效的地面交通系统。"又有专家给出过解释，其一为"智能交通系统是为出行安全方便和提高交通资源的效率，运用实时监测、信息技术、通信技术、计算机控制等技术创造的具有人类智慧特征的交通系统"。其二为"智能交通系统是随着情报通信技术的发展，灵活运用信息通信及控制技术，使人、车、路融为一体，提高交通设施的利用率，削减交通出行，从而达到建立安全、高效、快速、舒适，并有利于环境的交通运输系统"。

从对智能交通系统的描述来看，推进智能交通系统的目的是为了出行安全、方便，并提高交通资源的利用效率，应当着眼于系统，强调系统具有人类智慧特征。智能交通系统是在传统交通系统基础上发展起来的，具有新理念，在处理交通问题时，探索采用高新技术来改造现有道路系统和交通管理体系，充分挖掘现有路网潜力，尽量提高交通资源的利用效率，降低能耗，减少交通环境污染，在促进交通发展的同时做到保护环境。在进行交通管理时，更强调服务的理念，将管理与服务相结合，以服务促进管理，向用路人提供广泛的信息交换，使之有选择的可能。

ITS 强调系统，强调众多组织协调，共同研究、开发、调控，各子系统间实现有效的信息交换和共享，研究开发智能化、集成化的技术与方法，才有发展的可能。

11.1.2 智能交通系统的发展

智能交通系统的发展最早可以追溯到 20 世纪 70～80 年代的一系列车辆道路系统新技术的开发与应用。在美国，由政府、企业、学术机构等参与，共同酝酿提出智能车路系统（Intelligent Vehicle Highway System，IVHS）。1991 年美国国会通过"地面交通效率法"（Intermodal Surface Transportation Efficiency，ISTEA），俗称"冰茶法案"。从此美国的 IVHS 研究开始进入宏观运作阶段。1994 年美国将 IVHS 更名为 ITS，目前已成立三个 ITS 研究中心，编写了 ITS 体系框架，报告达 5000 余页。

在欧洲，有关车辆和道路的研究，最早是分别按 PROMETHEUS（Program for European Traffics with Highest Efficiency Unprecedented Safety）计划和 DRIVE（Dedicated Road Infrastructure for Vehicle Safety in Europe）计划进行的。前者面向汽车技术，利用先进的信息、通信技术与汽车技术结合，重点放在车辆的改进上；后者面向道路和交通控

制技术，这一计划的第一阶段是致力于研究、规划、试验，尝试将人工智能技术应用于公路系统，第二阶段的 DRIVE Ⅱ 继续了第一阶段的作用，主要致力于运行测试与评价研究。到了1991年，成立了欧洲道路交通通信协作组织（European Road Transport Telemetric Implementation Coordination Organization，ERTICO），该组织的成立使得欧洲也将车辆和道路的研究结合为一体，开始了欧盟的 ITS 研究与开发的进程。

20世纪70年代，日本开始车载动态路线指示系统的研究；80年代开始有关道路、通信系统的研究，以及移动交通通信系统的研究；1990年开始研究开发车辆信息与通信系统（VICS），1994年成立了道路交通车辆智能化推进协会（Vehicle, Road and Traffic Intelligence，VERTIS），以期求得各方合作，共同推进日本的研究进程。

我国学者从90年代初开始关注国际上 ITS 的发展，交通部从1996年开始，安排落实了一系列的研究项目和示范工程项目，如进行了公路智能交通系统发展战略研究。同时建立 ITS 实验室及开展测试基地建设、网络环境下不停车收费系统示范工程等。1999年11月正式组建国家智能交通系统工程技术研究中心，主要工作包括推进交通领域 ITS 的工程应用，协助国家制定 ITS 领域的标准和规范，研究和开发 ITS 领域的新技术、新产品，并促进 ITS 的产业化发展。2000年2月，成立了全国智能交通系统（ITS）协调指导小组及办公室，标志着我国政府正式介入 ITS 的建设，我国 ITS 建设步入统一协调、规范发展的阶段。2000年7月公布了《中国智能交通系统体系框架》。近些年组织了一系列国内和国际的学术、技术、产品交流活动。

1994年在巴黎召开了第一次 ITS 世界大会，欧洲各国、日本、美国都参加了此次大会，共发表论文500多篇，并谈到以后每年都将在不同国家召开 ITS 世界大会。在北京1999年由中国科技部、公安部和交通部共同主办了99国际智能交通（ITS）技术交流和产品展示会；2000年7月，又由亚太地区智能交通系统协会主办，中国科技部、中国智能交通系统协调指导小组共同承办了第四届亚太地区智能交通系统年会暨技术产品展示会。

11.2 智能交通系统体系结构

美国首先进行了 ITS 体系结构的研究，并不断调整更新，随后欧洲及日本、澳大利亚、加拿大、芬兰等国家都陆续完成了各自的体系结构研究，我国也建立了国家 ITS 体系结构。那么体系结构究竟起什么作用呢？体系结构是一种规格说明，它决定系统如何构成，确定功能模块及模块间进行通信和协同的协议和接口。

ITS 是大范围内多系统协调运作的大系统，为了充分利用技术的潜能，系统接口必须兼容，以便分享数据，可以调整跨地区运作，支持通用设备和恰当的通用服务。所以 ITS 体系框架是为了提供全面的引导以确保系统、产品和服务的互换性和通用性。与此同时，ITS 体系框架对设计者的选择没有任何限制，使不同类型的技术可以提供交通运输用户的各种不同服务需求，在体系结构下通用性可确保这些技术互不干扰。由此可以认识到 ITS 体系结构是为智能交通系统提供指导性的结构标准，定义通用的结构，提供模块化的系统结构，而不是实际的系统设计。

在 ITS 体系结构中，提供了几个方面的定义，主要包括以下内容。

(1) 实现一个给定用户服务的功能,如收集交通信息。
(2) 实现该功能的物理实体和子系统,如道路、车辆。
(3) 物理子系统间的界面和信息流,信息流的通信需求(有线和无线)。
(4) 确定标准(国家和地区通用,适应经济和发展规模的产品标准)。

在按照体系结构进行系统配置时,一个子系统如何配置将由其选择的特定设备包决定,可以是单一的或集成的配置。体系结构保证支持多种通信形式和技术的选择。

为保证更广泛的系统兼容性,智能交通系统体系结构应与国际化标准组织和国际电信组织的有关内容相一致;为考虑相关领域、相关技术的发展对智能交通系统的促进,体系结构还应具有可扩展性。

在智能交通系统体系结构中,主要包括服务领域、逻辑框架、物理框架、ITS 评价、ITS 标准等几个主要文件,下面分别叙述。

在 ITS 体系结构中相关的几个名词解释。

(1) 用户服务:在体系结构中,某一层向接近于最终用户的相邻层提供的(服务)功能。
(2) 用户主体:指服务面对的主要用户,反过来也是在某服务领域指定需求的主体。
(3) 服务主体(服务提供商):指服务的提供者,和用户主体是服务与被服务的关系。
(4) 系统功能:ITS 为完成用户服务必须具有的处理能力。
(5) 逻辑框架:定义了为提供各项 ITS 用户服务,ITS 必须拥有的功能和必须遵从的(技术)规范,以及各功能之间交换的信息和数据流。
(6) 物理框架:将逻辑框架中的功能实体化、模型化,把功能结构相近的实体(物理模型)归结成直观的系统和子系统。
(7) 设施:在 ITS 中除了人和信息之外的所有实体,包括移动的设施和固定的设施。

11.2.1 服务领域

智能交通系统的主要目标是为用户提供良好高效的服务,所以体系结构中一个重要的组成部分就是服务领域,确定能为用户提供哪几大类服务。

在体系结构中,通过分析用户需求来确定服务领域,因为主要有公众和系统管理者两类用户,分别对应着系统层次的需求和普通用户需求。

我国的 ITS 体系结构中,共分为 8 大服务领域,其中包含 34 项服务功能,又被细划为 137 个子服务功能。其中 8 个服务领域包括:①交通管理与规划;②电子收费;③出行者信息;④车辆安全与辅助驾驶;⑤紧急事件和安全;⑥运营管理;⑦综合运输;⑧自动公路。

美国 ITS 的 9 个服务领域包括:①智能化的交通信号控制系统;②高速公路管理系统;③公共交通管理系统;④事件和事故管理系统;⑤收费系统;⑥电子支付系统;⑦铁路平交路口系统;⑧商用车辆管理系统;⑨出行信息服务系统。

日本智能交通系统的服务领域包括:①先进的导航系统;②电子收费系统;③安全驾驶辅助;④道路交通的优化管理;⑤提高道路管理的效率;⑥公共交通支持;⑦提高商用车辆运营效益;⑧行人援助;⑨紧急车辆运营。

欧洲智能交通系统的主要研究领域包括：①需求管理；②交通和旅行信息系统；③城市综合交通管理；④城市间综合交通管理；⑤辅助驾驶；⑥货运和车队管理。

11.2.2 逻辑框架

逻辑框架用来描述用户服务、系统功能和信息流程，用结构化数据流图表和过程规范组织这些功能间的逻辑关系。

逻辑框架中包含的相关文件有功能层次表（功能域、功能、过程划分），功能规范文件（功能域、功能、过程描述），数据流图文件（描述各功能域、功能、过程间的逻辑关系）。

1. 逻辑框架顶层结构简图

逻辑框架顶层结构简图主要描述 ITS 各系统之间的逻辑关系（System Contest Diagram），如图 11.1 所示。

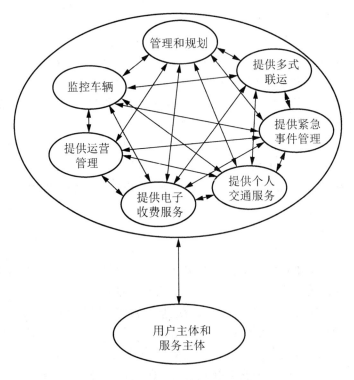

图 11.1 逻辑框架顶层结构简图

2. 数据流图

数据流图（Data Flow Diagram）描述子系统（或功能模块）存储信息和在子系统（或功能模块）之间传输的信息或数据流，图 11.2 为"紧急车辆管理"功能的数据流图。

3. 功能规范文件

子系统内的功能模块的功能说明（Process Specification，P-spec），描述将输入信息转换为所希望的输出信息的过程。

第11章 智能交通系统

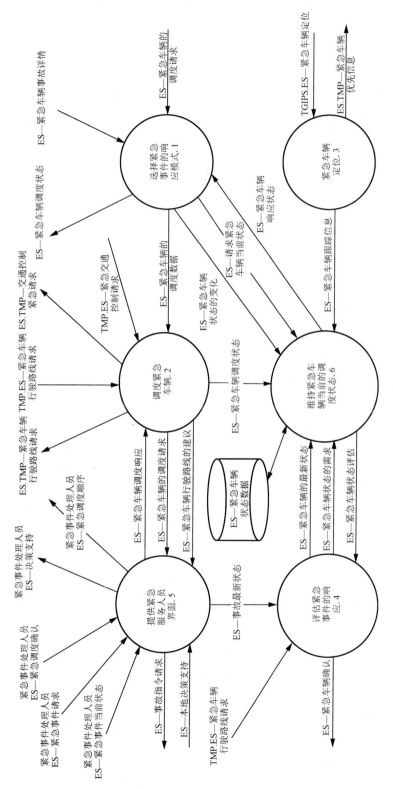

图 11.2 "紧急车辆管理"功能的数据流图

11.2.3 物理框架

物理框架是将逻辑框架中的功能实体化、模型化，把功能结构相近的实体（物理模型）确定为可以设计的物理系统和物理子系统。基本过程即是将功能分配到物理子系统中，然后确定实现功能的物理实体或结构，最后确定子系统的输入/输出终端。

物理框架中包含的相关文件有物理系统层次表，系统、子系统、系统模块描述文件，物理框架流图文件。

11.2.4 ITS 标准

目前关于智能交通系统的专用标准正在研究过程中。由于 ITS 设计的技术和专业领域繁多，相关的专业技术应遵循相应的技术标准。国际标准化组织（ISO）成立了一个专门技术委员会 TC-204，以促进交通系统标准化进程。该技术委员会有 16 个工作组，很早就开始致力于交通信息和控制系统标准化的工作。我国也正在开展智能交通系统有关标准的研究工作。我国的 ITS 体系结构中主要考虑了四部分内容：ITS 综合性标准，包括 ITS 术语、结构、数据单元词典；标准明细表，包括标准名称、标准简要描述、宜定级别、采标程度、采用或相应的国际发展情况等；标准要求，包括给出每个接口间传输的信息流，完成某项功能所必须交换的数据及该接口适用的通信技术类别；关键标准明细表。

11.2.5 ITS 评价

ITS 评价是智能交通系统框架的关键组成部分之一，其目的是对智能交通系统项目的经济合理性、技术可行性、社会效益、环境影响和风险做出评价，为实际的 ITS 项目提供一个综合、全面的评价结果，为项目的可行性研究、实施、效果评价及方案比选和优化、决策提供科学依据，对已有的系统运作优化提供依据，还可以帮助投资者对将来的投资做出决定。ITS 项目的评价包括五个方面：经济、技术、社会、环境影响和风险。

11.3 智能交通系统中应用的关键技术

ITS 的研究对象是交通问题，但 ITS 研究开发所利用的工具不仅仅是传统的交通工程理论，还包括所有相关的高新技术。这些技术成为 ITS 中应用的关键技术。各相关专业共同构成了 ITS 的专业技术基础，因此 ITS 具有多学科交叉的特点，ITS 的研究开发需要各个相关专业人士的加盟，涉及的相关专业技术包括信息技术、计算机技术、通信技术、多媒体技术、自形控制技术等。

1. 计算机技术在 ITS 中的应用

智能交通系统可以有效运行的关键因素之一即是实现广泛的信息交换与共享，信息需要采集、传输、处理、存储和发布,而计算机在信息存储、信息处理等方面起着重要作用。利用计算机数据库技术可以建立有关领域的数据库、知识库和方法库,利用计算机数据处理软件处理各类信息,进而建立各类信息系统。ITS 中大量的信息交换需要依靠计算机网络加以实施。目前在智能交通系统广泛应用的管理信息系统(MIS)、决策支持系统(DSS)、地理信息系统(GIS)等无一不是以计算机技术为基础的。

2. 通信技术在 ITS 中的应用

在 ITS 中,通信技术是极其重要的共用技术,是信息传输的媒介。它能保证在信息采集、信息加工处理、信息反馈、信息发布的一系列环节中准确快速地传递信息。因此多种通信方式、通信技术都可以应用于智能交通系统。

在 ITS 中主要应用无线通信和有线通信两种方式,应用的无线通信技术主要有全球移动通信系统(Global System for Mobile Communication,GSM)、码分多址技术(Code Division Multiple Access,CDMA)、蜂窝式数字分组数据(Cellular Digital Packet Data,CDPD)等陆基移动通信技术及卫星通信技术;有线通信技术有 Internet、综合业务数字网(Integrated Services Digital Network,ISDN)、异步传输模式(Asynchronous Transfer Mode,ATM)、光纤分布式数据接口(Fiber Distributed Data Interface,FDDI)等。

3. 信息技术在 ITS 中的应用

研究信息提取、信息变换、信息存储的理论称为信息论。信息需要通过载体才可以真正实现信息流动,而对各类信息进行加工处理后才能应用于各个领域。ITS 的核心是交通的信息化,在智能交通系统中各类信息系统的重要作用不言而喻。例如,利用管理信息系统(MIS)对道路信息、交通状态信息、交通管制信息和交通事故信息加以管理和控制;应用决策支持系统(DSS),利用各种城市路网信息、地名信息、公安业务信息等静态信息,以及报警信息、交通路况信息、超前控制的决策信息等动态信息,对城市道路交通实施超前计划与控制。

其他应用还有全球定位系统(GPS)和地理信息系统(GIS)。GPS 主要应用于车辆调度、目标跟踪、车辆导航和动态交通流数据的采集(装有 GPS 的车辆进行跟车法调查,可得到交通流速、流向等时空信息)等领域。GIS 可以应用于交通地理信息的可视化管理,交通地理信息的动态显示等,还可以用来开发用于车辆定位与导航系统、交通监控系统、交通控制指挥系统、公交智能化调度系统和综合物流系统等系统的专用电子地图。

4. 多媒体技术在 ITS 中的应用

多媒体技术是通过计算机、电视、通信等技术结合实现的,它将信息以文字、声音、图像等多种方式呈现出来。与 ITS 相关的多媒体技术主要有多媒体图像采集技术、多媒体图像数据压缩技术、多媒体通信技术等,广泛应用于 ITS 中的现代交通监控系统、智能化的电子收费系统、违章识别管理系统、车型分类、车牌号识别等多个领域中。

5. 传感器与控制技术

交通检测、监视和控制是提高交通运输系统运行效率,提高交通安全水平的有效手段。能有效、准确检测实时交通状态的各类传感器是检测与监控的前提。在 ITS 中广泛应用高灵敏度、高精度的智能化和集成化的新型传感器,可以改善交通检测与监控的有效程度，提高运行效率。ITS还将广泛应用变结构控制、模糊控制、神经元网络控制等自动控制新技术进行交通管理与控制，采用动态实时控制，与交通量动态预报相结合，更加有效地提高道路通行能力和服务水平。建立分布式集散控制系统对高速公路实施以匝道控制、主线控制、走廊控制和网络控制的多种方式的集成控制策略，对城市道路实施绿波或区域性优化控制，以改善高速公路和城市道路的交通状况，减少拥堵，降低事故发生率。

11.4 ITS实用系统

11.4.1 交通信息系统

交通信息系统的主要研究内容有出行者信息系统、车载路径诱导系统、停车场停车引导系统及交通地理信息系统（核心是数字地图数据库）。其中数字地图数据库是出行者信息系统和车载路线诱导系统的研究应用基础。

1. 系统的服务功能

1) 出行前信息服务

出行者在出行前可以利用有线和无线电话网、Internet网络，在任意地点访问信息服务系统，以获取出行路径、方式、时间、当前道路交通状态及公共交通等相关信息，以便决定出发时间、选择出行工具及出行路线。

2) 行驶中驾驶员信息服务

通过车载设备提供文字、图像或声音向驾驶员提供关于动态优化的出行路线选择、车辆运行状态及道路状况、交通管制等信息，提供路线诱导服务，还可以向不熟悉地形的驾驶员提供向导。

3) 途中公共交通信息服务

通过可变信息情报板、广播、路边公用电话、公用计算机网络终端，使已在途中的公交用户在路边、公交车站或站台上及公交车辆上，获取实时公交出行服务信息，如出行路线指引，提供替代路线，以便乘客在出行中能够根据当前交通状况对其出行路线、方式做出适当调整。

4) 个性化信息服务

通过多种媒体及个人便携装置接收和访问个性化信息服务系统，以获取与出行有关的社会综合服务及设施的信息，此类信息包括餐饮服务、停车场、汽车修理厂、医院、警察局等的地址、营业或办公时间等。

2. 系统功能与构成

为了实现系统所提供的各项信息服务，从信息结构的角度，系统应该具有信息采集、信息处理、信息存储和信息发布的功能。因此交通信息系统应由交通信息中心、车载路线诱导、信息服务和通信网络四个功能单元构成。

3. 系统设计的关键技术

1) 路网数字地图数据库的研究

为了将数字地图直接用于路线诱导,如何表达道路属性信息(路段长度、行车道数、道路级别、是否收费)和交通管制信息(单行线、路口禁转),从而全面地表达路网,是需要重点研究的基础内容。此外,应设计一个结构合理的属性数据库存储道路属性信息和交通管制信息,以便在交通领域中应用。

2) 出行者行为模型研究

需要进一步深入研究出行者的交通特性,以建立有效的动态路径选择模型和动态行程时间预测模型。

3) 有效的通信技术研究

对可靠的信息编码和纠错技术、传输的抗干扰性等技术的研究。

4. 已有应用

伦敦高森伯格(Gothenburg)和德国南部黑森(Hessen)州地区实施的 SOCRATES (System of Cellular Radio for Traffic Efficiency and Safety)是欧洲集成道路交通环境计划的一个双向通信部分,应用于 GSM 系统,主要具有以下智能交通功能。

(1) 动态导航:提供动态路网信息和实时交通信息;实施先进的交通流控制。

(2) 车队管理:给出车队实时的所在位置及道路状况警告。

(3) 停车场管理及信息系统:从各停车场获得信息并及时通知相关车辆,以便缩短找车位的时间,找到最佳的停车位置。

(4) 公共交通管理与信息系统:含公共车辆动态调度表、旅客信息系统和公共交通车队信息。

(5) 危险状态报:给司机提供前方发生交通事故或者大雾、冰雪预报、紧急救援的信息。

(6) 旅游信息:提供旅馆位置、状态、加油站等出行路线上相关地点的相关信息等;提供交通管理的其他信息和咨询功能。

目前开发成功的还有美国的 Pathfinder、Travtek,德国的 Ali-Scout 和日本的 AMTICS 等系统。

11.4.2 交通管理系统

交通管理系统(Advanced Traffic Management System,ATMS)的主要研究内容有城市道路交通信号控制系统、高速公路管理系统、事故管理系统、车辆排放监测和管理系统。

1. 系统功能

系统主要功能如下。

(1) 交通网络监视和检测,实时提供道路和交通状况数据。

(2) 交通流量分析和预测,交通流量的模型识别、预报与分析,优化交通组织。

(3) 城市交通控制的优化，中心管理的动态控制策略，交叉口自适应控制，建立行人、车辆和非机动车控制的模型。

(4) 高速公路出入口匝道控制，城市出入口的监控。

(5) 交通流量的控制，提高公共交通的效率，协调多种交通方式。

(6) 通过可变信息情报板、交通信息广播提供最优路线引导等交通信息服务。

(7) 事故监测与管理，建立快速反应的紧急救援系统。

(8) 环境的监测和控制。

2. 系统结构

1) 信息采集系统

车辆检测器：检测交通量、车道占有率和车速等交通流参数，设置在城市道路的交叉口附近和高速公路的出入口及主线上。常用的检测器有环形检测线圈、磁性检测器、雷达检测器、超声波检测器等。

紧急电话：设置在高速公路两侧路肩上，为车辆在发生紧急事件时提供紧急救援呼叫，以便与控制中心联系。

交通探测车：报告实时的路网交通状况、路段通行时间、车辆位置、事故和道路损坏状况。

视频监测系统：在城市道路路段和交叉口、高速公路特殊地段和事故易发地段安装视频监视设备，如闭路电视和图形处理设备，即可对该区域交通状况、事故或车辆故障情况进行监视，还可以通过图形处理获得交通量等交通特性参数。

气象检测器：检测气象状况，如雾、冰冻、风力风向、雨量、路面积雪程度等。

电子收费系统：用于高速公路收费，还可以起到车辆防盗、车流量计数等功能。

2) 信息传输系统

信息传输系统用于实现各子系统之间的数据、语音和图像的传输，主要包括综合业务交换（专用程控交换机及外围设备，支持紧急电话、调度电话和业务电话等）、通信传输（普通程控电话电缆传输、数字微波中继传输、数字光纤传输）、PCM数字基群（复接设备）、移动通信（CSM、CDMA等）几部分。

3) 信息处理系统

信息处理系统的核心是交通控制中心，既完成信息处理功能，又实施交通管理和控制功能。它主要包括实时自适应控制，根据交通需求和交通状态来优化交叉口和匝道入口交通信号灯的绿信比，平衡道路网的交通分配，同时实现各种交通管理功能，如在交通事故、道路维修、危险状况等情况下能够提供丰富信息。上述功能实现的基础是构建交通信息数据库，通过收集来自各种交通检测器的数据，将交通拥堵、行程时间及控制效果等信息存储在数据库中，并随时更新，以便及时调整控制策略，并与系统的其他组成部分交换信息。

4) 信息提供系统

信息提供系统通过可变情报板、可变限速标志、交通广播和路侧广播、道路模拟屏、信号灯系统、公共查询系统、网络信息中心终端等设备向出行者和管理者提供交通信息、发布命令与建议，促使出行者选择合理的出行方式和路线，使道路交通量均匀分布达到交通管理与控制的目的。

可以看出交通管理系统有一部分是与交通信息系统共用进行信息采集、处理和传输。例如，交通信息中心通过交通管理系统的环形检测器、路口摄像机和交通检测车采集数据，来自交通警察和交通信息提供者的关于当前交通事件、事故、阻塞等的定性交通信息、路段行程时间，交通流量和车道占用率等实时交通状况信息。还可考虑交通信息中心和交通控制中心建立在一个共用的交通信息平台（共用的地理信息数据库、交通运行数据库、公共运输信息数据库和道路信息数据库）之上。

3. 系统设计的关键技术

（1）视频系统的图像数字化、压缩、传输和模型识别技术。

（2）动态交通预测，包括动态交通分配与模拟、动态 $O-D$ 估计与预测；实时交通控制算法及模型等。

（3）高速公路通道集成交通模型；可调信号系统的仿真研究。

（4）主要路段和高速公路上的事故识别与管理。

4. 已有的应用

美国底特律的智能交通中心在系统中使用了 148 个电视监控镜头、54 幅可变交通信息情报板、2419 个检测线圈、2070 个不同类型的信号控制机及 9 座通信塔及 64 mile（1mile＝1609.344m）的高速光纤，可以实时监控高速公路的运行状况。事故管理支持系统可以提醒监控人员潜在的事故并能够提供一系列的处理方案。

英国的 SCOOT 系统被称为 Spilt Cycle Offset Optimization Technique，即绿信比相位差优化技术，意大利的 UTOPIA 系统，法国的 PRUDYN 系统及德国的 MOTION 系统，都表明可使车辆平均速度提高 10%～29%，旅行时间减少 10%～20%。由于城市交通控制系统（UTC）和车辆管理系统（VMS）使汽车降低了 26%～30% 有害气体（CO、NO_x、HC）的排放，城市的环境得以改善。

11.4.3 其他系统

1. 公共交通系统

公共交通系统（APTS）的主要功能是改善公共交通工具（包括公共汽车、地铁、轻轨列车、城郊铁路和城市间的长途汽车等）的运行效率，运用高新技术使公共交通和合乘车辆更有效和更可靠，使公共交通更便捷、更经济、运量更大。

公共交通系统的主要功能如下。

（1）公共交通辅助管理。实施公交系统规划、运营、管理的自动化和智能化；利用计算机对公交车辆及公共设施的技术状况和服务水平实时分析；非定线或准定线公共运输；为调度人员和驾驶员提供解决方案；与交通管理系统结合；采取公交优先策略。

（2）提供公共交通信息。为利用不同公共交通方式出行的出行者提供实时准确的车载中转换乘信息。

（3）公共运输安全。为公共汽车站、停车场、客运站及行驶途中的公共交通车辆提供行驶或工作环境的安全监测。

2. 车辆辅助控制系统

车辆辅助控制系统（APTS）还处于研究试验阶段，从当前的发展看，可以分为两个层次：一是车辆辅助安全驾驶系统，系统由车载传感器（微波雷达、激光雷达、摄像机、其他形式的传感器等）、车载计算机和控制执行机构等组成，行进中的车辆通过车载传感器测定出与前车、周围车辆及与道路设施的距离，系统会及时向驾驶员发出警报，在紧急情况下强制车辆制动。二是自动驾驶系统，装备了这种系统的汽车也称为智能汽车，它在行驶中可以自动导向、自动检测和回避障碍物。在智能公路上，能够在较高的速度下自动保持与前车的距离。

3. 货运管理系统

该系统是以高速道路网和信息、管理系统为基础，利用物流理论进行管理的智能化的物流管理系统。它综合利用卫星定位、地理信息系统、物流信息及网络技术有效组织货物运输，提高货运效率。

本 章 小 结

本章主要介绍了智能交通系统及其体系结构和应用的关键技术；ITS 应用系统。

思 考 题

1. 什么是智能交通系统？其服务领域包括哪些内容？
2. 请简述交通管理系统的结构和主要功能。
3. 请简述公共交通系统的结构和主要功能。
4. 请简述车辆导航系统的结构和主要功能。

参 考 文 献

[1] 中华人民共和国行业标准. 公路工程技术标准（JTG B01—2003）[S]. 北京：人民交通出版社，2003.
[2] 中华人民共和国行业标准. 城市道路工程设计规范（CJJ 37—2012）[S]. 北京：中国建筑工业出版社，2012.
[3] 王炜. 交通工程学[M]. 南京：东南大学出版社，2000.
[4] 徐吉谦. 交通工程总论[M]. 北京：人民交通出版社，2008.
[5] 中国公路学会《交通工程手册》编委会. 交通工程手册[M]. 北京：人民交通出版社，1998.
[6] 王建军，严宝杰. 交通调查与分析[M]. 北京：人民交通出版社，2007.
[7] [日]渡边新三，佐佐木纲，毛利正光，等. 交通工程[M]. 赵恩棠，张文魁，译. 北京：人民交通出版社，1980.
[8] [美]丹尼尔·L·鸠洛夫，马休·J·休伯. 交通流理论[M]. 蒋璜，任福田，肖秋生，等译. 北京：人民交通出版社，1983.
[9] 王殿海. 交通流理论[M]. 北京：人民交通出版社，2002.
[10] 张起森，张亚平. 道路通行能力分析[M]. 北京：人民交通出版社，2002.
[11] 王炜. 交通规划[M]. 北京：人民交通出版社，2007.
[12] 肖秋生，徐慰慈. 城市交通规划[M]. 北京：人民交通出版社，1990.
[13] 杨晓光. 城市交通设计指南[M]. 北京：人民交通出版社，2003.
[14] 刘灿齐. 现代交通规划学[M]. 北京：人民交通出版社，2001.
[15] 吴兵. 交通管理与控制[M]. 北京：人民交通出版社，2005.
[16] 尹红宾. 道路交通控制技术[M]. 广州：华南理工大学出版社，2000.
[17] 何勇. 道路交通安全技术[M]. 北京：人民交通出版社，2008.
[18] 许洪国. 道路交通事故分析与处理[M]. 北京：人民交通出版社，2004.
[19] 毛保华，姜帆，刘迁，等. 城市轨道交通[M]. 北京：科学出版社，2001.
[20] 孙章，何宗华，徐金祥. 城市轨道交通概论[M]. 北京：中国铁道出版社，1998.
[21] 王亿方. 快速公交系统规划方法研究[D]. 上海：东南大学，2005.
[22] 过秀成. 城市停车场规划与设计[M]. 北京：中国铁道出版社，2008.
[23] 王元庆. 停车设施规划[M]. 北京：人民交通出版社，2003.
[24] 李峻利. 交通工程设施设计[M]. 北京：人民交通出版社，2001.
[25] 陆锡明. 快速公交系统[M]. 上海：同济大学出版社，2005.
[26] 中国土木工程学会城市轨道交通技术推广委员会. 中国城市轨道交通新技术[M]. 北京：中国科学技术出版社，2007.
[27] 陈小鸿. 城市客运交通系统[M]. 上海：同济大学出版社，2008.
[28] 刘运通. 交通系统仿真技术[M]. 北京：人民交通出版社，2002.
[29] 吴娇蓉. 交通系统仿真及应用[M]. 上海：同济大学出版社，2004.
[30] [日]社团法人，交通工学研究会. 智能交通系统[M]. 董国良，等译. 北京：人民交通出版社，1999.
[31] 陆化普. 智能运输系统[M]. 北京：人民交通出版社，2002.